浙派名师名校长工程

2012浙江大学高中语文名师培养项目成果

◆ 浙派语文名师论丛

总主编 楼含松

浙派语文宣言

ZHEPAI YUWEN XUANYAN

◎ 主编 刘福根

ZHEJIANG UNIVERSITY PRESS
浙江大学出版社

丛书总序

楼含松

2012年11月颁发的《浙江省教育厅办公室关于组织实施"十二五"中小学浙派名师名校长培养工程的通知》(浙教电传〔2012〕420号),启动了省内新一轮中小学教育界高端人才的培养工程。根据文件的精神,浙派名师名校长培养工程(简称"双名工程")的目标是在"十二五"期间,培养一批具有高尚师德修养、先进教育理念、宽阔国际视野、精湛专业素养、独特教育教学或学校管理策略与风格、较强研究与创新能力的教育家型的卓越教师与校长,引领和促进浙江省中小学教师和校长队伍建设,全面提升浙江省中小学教师及校长队伍水平。该人才培养计划明确冠以"浙派"之名,尤其引人瞩目。

浙江大学教师教育培训中心承担了其中的"2012高中语文名师培养项目",俗称"浙派高中语文名师班"。浙派高中语文名师班将发扬光大"浙派语文"优秀传统为使命,以深化语文教育改革、解决语文教育重大难题、引领语文教育潮流为己任,不断寻找恰当契机,为"双名"工程贡献以合适的项目为支点撬动全面深化教育改革的生动案例。本着这一原则,浙派高中语文名师班开展了若干具有创意的活动:

一、于2013年12月19日至21日在杭州成功举办首届浙派语文论坛,邀请全省各地浙派语文代表人物,包括高中语文特级教师、各地市高中语文教研员、省内高校语文教育专业教授等,围绕"浙派语文宣言"的酝酿与发布,回顾浙派语文历史,总结浙派语文经验,明确浙派语文地位,厘清浙派语文使命,提出浙派语文主张,发布浙派语文宣言等。论坛期间,还由浙派高中语文名师班学员为参加浙江大学"赢在课堂"省级高中语文教师培训班的学员开设了为期两天的公开示范课,并由名师班实践导师加以点评,进行了互动讨论,反响很好。论坛结束后,项目组开通了浙派语文论坛网站(www.zpywlt.com)。

二、从2014年9月开始,组织开展"'对话名师,深化课改'浙江行"巡回活动,组织学员赴浙江各地与高中语文名师进行教学交流研讨系列活动,活动的主题是"对话浙派名师,深化语文课改,引领浙派语文教学创新"。前两站活动分别已于9月22日、10月9日、10月30日在湖州中学、台州一中和绍兴一中举行,其他多站活动将陆续在全省各地开展。从前几站活动的情况看,内容有名师班学员和当地教师的公开示范课及名师点评、名师学术讲演、名师班导师学术讲座、名师班学员和当地教师的学术报告、全体互动讨论等,保持了很高的学术水平,产生了广泛而积极的影响。除了在浙江各地巡回外,还拟赴省外与全国各地语文名师交流对话。

三、培训期间,浙派高中语文名师班师生围绕语文教育改革的一些热点疑难问题进行了调研,撰写了报告,向上级教育部门建言献策,受到了上级有关部门的重视。

四、由浙派高中语文名师班师生,以培养期间取得的成果为基础,编撰成《浙派语文名师论丛》,以丛书的形式由浙江大学出版社出版。首册《浙派语文宣言》,以首届浙派语文论坛为基础编撰而成,于2014年11月先行出版,其他各册将陆续跟进。

除此以外,浙派高中语文名师班还根据项目建设目标,开展了其他广泛的教学研究活动,取得不俗成绩,受到多方肯定,兹不一一罗列。值得特别一提的是,全班20名学员中,已有4人入选第十一批浙江省特级教师。

近年来,我受命担任浙江高考语文阅卷的负责人,与高中语文教师多有接触,对高中语文教学也逐渐有了一些了解。浙派高中语文名师班的主办方邀请我作为该项目的首席专家,盖由于此。我犹豫再三后接受了这一邀请,主要是认为要做好高考阅卷工作,必须对中学教学有更真切的了解;身在大学中文系任教,也应该与中学语文教学有更紧密的衔接。这段时间来与名师班同学、省内语文教学专家的交流切磋,使我获益良多,对中学语文教学的甘苦感同身受,对"浙派语文"的渊源和现状有所把握,也对"浙派语文"的发展前景充满了信心。我想,通过大家的共同努力,名师班能够在浙派语文发展历程中留下深刻印记,名师班的同学们都成长为浙派语文的中坚力量,那么,这个人才培养项目就成功了。为了记录探索过程、交流学习心得、展示教研成果、传播浙派语文,我们策划编撰了这套丛书。在此,对有关职能部门、社会各界以及参与名师班教学、辅导的专家们表示衷心感谢!也恳请各位读者对丛书的选题和内容提出批评指正。

(作者系浙派名师名校长工程2012浙江大学高中语文名师项目首席专家,浙江大学人文学院党委书记、副院长,教授、博导)

目　录

浙派语文的盛会
——首届浙派语文论坛纪实

刘福根
（浙派高中语文名师班班主任）

2013年12月19日至21日，首届浙派语文论坛在杭州举行。为期3天的论坛，内容包括前两天浙派高中语文名师班学员的公开示范课、专题讲座、导师点评和最后一天的主题论坛。论坛以浙派高中语文名师班师生为主力，邀请全省各地浙派语文代表人物，包括高中语文特级教师、各地市高中语文教研员、省内高校语文教育专业教授等，围绕"浙派语文宣言"的酝酿与发布，回顾了浙派语文历史，总结了浙派语文经验，明确了浙派语文地位，厘清了浙派语文使命，提出了浙派语文主张，发布了浙派语文宣言等。（详见浙派语文论坛网站www.zpywlt.com）

论坛成功举办的背景，是浙江省教育厅名师名校长培养工程的实施。《浙江省教育厅办公室关于组织实施"十二五"中小学浙派名师名校长培养工程的通知》（浙教电传〔2012〕420号）启动了省内新一轮中小学教育界高端人才的培养工程，要求"造就一批新时期教育家型的卓越教师与校长"，明确将工程以"浙派"冠名。2012高中语文名师培养项目由浙江大学教师教育培训中心承担，俗称"浙派高中语文名师班"。

根据教育厅文件的精神，浙派名师名校长培养工程（简称"双名工程"）的目标是在"十二五"期间，培养一批具有高尚师德修养、先进教育理念、宽阔国际视野、精湛专业素养、独特教育教学或学校管理策略与风格、较强研究与创新能力的教育家型的卓越教师与校长，引领和促进浙江省中小学教师和校长队伍建设，全面提升浙江省中小学教师及校长队伍水平。

为了贯彻以上精神，浙派高中语文名师班将发扬光大"浙派语文"优秀传统为使命，以深化语文教育改革、解决语文教育重大难题、引领语文教育潮流为己任，不断寻找恰当契机，为"双名"工程贡献以合适的项目为支点撬动全面深化教育改革的生动案例。本次论坛的成功举办，就是浙派高中语文名师班贡献给"双名工程"的生动案例。论坛特邀浙派语文代表人物，共襄盛举，开创浙派语文新局面。

一直以来，语文教学既被高度重视，又饱受非议，社会对语文教育和语文教师的要求则是越来越高。正如浙江省教育厅师范教育处正处级调研员周晓英女士所言，"除了用一般意义上共性的教师专业标准要求、高中新课改的要求来衡量之外，还有单独对语文教师的要求。一个语文教师必须要有出口成章、下笔成文的素养，语文教师需要有演说家的口才，有新闻记者的文采……"语文教育的走向，很大程度上取决于语文教师的作为。

改革开放以来的浙派高中语文，大的来说经历了三个发展阶段。

第一个阶段是上个世纪80年代后以林炜彤老师主持的浙江省中学语文教学研究班为代表的那个时期，是浙派语文在春天里的复苏，涌现了一批卓有成就的浙派语文名师。

第二个阶段是世纪之交时以蒋成瑀老师主持的浙江省跨世纪骨干教师中学语文班为代表的那个时期，是浙派语文的崛起阶段，与以钱梦龙为代表的南派和以魏书生为代表的北派展开了热烈的对话，形成了一个较大的浙派语文名师群。

第三个阶段就是以目前这个浙派高中语文名师班为代表的当下这个时期，是浙派语文的繁荣期。前两个班的学员成了现在这个班的导师，由三代浙派语文名师引领的浙派语文队伍，整体实力非常强大，在语文教育理论主张、教学模式创新、教学内容拓展、教学艺术展现等各个方面取得了丰硕成果，呈现出全面繁荣的局面。

正如浙江大学继续教育学院郭常平副院长所说："在中华五千年文明历史的传承过程中，语文承担了极其重要的使命。浙派高中语文名师班以发扬光大'浙派语文'优秀传统为使命，通过举办首届浙派语文论坛等途径，开创了浙派语文发展的新局面。"

诚然，对于"浙派语文"这一提法是否成立，在本次论坛上竟也成了交锋激烈的热点话题，这本身也充分说明浙派语文的基因里面充满了见解的多样性和观点的独立性，就如同林炜彤先生著名的语文教学主张"实而活"所昭示的，浙派语文固然以"实"见长，但"活"未尝不是其本质特点之一。陈建新在论坛上表示"浙派语文"这个概念本身就存在问题，黄孟轲建议大家对当前的语文教育多一些冷静的思考与研究，褚树荣大声呼吁要多解决些问题、少谈些派别。由此可见对"浙派语文"进行质疑的绝非个别。论坛上大多数与会者则认同"浙派语文"的存在这一事实，认为浙派语文在中国语文教育界占有重要一席，独具特色。蔡伟主张应该亮出浙派语文的大旗，彭小明从学理上论证了浙派语文已经形成，徐桦君认为浙派语文的旗帜已经树起来、给了大家一个方向，沈培健则给浙派语文描绘了一个画像，其他大多数专家的发言则是基于"浙派语文"已经确立的前提下各抒己见的，从前辈蒋成瑀、王尚文、倪文锦诸位教授直到新锐浙派语文名师班众学员，大多如此。

楼含松教授的观点或许是最中肯的。他从浙学渊源出发，从历史和现状的角度认证"浙派语文"的形成是可能的，从学科内容的角度对浙派语文提出了应具浙派个性化的要求，对浙派语文队伍的建设给出了务实的建议。

正是基于浙派语文队伍一贯开放民主的学术风气，本次论坛上讨论形成的"浙派语文宣言"，不可避免地天然带有浓郁的浙派风格：

我们信奉独立、自由、个性化的语文教育哲学；

我们追求知识、生活、生命共鸣的，多元开放的语文课堂；

我们崇尚真实、灵动、情趣化的教学风格；

我们坚守境界高远、人格纯正、素养丰厚的教师特质。

浙派语文有了纲领性的文字，这固然令人欣喜；更加可贵的是，参与本次论坛的浙派高中语文名师班的学员，纷纷亮出了与时代同步的主张。从黄华伟的"我语文"、周晓天的"雅语文"、颜军岳的"悦语文"、周康平的"简趣语文"，到杨建华的"正常的语文"；从蒋雅云的"语文相伴，幸福成长"、朱于新的"走生命化深度言语实践之路"、成旭梅的"为学生打开自由精神之门"、陈欢的"注重培养学生的逻辑思维能力"、章惠西的"与社会对话让语文更具张力"、周伟的"始终关注文道结合"、黄洁的"追求语文的实在"、毛刚飞的"真正让学生的精神有所成长"、项琪的"真而作文诚而做人"、邹碧艳的"追求语文的人文情怀"，到周凌的"回归语文的原点"，无不展示了浙派语文新生代的百花盛开和个性绽放，从一个侧面昭示了浙派语文繁荣局面的形成。

"语文的外延就是生活"，网络时代的高速发展、交互式网络WEB2.0时代的到来、3G乃至4G无线网络的异军突起，"语文学习材料"得到了极大丰富，"自媒体"和狂欢式的"全民创作"让当下这个"小时代"的语文学习环境发生了翻天覆地的变化。对此，陆炳荣提出，语文教师要敢于面对时代的挑战；郑逸农建言，要让自学和忧患成为浙派语文的第一要义；项香女强调，语文教育要坚守文化意识；周良华倡议，浙派名师要传承文化；彭玉华表示，要传承精神、发展自我；倪江认为，要追求自由的语文教学；金瑞奇觉得，浙派语文教学要体现灵活性；黄华伟的说法是："'我语文'不是'我的语文'，而是'大家的语文'。我们的时代需要的不是200多个'×语文'，而是2万个、20万个甚至更多的'个体语文'，只有这样才能让语文教育真正走向繁荣。"

或许，浙派语文的特点恰恰在于，每一位教师都在形成自己的观点、提出自己的主张。越来越多的教师已经认识到，当下的语文课程，是我的、你的、他的，是每一个"我的"，不是"专家的"，而是"大家的"。

收录本书的,是首届浙派语文论坛与会者的发言,大部分是现场发言,少数是视频发言和书面发言,不少作者在论坛结束后对发言进行了修改,个别专家除了发言稿外又特为本书撰写大作。

全书分为三编。上编"浙派语文的传承",请林炜彤老师的浙江省中学语文教学研究班的师生代表、蒋成瑀老师的浙江省跨世纪骨干教师中学语文班的师生代表,回顾当年浙派语文的复苏和崛起的往事,陈述各自年代浙派语文的代表性观点和理论。中编"浙派语文的主张",则是首届浙派语文论坛与会者合于时而阐述的观点和主张,代表了当前浙派语文界的主流声音。下编"浙派语文的渊源"收录两文,周维强以案例分析的形式呈现了民国时期浙派语文大家的风范,方龙云对"浙派语文"名称的演变以及内涵做了梳理和分析。

上编

浙派语文的传承

春天里的语文故事
——林炜彤访谈

林炜彤 刘福根

编者按：首届浙派语文主题论坛召开前一天，浙派高中语文名师班的周凌、成旭梅、蒋雅云、黄华伟四位同学和班主任助理徐建忠老师，前往杭州市中医院探望了因骨折住院的林炜彤先生，并就"浙派语文"的话题向他请教，请教过程的录像片断第二天以林炜彤老师视频发言的形式在论坛上播放。为了更加深入地了解林老师对浙派语文的贡献，2014年3月25日，刘福根专程到杭州凤起里一号林炜彤家拜访，进行了访谈。

刘福根：林老师您好！很遗憾您没能出席去年底我们举办的首届浙派语文论坛。主题论坛召开的前一天，浙派高中语文名师班的几位同学曾经拜访过您，向您请教了不少问题，录了像。我们在主题论坛上播放了您的视频讲话后，大家对您健朗的身体状况表示祝贺，对您就浙派语文发表的观点表示赞赏，对您为浙派语文做出的贡献表达了敬意。论坛上大家讨论后决定出版一本《浙派语文宣言》的书，回顾浙派语文的历史，总结浙派语文的成就，展望浙派语文的未来。今天再次拜访您，想请您更加深入地介绍一下您所见证和亲历的浙派语文的往事，将其编到书里去。

林炜彤：谢谢大家的关心和支持。

我是上世纪末离开教学一线的，这之后，我就不再公开发表语文教育方面的观点了，因为不在教学一线了，发表出来的观点难免脱离现实，就索性不发表了。

今天让我谈谈我所经历的语文教育，我还是很乐意的。

回想起来，简单地说，在语文教学方面的，我做了这么几桩事情。

第一桩呢，是出了一本书《林炜彤语文教育论著与研究》。大家都知道的，这本书不管怎么样，都是我实践过的，与当时的教育趋势还是吻合的，是自己的东西。所以在新中国成立60周年的时候，教育部曾经有人建议我把这些东西拿出来讲一下。我说我不讲，我的东西都写在书上了，都是经过实践检验的，现在应该是听别人讲我怎么样，而我不该讲。最后他们想了一个折中的办法，在基础教育杂志上面，将一些带有表彰性的照片、书中最基本的东西，在杂志上刊登了一下。

第二桩呢,是1999年开了一次林炜彤语文教育学术研讨会,大家也有印象。这个研讨会是省教研室、中语会、市教研室在杭州二中联合召开的。我是第一个开研讨会的,当时是希望以后能不断地研讨,大家有什么东西,应该拿出来研讨,研讨以后才能进步,才能超前。

第三桩呢,是1986年我办了一个"浙江省中学语文教学研究班",旨在培养一批青年的、高水平的教师,成为各地的种子,将浙江省的语文教学提升到一个新的高度。

刘福根:能否请您具体介绍一下您的语文教学研究班? 您的那个班,对改革开放以后的浙江语文教育界具有标志意义,对浙派语文教育的发展也是一个标志性的事件,它象征着浙派语文春天的来临。

林炜彤:1986年,浙江省教委邵宗杰主任找到我,说是要提高整个浙江省的语文教学水平,就是让中小学的特级教师带一批青年教师,目的是培养一批青年的高水平的教师,成为各地的种子,将浙江省的语文教学提升到一个新的高度。而我是浙江省第一个中学语文特级教师,所以就让我主办这个培训。当时给我提了两个要求:一个是专门学习我的关于语文教学方面的研究;另一个是浙江省各个地区分别派出两个人来学习,成为各地区的种子。10个地区大概20人左右,相对偏僻的地区可以适当增加一两个名额,最后本省的有24名学员,另外还有2名外省的学员也参加了培训,安徽、宁夏各1名,我们的班总共就有了26个人。

这26个人的名单,我这里还保存着一份手写稿,我给你念一下:王华,王国林,王志强,王幸平,左树浩,方有辉,羊刚,谢双成,楼浩尧,程振明,卢世开,丁伟,潘力平,张文荣,吴克强,王军,王良谷,江红,徐黎萍,张胜娟,胡楚平,项加方,潘国仁,包国勇,闫龙利,汪小龙。另有3人,俞嘉明,金敏,章冉,因为名额已满,未能入学。

当时邵宗杰主任说把我的名字挂上去,叫做"林炜彤语文名师培训班",我觉得这样不好,叫做"浙江省中学语文教学研究班"更好,因为我个人的名字会有很多局限。其实,叫什么名字是次要的,主要的还是要以学习为主,学员们的学习主要有以下方面:第一是主要针对自身的教学问题提出来相互研究,因为不同地区的教师都会有不同的问题。第二是我把我的经验,主要是我出版的《林炜彤语文教学文萃》一书供大家交流学习。第三是邀请一些语文教学专家与学员们直接交流。培训班开班时间在1986年3月,总共的培训时间大概是六七个月左右。

当时,邵宗杰跟我是这么说的,各地区培养的尖子,你别看他年纪轻,一个两个在当地，语文教师队伍就发动起来了。邵宗杰是第一个给我这个班讲课的。后来刘国珍等语文界的专家，省内外也来了很多名师，都给这个班讲课。这样子呢，培养的事就不是我一个人的了。

经费方面，当时一个地区大概就提供了两千元钱。但这个钱我们不用，留下来以后带学员到上海等地去游学用了，到处去看看人家是怎么教书的，拜访了很多名师。

因为有省内外的很多名师来讲课，又到外地去拜访了很多名师进行学习交流，所以这个班上的学员，经过几个月的培训后，业务上的进步是非常大的。当时采取的这种讨论式的、访学式的培训模式也是全新的，因而在教育界产生了蛮大的反响。

刘福根：这个班在当时及以后长时期内，在浙江乃至全国语文教学界产生了什么样的影响？对浙江省中学语文教学的贡献体现在哪些方面？

林炜彤：概括起来说，我的语文教育，集中体现在办了一个班、出了一本书、开了一次研讨会这三件事情上了。这些事情的目的是什么呢？目的是搞清楚语文教学该怎么来研究，研究了以后怎么来研讨，以后要培养怎样的人才，人才怎么培养。

那个培训班办班20周年的时候，也就是2006年，班上很多学员来杭州看我，在杭州开了个会，当时《浙江日报》还专门做了报道。到2006年，这个班上出了3个特级教师、教授，其他的人也都各有成就。我在会上讲了一条，这不是我个人的功劳，也不单单是这个班的功劳。任何一个语文学得好的学生，都不是由某一个老师培养出来的。他读小学，是小学培养的，读初中是初中培养的，读高中是高中培养的，不是哪一个老师包了全部的培养任务。所以我这个班，人才培养怎么培养法，我有一个思路：培养人最主要的还要带他，不是局限于在研究班的时候带他，以后也要带他，带他十几年。至于做得好不好，现在看来还不错。

当年办培训班的时候，我还有一个想法，就是希望这个班上的学员，培训以后不要放弃教书当领导干部去了，三五年当中不要提拔做领导，就让他在第一线教书。这样做的效果是很好的，其中有几名学员就是很好的典型，像班上的王幸平、羊刚，就是这方面的优秀代表。当然，也有几位后来从政了，虽然很可惜没有在语文教育领域待下来，如果待下来的话，肯定是很出色的语文教师。但是他们后来在政府管理部门做出了不小的成绩，以另外一种方式为社会做贡献。

我就希望你们后来者越来越多，路越走越广阔。语文教育的前途是很广的,中国的语文教育经验是很多的,而且是成套的,一套一套的经验,在世界上也是很少有的。但是我们还没很好地加以研究,我们自己还没有搞好。其实,语文教学前途很大,但需要大家用很多的精力去研究它,不要心急,要有信心。

刘福根:您所说语文教育的使命,我们办的浙派高中语文名师班上常有讨论,也是年前我们举办的首届浙派语文论坛的重要话题。能否请您谈谈对"浙派语文"的看法?

林炜彤:"浙派语文"这个提法最早是怎么谈起来的?这还得追溯到1980年,当时教育部召开"第二次教材改革会议",我代表浙江参会,分在华东组,和上海、江苏、江西的同仁们一起。上海的语文教研员和华东师大的一位教授,说他们的海派语文讲课如何如何灵活,问我有没有浙派语文。关于浙派语文,我当时觉得也是可以提一提的,所以就说,你们的海派语文是"活而实",那么我们的浙派语文就是"实而活"。退一步讲,如果"实而活"做得不够好,大不了就是实而不活,那么语文教学基本的东西还是能拿下的;如果"活而实"做得不好,只活不实的话,问题就比较严重。对此,上海的同行很赞成,他们说浙江这个讲法很好。所以"浙派语文"这个叫法,当时提出来,是有这么个故事的。后来呢,我的这个"实而活"就被大家认可了。有人编了一本书《中国著名特级教师教学思想录·中学语文卷》,把我的语文教学改革实践也收进去了。

我的语文教学实践与研究,以及到外面去讲课,基本上体现的就是"实而活"这个精神。我后来归纳出了自己语文教学的四个原则,就是"明、实、严、效",这些内容在我的那本书里面已经讲得比较清楚了。我认为上课教书有那么几条。第一条是"明",这一课目的是什么,重点是什么,这个要明确,你不能糊里糊涂的;第二条是"实",你采用什么措施,采用什么方式落实,你不实,这个"明"就空了;第三条是"严",将学生发动起来,对学生严格要求,让他们能够这样做;第四条是"效",要看有没有效果,没有效果就是空的。这就是"实而活"对教师的要求。另外,对学生、对授课者也是有要求的,要"有德、有趣、有用"。第一要以德育人,第二要让学生高兴听,第三上课要有用。还有,"德、趣、用"是辩证的。用德引趣,用趣来增加德;可以用德来使课活色活香,使课有用起来。所以"明、实、严、效"不是空的,是相互促进的,是辩证的,这些东西我都写到《林炜彤语文教育论著与研究》里去了。

刘福根:您的"实而活"确实充分体现了浙派语文的特点,也影响了改革开放以来的几代语文教师。您对我们浙派高中语文名师班的师生、对浙江省中学语文教学界有什么寄语？

林炜彤：上次浙派语文名师班的同学来看我，今天你又专程来跟我谈论浙派语文的事情，我看到你们这样用心于浙派语文教育事业，感到非常高兴，由衷地向你们表示感谢！浙派语文的未来和希望在你们的肩上，也相信你们一定能够把浙派语文的优秀传统发扬光大。

我记得上世纪末的时候，上海的陈钟樑和浙江的王尚文两位老师各写了介绍我语文教育的文章，还是通过你发表的。陈钟樑说我是"看似平常不平常"，看上去很平常和一般人差不多，但是很不平常，这篇文章你是知道的。1999年开研讨会的时候，王尚文来了。他第一句话怎么说的？他说："我今天出席林老师这个研讨会，我是自己把挂的盐水瓶拔掉了来的，医生不同意我来。"真是很有情义的一个人。那个会议后，他写了一篇关于我的文章，那个题目太大了，说什么"高山仰止，景行行止"，我说不敢当不敢当，我把题目改掉了，我说称"德艺"就好了。高山仰止，景行行止，我不能做到，但是心向往之。

2000年以后，我虽然没发表过文章，没有公开讲过话，但是我还是坚持学习，很关心语文教育改革。我认为语文教育前途很大，大家只要关心，肯定能出成绩。所以呢，我希望跟大家共同努力，有多少力出多少力嘛。但是大家要注意，语文是一门实践性很强的学科，不是你说说我说说的事情。

语文教育，这是你们后来者的事情，甚至你们这一代人都做不完，是不是啊？

名师是怎样炼成的
——对话王幸平

王幸平　蒋雅云

（王幸平，嘉兴市教育局副局长，特级教师
蒋雅云，浙派高中语文名师班学员，特级教师）

蒋雅云：王局长您好！在去年12月的首届浙派语文论坛上，大家普遍认同用"浙派语文的春天"来命名以林炜彤老师那个班为代表的浙江语文人，而您是班上的标志性人物。我们很想知道当时这个班上的学习情况，能否请您谈一谈？

王幸平：1986年3月到6月，在参加工作的第三年，我有幸加入了由浙江省最早的中学语文特级教师林炜彤主持的"浙江省中学语文教学研究班"，研究班由来自全省各地市和宁夏、安徽两省的26位老师组成。回忆起来，那真是一段幸福的学习时光。

让我印象最深的是林老师亲自为我们上示范课。林老师在从教的几十年里，一直潜心探索和实践"实而活"的教学风格，即，在扎扎实实加强训练、提高能力的同时让学生学得生动活泼，所谓"实而不死，活而不空"。林老师用他的课堂实践为我们生动地诠释了"明、实、严、效"和"有得、有趣、有用"的教学追求。林老师还带我们外出游学，省内外一批语文大家，于漪、陈钟樑、钱梦龙、张传宗、过传忠、卢元等都曾为我们开课讲学。

除此之外，林老师还为我们开列书单，他认为，"给学生一杯水，教师要有一桶水"。其实这是一个极其保守的比例，教师应该像江海那样博大，要善于积蓄百川。所以，我们做的第二件事就是大量阅读。记得那时候，我做的读书摘录就有十几万字，材料源自文史哲、教育学、心理学、语文教育专著和一些语文教学期刊。

蒋雅云：我们知道，90年代初，您获得了全国课堂教学评比的一等奖，并由此成为浙江语文一个时代当之无愧的领跑者。能和我们说说当时的情形吗？

王幸平：这段经历我曾经记录在《从大连到兰州》这篇文章里，是20多年前的事了。说起来，能代表浙江省参赛实在是一个难得的机遇，因为这毕竟是第一次全国级的中学语文课堂教学大赛。也许是我自身还具有不错的教师基本功，也许是刚刚评上省级教坛新秀，也许是市里教研员老师的极力推荐，省里决定由我代表浙江省前往大连旅顺参加比赛。按规定我选择了部编教材初中第三册中的《春蚕到死丝方尽》一课，经过一个多月的精心备课和几番试讲，我对自己充满了信心。兴冲冲地来到报到处自报家门，却被告知由于大会安排临时有变，所有南方省份的选手都被安排在第二年参赛。用"晴天霹雳"来形容当时的感觉真是一点也不过分。最后，我揣着一张由全国中语会出具的第二年参赛证明，带着无限的遗憾离开了大连。

1992年初，第二届比赛的消息传来，地点设在甘肃省兰州市。按理，我应该是浙江省的当然代表，但事实远非我想象的那么简单，省中语会决定在金华市召开全省优质课评荐工作会议。很快，市教研员向我转达了会议精神，说我可以继续代表浙江省参赛，不过最好能先参加金华的选拔。我从来都是一个不服输的人，随即明确表示去金华。

在金华，我上的还是《春蚕到死丝方尽》一课。我将教学目标定位在"生动说明和平实说明"上，整堂课的设计一改传统说明文教学从头至尾讲解的课堂结构，采取了"中间切入再突破首尾"的方法，设计了"改写第三自然段"这一教学环节。我将原文中一些描述性的文字拿掉，用平实的语言改写成段，然后将其与原文进行比较。在诸多执教者中，我是第一个上场的选手，但凭借充分的准备、新颖的设计和良好的驾驭课堂能力，这一堂课上得比较成功。结果我如愿以偿地再次获得了参加全国比赛的资格。

这次参赛，没有了一年前的激动，只留肩头沉甸甸的责任。上课地点在西北师范大学电影院的舞台上；参赛老师男女各占一半，年龄参差不齐。8月11日上午第二节课，轮到我上台。面对镁光灯的强烈光束和摄像机镜头，面对台下近千名听课老师和7名评委，我显得格外镇定。上课的过程很顺利，每一个环节都很到位，且不时有精彩场面出现，教学重点和难点的突破又恰到好处地在课的前后两段时间里形成了高潮。更有趣的是，当我出示自制教具——"蚕的一生"拼图时，由于转播的电视机质量问题造成图像不稳定，听课的老师仿佛看到了一条活生生的蚕在不停地蠕动，都发出了会心的微笑。随着下课铃声的响起，全场爆发出热烈的掌声，我有种预感，成功了！8月14日，还是在那舞台上，我高高地举起了一等奖证书。

在当时的社会氛围下，得到全国大赛的一等奖，人们也许并不当回事，但对我个人而言，这的的确确是一个极大的鼓舞，给了我向上的动力，推动我不断向前。

蒋雅云：培训也好，赛课也好，都只能算是一种外来的机遇，"机遇总是偏爱有准备的头脑"，我们很想知道您在教育教学中加强自身修炼的一些做法。

王幸平：的确，一个人的成长最重要的还是自身努力。首先是学习，大量地读和看，大量地做摘录。范围不仅仅是本学科、本学段的，还可以是其他学科和学段的。我经常和同是教师的妻子谈论教育问题、交流备课心得，尽管她的专业是英语教学。有一阵子我在电教馆借阅观看了很多初中、小学语文的课堂教学实录，从中学习教学环节设计、师生有效互动、课堂氛围的营造等，受到很多启发。多年来，读书学习早已成了日常生活不可分割的一个部分。直到今天，脱离教学一线岗位10年了，我仍然订阅着《语文学习》、《中学语文教学》、《语文教学通讯》等语文专业杂志。

其次是备课。多年来，我有一个习惯，就是每一课都有精心的规划，对教学内容作出取舍、对课堂环节作出设计，每一课都写出完整的教案。而备课的功夫是没有底的，我教文言文，经常是课备好了，课文也自然会背了。仿佛只有这样，才能在课堂上更好地关注和应对学生的反应。记得当年我在家备课，高声的朗读常常打搅到周围邻居。我对自己备课的另一个要求是，每学期有针对性地选择不同文体的课文重点备课，甚至花一两个月的时间琢磨一篇课文。一方面深入钻研文本，用现在流行的话来讲就是"裸读"，读出自己的理解和感悟；另一方面围绕课文进行专题阅读，包括同一作家的不同作品和不同作家的同类作品，当然，这其中也包括各家语文人对同类课文的课堂教学实践。经过几年的努力，我对各类文体的教学有了相对纯熟的思考和把握。

这里我不得不提一下当时嘉兴和嘉兴一中语文组的前辈，周仲鑫、沈祖洪、卢德福、毛志鹏、朱金生、沈永欣等等，他们都有着深厚的语文功底，我作为小字辈，深受他们语文素养和人格魅力的熏陶。同时，又有一批同时代的青年教师各有所长，何辰玉老师有着深厚的阅读和写作素养；冯晴老师多才多艺，实践着"大语文"的教学追求；王晓红老师的情感教学独具匠心。身处这样的团队，踏踏实实地提升自我就成了一件必须要做的事，是一种自然而然的要求。

蒋雅云：您前面提到林炜彤老师"实而活"的教学主张，作为他的弟子，您是如何继承并发扬的呢？

王幸平：林老师"实而活"的教学风格，曾得到普遍的认同和广泛的美誉。其中"实"的核心便是扎扎实实地打基础。林老师提出"打基础不惜工本"，认为中学是基础教育，语文是基础学科，主张切切实实进行基础知识教学、基本技能培训、基本方法指导、基本习惯养成，注重为学生打下扎实的语文功底。这也是我在教学中一直坚守的。不过，我所理解和追求的"基础"，不仅是语文学科本身的基础，而且是在打好语文基础的同时，也为学生的人生打下做人的基础，也就是更注重语文学科工具性和人文性的融合，注重语文对学生潜移默化的影响力。

"活"是课堂教学更高的境界，要让学生学得生动活泼，其本质是迁移、转化，从而达到学生的"发展"。我对课堂教学的个性化追求，经历了两个阶段。第一阶段是自身教学的个性化。简单说，就是"不走寻常路"，要求自己与众不同，有辨识度和个人印记。在很多课堂遵循"作者及背景介绍+段落大意+中心思想+写作特点"教学模式的背景下，追求教学的鲜明个性，更多的个人特色和自我展示。第二阶段是着眼于学生个性化成长的个性化教学。《荷塘月色》是我在很多场合上过的课文，我的做法就是从学生接受和需要的角度，打破常规，创造性地从中间语段开始，从而实现了切合学生实际的个性化教学。在当时的背景下的确可以说是独树一帜，带给人耳目一新的感觉，所以也为很多人所铭记。从展示自己转向关注学生，从学生个性发展、精神成长的高度设计和安排教学，的确能使教学别开生面，焕发个性。《祝福》一课，其实是借鉴了组里朱金生老师的经验，他在上这一课的时候，没有因循守旧，而是从人物、情节、环境等几方面抛出思考题，布置学生课后阅读思考，课堂上交流共享。为了更好地调动学生的积极性，激发他们的学习潜能，我在朱老师的基础上作了改进。我从图书馆里找来相关的作品和资料，包括《祝福》的解读文章、鲁迅的其他作品等，组织学生围绕鲁迅作品进行了为期两周的专题阅读。在这个过程中，关于《祝福》的质疑问难和课堂答辩只是这系列阅读中的一个点。这一课的教学充分发挥了教师主导、学生主体的作用，合理利用了学生资源，在教学内容和方法上都有开创性，课堂实录在中央教育电视台连续播放了两次。可以说，这样的学习在知识的迁移、转化和学生的发展等方面，已经有了当下倡导的研究性学习的雏形；学生对作家作品的学习也会深入很多，更能读出自己的东西，对学生能力发展的意义也更大一些。

蒋雅云：您离开教学一线，走上了管理岗位，统筹一地教育，造福一方人民，但仍然情牵语文，能不能请您对新生代的"浙派语文"人，对后生晚辈提点希望？

王幸平：在教师专业成长的道路上，最最重要的因素还是自我修炼。帕尔默说过："当我还是个年轻教师的时候，我热切地盼望这么一天：我对教学了如指掌，我如此称职，如此有经验，如此有力量，所以我走进任何教室的时候都不再有害怕的感觉。可是现在，我年近60岁啦，我才明白那一天永远不会到来。"教育教学是需要我们不断学习不断成长的事业,智慧如于漪,还用"一辈子做教师,一辈子学做教师"勉励自己。青年教师尤其要加强学习,善于学习。

首先是向课堂学习。课堂是教师安身立命的地方,也是教师成长最迅速的地方。要认认真真对待每一堂课,把每一堂课都当成公开课来上。那么,当机会来临的时候,你就能举重若轻,左右逢源,所谓功到自然成。其次是向书本学习。读书仿佛不能带来看得见的收益,但一旦接触到新的思想,人就一定告别了原来的自己。一句话,读书能让人悄悄成为更新更好的自己,语文教师尤其要读书。不读书的语文教师不可能培养出爱读书会读书的学生,也无法指望他的课堂焕发智慧、灵动、诗性、审美的光彩。再次,向学生学习。在语文教学中,要尊重三个主体,即,文本主体、教师主体和学生主体,其中的学生主体是容易为人所忽略的。这里我们首先要明确为谁教的问题,要站在培养人、发展人的高度,尊重学生的个性,尊重学生的立场,尊重学生的发现和创造。最后,向生活学习。"语文学习的外延和生活的外延相等。"张志公也曾告诫我们:"不读书,不看戏,不旅游,不交友,是语文老师最大的不务正业。"作为语文教师,你挑战的常常不仅仅是文本,也不仅仅是课堂,还有你的学养才情、精神品格和生命境界等的全部。这是一种全方位的砥砺和修炼,让生活成为滋养你的源头活水。

"实而活"

——语文教学应追求的境界

羊　刚

（浙派高中语文名师班实践导师，特级教师）

假如浙江的语文教师聚在一起，而这一群体又要亮出自己的旗帜，那么，这面旗帜上就应该书写着"实而活"的大字。

首先，"实"和"活"是描述浙江老一辈语文名师的教学状态和境界最贴切的词语。我有幸结识并从他们那儿得到教益的、我省老一辈语文教学名家，如杭州的林炜彤、曹文趣、陆鉴三，宁波的冯中杰、朱道初，湖州的蒋传一、唐承彬等先生，他们的语文教学无一不可以"实而活"来形容，林炜彤老师更是明确地提出了"实而活"的主张，构建了"实而活"的语文教育思想体系。

其次，"实"和"活"也是新一代语文教师能普遍接受的概念。一位语文教师不管持有怎样的个性化语文教学主张、理念，假如他的教学能得到同行、社会"实而活"的评价，那他心里必会感到很受用。

再次，"实"和"活"只是对教学状态和境界的描述，似乎没有明确指出这是在怎样的理论背景下提出的、什么性质的语文教学理念与主张。然而，正因为如此，它才有利于因时而化、与时俱进，才有利于因人而异、个性纷呈。

其实，林炜彤老师提出"实而活"的语文教学主张，还有故事可说。

第一个故事发生在1980年。当时，教育部牵头召开了一次语文教学改革座谈会，林老师作为浙江代表出席。会上代表们聊起语文教学流派的话题，说"京派"是实的、"海派"是活的，那么"浙派"呢？林老师回答是"实而活"。这一概括，得到了上海徐振维老师的高度赞扬，她说："既'实'又'活'才是好课，上海现在有的课就是花哨有余，扎实不足。"

第二个故事则是在1981年的春天。彼时杭州大学《语文战线》杂志社举办"笔会"，邀请各地名师相聚西子湖畔，讨论语文教学的现状和未来。与会者有刘国正、章熊、顾黄初、欧阳代娜、陈钟梁、范守纲、林炜彤、陆鉴三、钱梦龙等语文教育界的名流。会议之暇，代表们在西湖边漫步，林老师跟钱老师专门讨论了"实"和"活"孰为先的问题。林先生的意见是应该"实"字为先，有了"实"，即便"活"不了，"实"还是在的；假如"活"字当头，万一"活"不了，那什么也没有了。2013年11月底，一个偶然的机会，我在湖州的太湖边拜会到了

84岁的钱老师,他还记得当年"西湖笔会"和跟林老师关于"实而活"的讨论。

诚然,两地的语文教育名家的教学都是追求既"实"又"活"的,但侧重点却有所不同,这里仅以两节极具代表性的文言文教学课来说明。

一节是上海钱梦龙老师执教的《愚公移山》(1981)。这节课改变了当时普遍流行的"字字落实、句句对译"的传统教法,比如"年且九十"一句,传统教法是"串讲",钱老师的教法则是"曲问"——"愚公几岁了?"有学生答"90岁了",老师再追问"真是90岁吗?"于是学生发现了"且"该做"将近"解。该掌握的语言基础知识掌握了,还记忆深刻,这是所谓的"实";而且教师教法灵活,学生学有兴趣,这是所谓的"活"。

另一节是浙江林炜彤老师执教的《鸿门宴》(1986)。主要教学流程如下:

1. 教师出示用毛笔抄录在白纸上的刘邦的一段话:"曰吾入关秋毫不敢有所近籍吏民封府库而待将军所以遣将守关者备他盗之出入与非常也日夜望将军至岂敢反乎愿伯具言臣之不敢倍德也。"要求学生作句读、诵读,翻译;教师讲评,涉及多种文言知识。

2. 这段话是谁说的? 是在怎样的情况下说的? 请用自己的语言说出这段话上下文的内容。

3. 这句话是真话还是假话? 请引用课文中的原句,分析阐发。

4. 对刘邦的话,项羽是如何反应的? 由此可见出两人怎样的个性?(再出示樊哙的一段话,引导学生分析两大利益集团中其他人的表现和遭遇,方法大致跟上一个环节相同,不赘。)

5. 小结,体会司马迁写人物的高超技巧。

6. 推荐课外看《垓下之围》等篇章,鼓励学生以书面的形式说出自己的看法。

两位大师的课都作了大胆的教学创新,但各有特色。一个是"活"字领先,多一份灵巧;另一个却是"实"字当头,以大气见长。同是求实、求活,"海派"和"浙派"还是有所差异。

20世纪80年代,十年浩劫结束后不久,语文教学刚刚从政治的桎梏中挣脱出来,学生双基薄弱、习惯欠佳、兴趣缺乏,是普遍状况,当时的"实而活"就带有那个时代的印记。

有人概括林老师的"实而活"由六大要素构成:实——明确知识结构,培养良好习惯,讲求教学效果;活——学得有趣,发挥主体作用,学以致用。(谢双成《实以求效,活以益智》)我以为还需加上两条:一条是"着眼于学生发展"，林老师所有的研究和改革实践，体现的都是以学生的发展为本的哲学。一条是注重辩证思维，比如他的"有得、有用、有趣"说。"趣"可以促"得"，"得"可以生"趣"；有"得"才能有"用"，"得"是"用"的基础；"用"不仅可以巩固和发展"得"，还能促进和深化"趣"，三者相辅相成。林老师关于"实而活"的想法很朴素，但可以称作"思想"，而不只是"想法"。一位哲学家说，"思想"有两个条件，一是"自作主张"，一是"切中现实"，林老师的想法同时具备这两个条件。

世易时移，新一代的浙江语文教师对"实而活"应该有自己新的思考。

求实，要直面现实。当下的时代，是最好的时代，也是最坏的时代。一方面是课改强势推行，另一方面是应试教育积重难返。一方面是语文教学的理论和实践都有新的突破，另一方面功利心态悲观情绪潜滋暗长，语文教师陷入新一轮迷惘之中。简单地说，越变越好，还是越变越糟，恐怕都不符合事实。

求实，要据实研究。比如语文课程对于学生发展的作用，假如我们坚信它是一门母语教育课程的话，那么，一定会发现学生学习语文，不仅有利于提高他们获取"面包"的能力，还可以让每口面包变得更香甜。学习语文关乎物质，也关乎心灵。任何一种偏废，都会伤害语文教学的健康发展。

求实，更要看重实效。实践是检验真理的唯一标准。信服某种理论，尽可以去试，但试不通的时候，还得冷静反思。仅就一节课的阅读教学而言，求实，有必要强调两点：第一，要重视"真实"。呈现语文的原生态，把教与学的真实过程展现出来。第二，要贴近学生，贴近文本，避免凌空高蹈。但"贴近学生、贴近文本"却不是那么容易，因为能不能"贴近"不仅仅是理念问题，还取决于是否有方法、技巧。比如老师讲"三杯两盏淡酒，怎敌他晚来风急"，说"酒淡"是因为"愁浓"，这当然没有错，但是假如不联系"怎敌他晚来风急"来引导学生体会，恐怕也只是贴标签而已。

求活，要真正把学生看成活生生的生命，而不是知识的容器，也不是教师可以随意塑造、剪裁的对象；求活，要把文本看成一个有机的整体，而不是知识的拼盘，要避免机械切割，实现整体感知和局部品味的统一；求活，要讲求新旧知识勾连，内外知识交融，唤醒学生的经验，而不要追求表面上的肤浅的热闹华丽；求活，要促进学生的自主学习，让学生越学越想学、越学越聪明、越学越会学……

"实而活"，是值得语文教师追寻的境界，达到这样的境界，才可以促进学生的语文乃至生命之树自己生长，并结出饱满的果实。

浙派语文崛起的一段往事
——1998年浙江省跨世纪骨干教师中学语文班教学研究活动纪实

蒋成瑀

一、缘起

本书策划人(编者)交给我一个题目"浙派语文崛起",让我回忆一下省跨世纪骨干教师中语班当年教学研究活动的情况,事隔久远,追忆难免有误,姑妄言之。

浙派语文并非空穴来风。我省地处东海之滨,是吴越文化的重要发祥地。诗画江南浙江独好,素有"文化之邦"的美誉。文化教育根基深厚,人才荟萃,远的不必说,民国以来就有章太炎、王国维、钱玄同、鲁迅、蔡元培、陶行知等名流,他们是现代浙派语文的始祖,名扬四海。高山仰止,景行行止,他们的遗产需要我们研究学习。作为新时期、新世纪的浙江语文工作者,尤其是一线语文教师,在学习的同时,也应该为浙派语文的崛起,尽一份微薄之力。

(一)中语研修班的基本情况

1998年正值世纪之交,浙江省教育委员会(教育厅)为了培养中小学跨世纪学科带头人,下文通知(浙教师〔1998〕40号)各市(地)教委选送中小学优秀高级教师(中学45岁以下,小学35岁以下)和省级教坛新秀,组成跨世纪骨干教师研修班,由省中小学教师培训中心和浙江教育学院(现改制为浙江外国语学院)组织实施。中语班为第一个试点班,共21人,于是年3月开班,时任省教委副主任阮忠训出席开班典礼,并致辞。研修班实施理论学习、教学实践与科学研究三位一体,既分散又集中。他们先在学军中学开设观摩课,与当时的特级教师同堂献艺,彼此交流;后又在桐乡一中开设不同风格的观摩课,以及一篇课文采用不同教法的示范课,吸引全省数百名教师前来听课、评课。没有机会上观摩课的教师,则回原地区、原学校开出公开课,与听课教师交流。藉以展示自己的学习成果,传达教育理念,提升驾驭课堂的艺术。历时近两年,研修班于1999年12月结束。

他山之石,可以攻玉。学习期间,研修班走出去,到经济改革的前沿——广州、深圳参观与考察。访问当地著名中学,听课、评课,与特级教师座谈,共话语文教育改革,得益匪浅。学习结束后,研修班成员之间一直保持往来,相互交流,坚持了数年,期间先后有程继伍等11位被评为特级教师(其中两人学习中途调离浙江,为上海特级教师)。研修班成员有良好师德,独立思想与高超的教学艺术,在各自的语文教育岗位上,陆续发表的教学研究论文不知其数,不少人出版了专著,受到普遍好评。

(二)寻找语文教育改革的突破口

研修班是一个教学科研群体,一群敢于担当的中青年教师。他们所处时代,语文教育改革已经春色满园,繁花似锦,取得相当好的成绩。全国语文学界涌现出于漪、钱梦龙、宁鸿彬 、魏书生等著名的特级教师。我省的特级教师林炜彤、陆鉴三、冯中杰、唐成彬等,也为人所称道。他们提出的教育理念、实施的教学手段,以及所展示的各种课型的课堂实录,早已广泛流传。只消接纳、实施之,也可万事大吉,但是研修班的成员不满足于此。教育运周,日新其业。语文教育跳动着时代脉搏,与现实生活同步,岂能丑女效颦、邯郸学步?研修班面向语文教育的未来,希望开垦自己的语文教育园地,确立新的教育理念,寻求新的课堂教学方式,形成自己的个性和风格。那么从何着手呢?

这使研修班成员颇费踌躇。后来他们发现语文界当时的"大哥大"是钱梦龙和魏书生,流行"南钱北魏"的说法,可谓名声雀噪。究其原因,钱氏有"三主"教学模式,魏氏有"语文教学科学化管理体系",并提出了"课堂六步教学模式"。受他们的影响,发现式、问题式、启发式以及七步、十步读书法等各种模式纷至沓来,琳琅满目,令人应接不暇。于是研修班决定以模式为突破口。

二、探索

研修班以模式为突破口,这是明智的选择。何以言之?据中外教育史记载,当社会发生重大变革或转折时,就有相应的模式应运而生。我国现代意义上语文教学模式,是1924年语文学家黎锦熙的《新著国文教学法》首次提出来的,谓之"三段六步法"(理解:预习、整理;练习:比较、研究;应用:创作、活用)。解放后影响最大的是形成于50年代的"红领巾教学法",实际上是由《红领巾》这篇课文引发出来的苏联凯洛夫教育模式在语文教育中的运用。1978年语文教育改革开放以来,语文学界对模式的热情只增不减。模式何以有如此大的魅力呢?促使研修班对模式理论进行研究。

不久，研修班以课题组的名义发表《教学模式理论研究》(《现代中小学教育》1999[9])。认为"模式(model)是教学过程的规律反映，一种普遍性的法则和原理，它是长期科学实践的结晶"、"教学模式是指在特定的教育思想指导下，按一定的教学目标所实施的一种教学程序和操作方法"，它具有一定的逻辑架构，便于整理教学内容，但也会限制学生思维，把活泼、多变的教学活动固定在同一框架内。教学模式的得失、利弊共存。

(一)研究钱氏、魏氏教学模式，并解构之

任何一个模式在盛极之后，都会衰老，这是模式运行的周期性现象。钱氏模式起于20世纪80年代，魏氏模式起于20世纪90年代，运行至今，其弊端也已开始显现。如所知晓，钱氏"三主"模式中的"教师为主导"，是我国学者50年代提出的教育理念，意为教师要监控教学的全过程，属于传统的认识论范畴。钱氏植了"学生为主体"的见解，欲在传统中融入现代理念。叶澜教授在《重建课堂教学课程观》(《教育研究》2002[10])中指出："只要我们还在讨论着'教'与'学'，谁决定谁，或者说究竟谁是主导，那么我们就在本质上没有跳出传统教学过程观的认识论框架。"钱氏同样没有拆解传统认识论的围城。在教学过程中，完全由教师运作，决定或主宰一切。学生主体无意中成了一种摆设。至于"训练为主线"也是困住学生的一座题海围城。其实主体、主导和主线这三个概念，分别属于哲学认识论、教育认识论和文学创作理论，使用范畴不同，糅合在一起就难以弥合理论的疏漏。研修班推胡勤撰写了《翻开语文教学新的一页》(《教学月刊》2000[4])。对模式作了解构。他指出："钱梦龙先生的'三主'模式实是赫尔巴特以教师为中心和杜威以儿童为中心模式的合流，取其两端以求中庸。"这就点中了钱氏模式的"穴道"，揭示其理论的意向。

与钱氏模式相较，魏氏的"语文教学科学化管理体系"，则直接以一个"管"字就把教师为中心、为主宰，揭示无遗。这个管理系统由"教学计划执行系统、教学监督检查系统与教学反馈系统"这三个子系统构成。课堂教学采用定向、自学、讨论、答疑、自测、自结六步模式。教师以制度纪律规定学生该做什么，不该做什么。很显然"系统""模式"扼杀了学生的个性和创造性，是对人自由发展的约束。研修班推郭吉成撰写了《还给学生一个自由的发展空间》(《教学月刊》2000[7-8])。他指出："以教师意识为中心的管理，使学生创新思维的形成缺乏诱因"，"繁琐的管理系统，使语文教学管理缺乏合理性"，"整齐划一的管理形式，不能促成学生个性的全面发展"。并提出"建立以全

面素质为基础的创新教育体系"。

(二)构建21世纪语文教育新范式

范式(paradigm)与教学模式不同,它是科学研究共同体在特定时期对其研究成果的简约概括,标志着研究已经成熟。所以它不是一蹴而就的,甚至需要几代人的努力。语文教学模式则要简单一些,因为它可以由个人提出来,成熟快、消亡也快。因此对钱氏、魏氏模式的解构也就顺理成章。

解构并非全盘否定,而是学习、继承,实现超越与创造。解构的目的在建构。在语文教育领域没有上帝、权威和裁判官,实践是检验真理的唯一标准。人人可以建构属于自己的教学模式。研修班经过学习和研究,决定以邓小平同志关于教育要"三个面向"的思想为指导,依据语文教育现状,提出了"独立自主,促成创新"的教育理念,要求班级成员,每人写一篇千字小论文,总结自己的教学经验,为教学实践定位。最后,由师训中心编印成小册子,定名《个性、风格、模式》,展示各人不同的教学特色。其中不少人提出了自己的教学模式,如王晓红一直追求美的教学品格,提出"以情启智,以美引真"的模式,其教学程序是:"情感导入,创造气氛(美的引导)——激情引智,分析入理(美的发现)——感悟真情,引发真知(美的升华)"。又如沈江峰以"求真、求活、务实、创新"为其教学理念,教学模式程序为"初读感知——策动探究——促成发现——整体提升"。褚树荣架构"立足课内、沟通课外"的教学模式。莫银火提出了"本色写作——批评提高——重写深化"的作文教学模式,等等。但也有一些人不赞成教学模式或者不提模式。如杨林在教学中追求"实"、"活"二字,设想并践行一种"导学+训练"的思路,导学重"活",训练重"实",等等。恕不一一赘述。只要能促使学生爱语文、乐于学,且教学效果好、效率高,教学不妨不拘一格,各领风骚。

模式是一把双刃剑,利弊得失共存。一方面作为教学的一种策略、结构和程序,使教学有章可循,有法可依,便于学生接受;另一方面课堂教学是生成的、动态的,有诸多无法估计的变量,把教学纳入一成不变的模式,就会凝固、僵化。那么到底应该如何正确对待模式?

2001年初,由笔者主持,邀请王晓红、胡勤、周红阳三人座谈,在上海《语文学习》开辟了一个专题《教学模式的是与非》(2001[1])。王氏认为模式"是从数以百个,甚至万个计的典型课堂示例中抽象、概括出来的","建立或实践教学模式的过程本身就是一种创新"。胡氏认为教学"是一个不断创造的过程,得鱼而忘筌,任何模式都会在这个过程中消解"、"历史前进从来就遵循否定之否定规律，我们没有必要偏袒明显落伍于时代发展的教学模式"。周红阳折衷之，他认为"语文教师的队伍庞杂而参差"，需要有"几种规范的模式可选用"。但教学不能"模式化"，更不能以"师本"为基础，要以学生为本。大家各抒己见，一致认为教学必须有一个稳定的结构，又要随机应变。模式教人懂规矩、识方圆；解构则教人不要死守章法，落入窠臼。所谓定"式"则无，大体须有，视之若无，究之则有，如丸之去盘，横斜圆直不可知也，其所可知者，行乎所当行，止乎不可不止。这应该是我们理想中的教学科学范式。

三、思考

我们研究、讨论教学模式，这实质上是语文教学规范与反规范、边界与无边界、基础训练与"不着边际"之间的纠结与冲突。事关语文教育的走向，也关乎浙派语文的建设。当今社会思潮更迭加快，各种流派纷呈。就语文教育而言，传统的、现代的与后现代的思潮，以及心理学的、文学的与语言学的各种理论，都在搅动它。一些人重视人文教育，"观乎人文，以化成天下"（《周易·贲》），强调伦理道德，以及现代主义的人性、人道主义和人本教育；另一些人青睐后现代教育，消解主客体认识论，引入贝蒂的多元主体系统理论与哈贝马斯的主体间交往理论，强调师生多极主体间性对话。回顾改革开放以来，全国语文教育所取得的成果，其中钱氏的"三主"模式、魏氏的"语文教学科学化管理体系"影响是最大的、传播也是最广的。我们诟病、解构，但也应该承认浙江语文界还没有钱氏与魏氏这样受欢迎的语文教师。那么浙派语文又将如何建设，进而影响全国呢？

我国是一个人口大国，地域辽阔，有56个民族。东部沿海地区与在中西部内陆地区，以及不同民族与地区之间，经济与文化教育的发展存在着差异，语文教育也应该有所不同。浙江经济发达，人杰地灵，拥有一大批学界泰斗与文化教育名流：他们知识渊博，学贯中西，富有人格魅力；他们学术上求真求实，具有一丝不苟的科学态度；他们思想通达，积极进取，富有创造精神。这些都是我们构建现代浙派语文所应坚守与继承的。所谓根深叶茂，深厚的学术根基与文化渊源，正是建设浙派语文的先天条件。后天如何，在于这一代浙江语文工作者，特别是一线语文教师的努力程度。研修班群体的努力有限，但在教育理论研究与教学实践两方面，也有自己的心得与思考，说出来以备后来者参考，做得更好。

(一)确立科学的语文教学观

凡事预则立，不预则废，教学要科学有序。学前，依据整体目标，每课预设基础目标，人人必须达标，然后因人而异，调整或提出新目标。学中，课堂教学结构稳中有变，放收、张弛、轻重有节奏，避免平板、乏味，并处理好局部(字词句)与整体(篇章)的辩证关系，两者保持平衡。学后，要有信息反馈，搜集和记录上、中与后进者三类学生的典型事例，为下一堂课预设目标，积累教学研究的宝贵素材。

课堂教学应是科学与艺术的结合，前者为主后者为辅。一般说，观摩教学重视艺术的灵秀，是教师精心运筹的一场"时装"发布会，追求"出格""惊艳"，但一旦失去科学性，也就没有应用价值。日常教学重视科学的严密性，是教师一生经验的凝结，类似"节日装"，追求"合身""得体"，但一旦失去艺术性，就会索然无味。科学与艺术同步是课堂教学的硬道理。

(二)对语文文本的诠释，既要理解一元本义，又要多元拓展、创造

文本是教学的依托与凭借。任何文本皆有原初的意义，经过流传、沉淀，逐渐形成了共同的理解，这就是一元本义。不知本义，就会误读、误解，失去意义的客观性与真理性。但是一切历史都是当代的历史，文本又要向当代学生开放，承认多元理解。合理的误读是创造的契机，可以引申出文本的当代意义。一元与多元，本义与引申义同存共荣。只论本义，为传统所束缚，难免守成、僵化；只论引申义，天马行空，无限衍义，必然陷入解构主义的语言文学游戏。

"互文性"是文本意义诠释的重要概念。世间一切文本的词语或意义，都不是孤立、自足的，也不是个人独创的，必然与他文本发生"互文"关系，其词语或意义总是他文本词语或意义的引申、转换、拼接、中和或深化。解构主义的"互文"理论认为，文本的意义没有起源与终点，因此也就没有意义的确定性与真理性。受此影响，导致语文教学文本意义诠释的无政府状态，此亦一是非，彼亦一是非，这是不足取的，应该警惕。

(三)语文教学的核心是语言训练，学会感知、理解与运用语言

语言是人之为人的本质属性，人而不言，何以为人？语言又是存在的寓所，人对世界的认识以语言为界限。语言性应是语文学科的本质属性。学习

母语有一种回归家园的感觉,体现民族的爱国情怀。孔子说:"仁者其言也讱。"(《论语·颜渊》)布伯说:"精神即语言。"(《我与你》)语言训练本身,就是一种人文熏陶与思想教育。在阅读与作文教学中,把语言的理解与表达能力置于中心,这不仅提升了学生驾驭语言的能力,也是一种人文熏陶,体现了以人为本的教育理念。

语言训练或教学,关涉词的音、形、义三要素,以及词汇、语法、段落的选择与安排,并通向社会、人生,所以是一种综合的整体训练,实质上是语言的成"人"教育,是人之为人的根本。常言,倚马可待、能言善辩者,是为人中之龙凤也。

(四)对话是语言训练的实践途径

人世间是个大对话场,人类生活在对话世界里。语文教学的对话无处不在。与文本或作者对话(阅读)、与自我或他人对话(作文)以及师生、生生课内外对话,均构成了不同的对话场。个人的言语活动是最具生命力的对话方式。语文教学要组织辩论会、讨论会、读书会,构筑对话平台,提供个人语言活动的场所。此外,引入现代多媒体、信息技术,例如IRS课堂即时反馈系统,实现师生课堂互动交流,包括人人互动、人机互动,也是语言训练与对话的辅助方式。

语文教学要成为师生、生生间的对话场,彼此关系必须有一个正确定位。"教师中心"论,"学生主体"论,皆失之偏颇。但尊师重道的传统要保留,现代教学的民主与自由要实现。师生、生生间平等、亲密的关系,是交流、对话的基础。为此可尝试引入"开放式网络课程(MOOC)",即"慕课"。先让学生看教师预先录制的慕课视频(教师先说课文),然后回到课堂,让学生说自己的理解,并提出问题。这样师生就有话可说,你来我往,实现资源共享,热闹的对话场不期而至。

(五)关注语文教学的效率,更要重视学生未来的发展

自1978年吕叔湘先生提出语文教学效率低,"不过关"(《人民日报》3月16日)。这个问题一直令我们难堪。"关"指什么,怎么"过"。吕氏所言,与我们现在的认识已有了差距。不搞应试教育、不以成绩论英雄,重视学生的全面发展,这是毋庸置疑的。但是成绩是学生个人、家长、学校与社会所关心的问题,考试也是目前公开、公正、公平选拔人才的形式。鉴于考试试卷玄机四伏、陷阱密布,必要的题型分析、试题练习,也是语文教学的一项功课。但教师头脑必须清醒,中小学语文教育是人一生成长的基础,不能为考试所用,要

放远眼光，开阔视野，以人为本，把培养创造能力放在重要位置，着眼于学生的未来发展，为其垒实金字塔的基石。

传统教育重视学生的眼前利益，以其成绩为评价标准；现代教育更关注学生的未来发展，重视个性与独立人格的培养，偏爱怪才、偏才，两者各有利弊。语文教学要依据学生的实际，分别作出合理的定位，使之协调、平衡，达成融合，这才是正道。

结束语

追忆1998年省跨世纪骨干教师中语班教学研究活动的一段往事，确留下了许多值得我们记取的东西。这个班由政府搭台，旨在造就语文学科的带头人，让他们在理论研究与教学实践中发挥示范作用，推动浙江语文教育改革的进程。当年他们并没有打出浙派语文的旗帜，却敢于揭竿而起，解构钱氏、魏氏模式，也是要树立自己旗帜的意思。他们确实在为浙江语文建设添砖加瓦，后人称他们为浙派语文崛起的一群，虽有勉励之意，其言也不为过。但不可否认，这个群体也存在着缺失或教训。

一切流派，包括语文教育流派的萌生、发展与成熟，是一种社会自然现象，所谓水到渠成，非由车辕。一个志同道合的群体，有了共同的目标或愿景，朝着同一方向，经过努力，有阳光与水分，合适的气候与土壤，流派也可自然生成。研修班的最大欠缺就是群体活动只坚持了短短数年，成员就单打独斗，各在自己的岗位上努力，虽然有的成果不少，但是独木难成林。彼此失去联系，缺少切磋交流，群体的作用与力量，就逐渐消失。

现今省教育厅组织实施"十二五"中小学浙派名师、名校长培养工程，已经正式打出浙派旗帜。前车之鉴值得记取。浙派语文的崛起、成长，需要有一批来自一线的语文教师为中坚，而且要不断淘洗，充实新生力量，对其中的领军式人物或佼佼者要张扬，给予支持。要宣传浙派语文的研究成果，组织学术讨论会以及教学实践展示会；更要建立自己的网络交流平台，有一家或几家报刊经常刊出研究文章，或评或赞或批评，推动浙派语文健康地发展。浙派语文也有浙东、浙南与浙北之别，也有地区、城乡之别，所以它不应该是一家、一式、一种风格，而是多元竞争，共同绽放。我们预祝浙派语文能够独树一帜，在全国语文改革的百花园里，亮丽绽放。

洗尽铅华，务实求真

——关于重构中学语文教学模式的思考

周红阳

（诸暨市教研室教研员，特级教师）

我们建构、选择或运用教学模式，基本目标就是为语文（课堂）教学"成为可能"提供必要的"保障"，而首要的任务则在于"澄清"模式"存在的意义"，即教学模式之于语文教学实践的价值和意义。

20世纪末，我参加了由浙江省教委主办的"浙江省首届中学语文跨世纪骨干教师研修班"的学习，并参与了中学语文教学模式问题的探讨。在我看来，语文教学实践运用模式，关键在于借助相应的"模"与"式"贯彻教学内容和落实教学目标。然而，如今的语文教学课堂"必需"的东西却不断被挤压、掏空，语文因素显得越来越局促、窘迫，而非语文因素正在反客为主、日趋强势。面对这般现实，重拾"教学模式"的话题，再度思考和探讨，似乎显得尤为必要。

尽管我既不待见专家们闭门造车、拼凑嫁接的一些语文教学模式，也不信任层出不穷、名目繁多的所谓语文教学"新模式"，但我坚信语文教学绝对不能没有任何"模式"。质言之，我崇尚的"模式"，根据语文学科的特质和个性，就是一种接连语文教学"地气"的课堂操作规范，大致可以表述为"一本三维"——"一本"，即语言为本；"三维"便是"内容、操作和效率"。

《课标》认为，语文是人类文化的重要组成部分，是工具性和人文性的统一。然而，在具体的语文教学实践中，经常会面临诸如工具性和人文性怎么切分、原本就统一的究竟如何再度"统一"、所谓的"统一"表现为怎样的形状、统一的"着陆点"在哪里等现实问题。更令人忧虑的是，近年来在种种"新理念"的鼓噪之下，语文课堂的"人文性"一枝独秀、"工具性"被严重"边缘化"的现象十分普遍，且呈愈演愈烈之势。愚以为，此类问题的症结在于语文课程的那些"工具性"未能真正体现和落实。"人文性"因其没有"常态"和"定数"，可塑性极大；而"工具性"则相对"刚性"，规定性明确，处理起来更为棘手。

语文课堂教学完全可以有不同的模式，但"内容、操作和效率"应当是任何模式"必需"的要素。多年来，语文教学一直争议不断，除了某些舆论偏颇外，语文教学自身也确有疏漏。尤其是进入新世纪以来，语文教改动辄"人文""情怀""意识""文化""精神"等，大有语文学科欲独揽中小学"育人"全责之态，令人无所适从。一些注重"语言"的反而被斥之为"传统""滞后""拘谨""落伍"等，语文教学的标准被推倒和颠覆。针对这种现象，我以为建构语文课堂模式理当以"内容、操作和效率"三个维度为重点。

语文课堂不能掏空"内容"，这里的内容关涉两个维度，一是了解既定教材（即文本）信息，二是培养相应能力。学习知识和培养能力始终是课堂教学的重头戏，而语文能力的形成依托于语文知识的获得，撇开语文知识而侈谈语文能力无异于痴人说梦、徒步登天。作为语文教材的文本，首先就应当是由内容来解读的，或许解读过程也涉及能力培养问题，但主攻对象应该是文本"内容"，这里的"内容"是指教材（文本）内容，不是游离于教材（文本）之外的即兴"迁移"或随意"添加"。观摩当今语文课堂，将教材（文本）内容弃之不顾，而滔滔不绝、兴致勃勃地大讲特讲其他语料（文本信息）的比比皆是。这种"去教材化"教学的现象泛滥，导致了语文课堂教学模式的严重失范。

教材（文本）内容是语文课堂教学模式得以存在的坚实基础，指导学生学习和掌握教材内容是语文课堂存在的重要使命。在班级授课制时代，理想的语文教学效率不可能游离于有具体而扎实内容的课堂。诚然，语文课堂内容需要根据教材（文本）实际灵活设定，但课文朗读、结构梳理、内涵理解、语言揣摩、鉴赏评价、主旨把握、问题探究等，应该成为语文课堂的常态和必需。这些内容（知识、能力、价值观等）不但是构成语文课堂教学的基本元素，也是语文课堂区别于其他人文课堂（如历史、政治等）的重要标识。只要语文学科在我国的中小学教学阶段还有继续存在的必要，就不能以任何理由和方式来忽视甚至消解这些语文教学的必需内容。否则，无论创建怎样新颖的语文教学模式，只能是兴高采烈的"瞎折腾，白忙乎"而已。

"语文是一门实践性很强的学科，提高能力必须通过操作实践。"语文教学模式不仅需要注重操作性，而且这种操作性还必须具有"可复制性"，即多数"业内人士"也容易"如法炮制"。不可复制的教学模式，即使被教学实践证明是成功和有效的，也仍然失却推广和应用价值。而那些未经实践检验、根本无法操作的"模式"，除了给语文教学添乱，乏善可陈。

以文学类文本阅读课堂为例，根据文本特点，教学模式从"课堂目标"设定入手，应当着重在"认知、审美和探究"这三个不同层面上不折不扣地体现其操作性。

课堂目标，通常称为"教学目标"或"学习目标"。无数成功的语文教学实践证明，课堂目标作为课堂教学的定位和取向，至关重要。《课标》也明确指出，要"从'知识和能力'、'过程和方法'、'情感态度和价值观'三个方面出发设计课程目标"。我觉得从教学实际考虑，课堂目标理当以"知识和能力"两维为重点，因为"工具性"是体现"人文性"的必要前提，而"情感态度和价值观"则融于"知识和能力"之中。且课堂目标不宜过多，目标数量一多就必然成为摆设，难以真正落实。

在"认知"层面，重在初步感知和大致了解教材（文本），阅读策略为"粗读"。通用的操作要领体现在"解题"和"梳理"两个方面。解题，即解读文章标题，文题素有"眼睛"之喻，浓缩了文章的诸多重要信息，致力于文章标题的揣摩、推敲，乃语文教学的重要特色之一。再说"梳理"，主要包括结构理顺和内容提要。梳理，自然不必细致，但也不可草率，求求对路、得当，可以借助"速读——感知——引导——勾勒"等"连贯动作"予以展现。"速读"讲求阅读速度，"感知"侧重了解大略，"引导"体现教师指点，"勾勒"便是呈现相应结果。"解题"和"梳理"，目的在于帮助学生整体感知文章内容，理清文章思路，了解文章要点等，系文本解读的重要环节，并非可有可无。经过梳理，学生对于文章"构架"和"要旨"均已了然于心，为接下去课堂的顺利展开、彼此呼应提供了切实保障。

在"审美"层面，追求语文教学个性的凸显和张扬，阅读策略是"细读"。我一直以为，只有进入"审美"层面的语文课堂，才堪称名副其实的"语文课"。文本（作品）审美，起步于"细读"。结合学生的"前理解"，从词语、句子、句群（段落）等内涵、意蕴的理解、分析、揣摩、品味，到情感、形象、思想、表现手法、艺术魅力、审美取向等的赏析、评价，皆是语文课堂教学模式不可或缺的要素。

"细读"是"审美"解读的基本前提，操作方略以"理解""分析（综合）"和"鉴赏（评价）"为主。任何有效的文本解读均离不开理解、分析（综合），"鉴赏（评价）"也需要以此为依托。而"理解"、"分析（综合）"的操作模式可以归纳为"朗读——提问——思考——讨论——明确"等若干环节。"鉴赏（评价）"则相当于"分析（综合）"的升级版，既是语文教学的重点和难点，也是凸显语文教学个性、品位和特质的亮点。语文课堂教学的"审美"含量如何，关键在于"鉴赏（评价）"能否被足够重视和充分体现。"鉴赏（评价）"的操作模式也可以分解为"揣摩——品味——领悟——评析"等主要步骤。

在"探究"层面，旨在张扬个性化阅读和有创意的解读，阅读策略是"精读"。"探究"的操作模式可以描述为"定位——点拨——发掘——发现"等流程。既是"精读"，就需要"定位"探究的切入点和发轫点，如何定位，需要教师在认真钻研、把握教材（文本）的基础上进行精心"预设"。教师不能在"探究"

活动中缺席，"点拨"显得非常必要。"点"是指点迷津，"拨"为拨云见日，若教师在关键环节放弃"点拨"，探究活动难免出现目标偏离。阅读意义的"发掘"就是"深度诠释"，即以"理解和分析综合"的"终端"为起点，确立解读思路，继续深入开发、挖掘，探赜索隐，钩深致远，把"某些问题"的本质和底蕴揭示出来，形成自己的"见解"。中学语文课堂教学规律昭示，"内容"与"操作"保证了语文课堂的规范和有序，可是这种"规范和有序"并不等于"课堂效率"。衡量课堂效率，教师借助教材的信息"输出"固然很重要，但更关键还在于学生的实际"接收"。当然，"效果"不等于"效率"，"效果好"未必"效率高"，二者不能混为一谈。诚然，也不可轻慢课堂"效果"，无"果"自然无"率"。不过，其实世界上也似乎并不存在"零效果"的课堂，凡是教学，必有"效果"，只是"效果"会有差异而已。语文教学（尤其是高中语文教学）重要的是追求名副其实的"效率"，而不是缺乏质地的"效果"。至于如何测量语文课堂的教学"效率"，不是拙文的意向，此处只想"点击"一下关乎"效率"的三大指标。

一是知识积累。知识积累始终是语文教学的主要目标。无论是陈述性知识，还是程序性知识（包括策略性知识）都应该是语文课堂关注的重点。任何追求"效率"的语文教学模式，都应当切实重视"知识积累"，并不折不扣地予以体现和落实。

二是能力提升。语文课堂教学需要积累知识，更要提升学生的多种语文能力，语文课堂必须注重能力提升，这又是考察课堂效率的硬指标。其实，貌似复杂的语文能力可以简化为"会、通、强"三级指标进行辨识和判断，无论以何种形式和路径，由低一级上到高一级，都是能力提升——从不会到"会"，是能力提升；从"会"到"通（熟练）"，也是能力提升；从"通"到"强（高超）"，更是能力提升。当然，语文能力提升需要策略和措施，"课堂操练"则是最佳途径。

三是思维优化。语文课堂的"思维优化"可以不拘一格，各显神通，而"基本套路"不外乎以下几种：（1）教师的重视和示范，教师应该充分意识到"思维优化"的重要性，能够经常运用理性思维分析和讲解问题。（2）给学生有质量的问题和足够的时间，精心设计各种问题，增加问题的"思维"含量，让学生细细咀嚼，不急于求成。（3）加强课堂互动和交流，在平等、民主、和谐的课堂氛围中，师生、生生之间实现思维"碰撞"和"交锋"，形成争辩的"胶着"状态，有利于思维优化。

语文课堂：对话、分享与批判

胡　勤

（浙派高中语文名师班实践导师组组长，特级教师）

今天，回忆、讨论钱梦龙先生的"三主"教学模式，依然感佩他与属于他的语文时代。钱老梦龙先生一直在学理的平台上分析总结语文教学的本质与规律，早在20世纪70年代，他就提出了"基本式教学法"，后来他提出"三主"教学模式，把课堂放在理性哲思的平台上照射，划亮了语文教育的天空，开辟了一个语文新时代，成为中国整个基础教育的课堂范式。

我在《翻开语文教学新的一页》文章中曾把"三主"模式放在凯洛夫红领巾的背景下评价，它"从理论和实践上彻底消解了在凯洛夫教学思想影响下形成的文本本质价值取向的旧模式——从文章的时代背景讲起，依次为段落层次、中心思想、写作特点——从而在更高的层面上重新规范了语文教学，确认了学生的认知主体地位"。

但为什么直到今天我们还要讨论它呢？不仅仅因为钱梦龙先生以及"三主"教学模式、他的《愚公移山》与浙江语文教育渊源情深。也因为今天，我们认识宇宙、面对世界的态度发生了根本变化，语文需要符合时代新思维的鲜明的知识力，需要明确我们所持有的知识观会把我们带向哪里。语文课程的复杂性质决定了语文教学不可能是"唯知识"、"中心主义"的，也不可能是"去知识"、反本质的，而是多方之间的平衡。

一种知识观往往是另一种知识观的绞索，一个知识框架会成为另一个知识框架的陷阱。真理之间是有悖论的。现代教育之父、教育科学的奠基者赫尔巴特主张"教师中心说"，他重视教育科学化、知识传授的系统性，追求教学的精致与效率；而以杜威为代表的"儿童中心说"的教育思想则走向另一边，重视生活，认为"教育即生活，不是生活的预备"，学校教育只是社会生活的一种形式。钱老梦龙先生融通了两个不同的话语场，形成"三主"模式，以人为本，颠覆教师的中心地位，取消对教育信息资源的限制和控制，破坏了逻辑中心主义以及叙述的规则，把知识、生活、生命的高度融合与深刻共鸣作为教育的重要使命。毫无疑问，这是一种理想教育的最高境界。

在后现代话语背景下建构语文课堂，我们关注的是对话、分享与批判，具体有以下几个方面的特征：

一、平等对话式的讨论

课程作为媒介是处在交往双方的中间，不代表某一方权威，不行使权力，不强行要求接受某一方的观念，而是触动、引发对方，谋求对方理解。它是在交往中实现的。有效性的课堂对话交流是双方可以理解的，以双方认可的常规性概念和范畴为基础，对话交往是真实的，能真诚地表达言说者的情感。

对话的基础与前提是理解，这种理解与单向度的理解不同，它不仅仅要求学生理解课程、教材和教师所教，还要求教师理解学生，理解学生的文化背景、思维形态，不是把教材和教师的理解强加给学生，而是师生各自在理解的基础上，建构自己的意义。教师偏狭地设计教的方法，学生只是单一地理解，忽视自己意义的建构，副作用是过度相信教材，导致自我迷失。

二、师生、同学之间共同分享观点

分享观点必须从表达与倾听两个方面改变过去单向传递式的教学。对于具有价值冲突的话题，要尽量给学生充分的时间与空间交流他们的想法。组织各种各样的小组讨论，让每一个人都会有机会向他人表达自己的想法、分享自己的经验。

鼓励学生提出新的观点与看法。允许学生之间、师生之间展开充分讨论，反复交换对话题的看法。允许对感兴趣的话题提出不同的理解。讨论重在过程的意义，而不是结果正确；重在讨论思考的方法与解决问题的各种角度的区别，不在乎以一个角度一种方法统领纷繁复杂的不同观点。

分享观点的另一面是要学会倾听。我们总习惯于让学生成为一个被动的倾听者，以为这样做的学习效率更高。其实只有主动倾听，在大脑中勾勒出教师的观点，把不同的观点联系起来，并且考虑提出自己的问题，对观点提出质疑，才是更有效的学习。

三、有效设计学习资源

有效设计学习资源是一个使理想课堂变成现实的过程。学习资源包括可用于学习的一切资源，有专门设计的学习资源（如教科书、语言实验室等）和可利用的非专门设计的学习资源（如影视、博物馆等）。作为媒介课程的学习资源，不在教师设计的教学目标、教学过程、教学手段、教学方法的固定程序中，它往往由一个个小元素构成，独立存在，一段文字、一句诗、一段视频、几张图片、几组数据等等。它们不是一个完整的封闭的逻辑系统,而是具有很强的流动性、融通性和重组功能,便于适合不同情境、不同学生的需要,重组、生成适合学生个体发展的课程内容。

根据我的观察,各个学科中,语文学科是最少运用设计的学科,语文教师过于信赖语言表达,不习惯于设计问题并借助设计解决问题。其实,有效设计学习资源是帮助学生学习的过程,而不是为了教学程序的科学性,必须利用学习者对教学资源与活动进行检验,以决定什么资源可以用、什么资源没有价值。因此,有效设计学习资源应具有及时性、适洽性和延展性等特点。

四、鼓励批判性思维

批判性思维不仅仅是一种否定性思维,而是一种基于不同文化和知识背景下多种思维的理性表现。它还具有创造性,能够对文本作出更多可选择的解释。

不同文化与认知背景下对同一个文本的感悟与认知,会有很大的差异。批判性思维阅读文本须能站在不同的文化与认知立场,分析当时的文化背景与作者写作的目的,以当时的评价标准衡量作品的价值与意义;也能够从现实出发,在现代思想文化的背景下评价当时的作品,发现作品的现代意义。既站在作者的情感、立场、价值取向、思维和认知角度批判分析,也站在他者的角度,或从与之相关的文本中批判性发现作品的意义,或借助读者的情感、立场、价值取向、思维和认知角度批判分析作品。

批判性思维与反思有相似之处,它们都需要在怀疑、困惑中寻找、探究解决问题的办法,但它们之间也有很大的差异。反思是自己内心活动的知觉行为,是对思想本身进行思考,不仅是检讨自己,还可以把自己作为集体中的个体来怀疑、否定。在一个相对稳定的文化圈子里,反思对集体的批判也是非常有意义的。

但是在一个多元文化迅速交流的时代,认识论在不同的文化中摇摆,凭借单向度的文化立场与认识方法已经无法适应当今时代,站在不同立场的批判性思维显得尤其重要。王荣生在考察了欧美语文教育中批判性阅读的相关材料后,总结出依据逻辑推理来评估书面材料的技巧:(1)区别因果关系和相关关系;(2)找出错误的比喻;(3)找出错误的两分法;(4)找出没有充分证据的结论;(5)判断前提的准确性,如确定是否应作出结论;(6)识别自相矛盾的地方;(7)识别不相干的问题;(8)识别过分强调事物的共性,而忽视个性的做法。

多元文化的传播与认识论的不同立场为批判性思维提供了更多的理论与事实的依据，以至于几乎任何一种思想都可以从它的反面找到依据。任何假设都必须经受质疑、批判才有真理的价值，这是奠定语言、文学解读的规范与标准的基础。教学中，从以下角度思考有助于发展批判性思维。

——在作者的文化和认识论的背景中理解文本及其作者；

——在作者的文化和认识论的背景中寻找依据支持或否定文本及其作者；

——在其他文化和认识论的背景中寻找依据支持或否定文本及其作者；

——引进他者的立场与观点分析文本与作者，寻找支持与否定的依据；

——选择自己的立场分析文本及作者，得出自己的结论。

五、满足每一个学生发展需要

教育的终极目标是实现"人的充分自由的发展"，满足学生的个性化需求。学生个性不同，兴趣的价值取向也不一样。因此，要避免把所有学生纳入同质的课程计划，并及时针对学生的需要而调整教学内容和方法，为个性需求提供对话的机会和条件，帮助学生实现他自己的学习目标。

满足每一个学生的发展需要，从另一个角度说是要求课堂上体现教育平等的理念，为每一个学生提供对话的机会和条件。小组合作学习是当下比较流行的一种学习模式，为避免某几个人垄断整组的讨论、发言的情况，组内要做好分工：主持者、发言者、资料收集者、文稿撰写者，一旦所有成员都能够承担责任和义务，在不同的场合表现自己，不仅可以消除不平等的问题，也能培养合作精神。

六、具有现实性

教育有两个目标，一个是终极目标，即"让人成为人作为人"；一个是现实目标，即教育的功利目标，生存目标。当学习者介入到解决现实生活中的问题时，才能促进学习。语文教学的现实性体现在两个方面，一是联系学生的生活与学习，在学生的经验和体验的基础上生成课程内容，建构新的知识。当激活已有的知识且作为新学习的基础，新知识整合到学习者实际生活时，新知识才能具体应用于现实中促进学习。

现实性原则要求我们能把新知识与已有知识网络联系起来，分析新内容和已经学习的内容之间的关系，从而建立新的知识结构；要求我们结合社会生活实例教学,引导学生理解所学内容与现实生活的联系,教学生用所学的内容解决现实生活中的困惑,鼓励学生文化思考迁移,文化思考。

七、有意义冲突的话题

教学中必须设置具有意义冲突的话题。这个话题必须有讨论的价值、具有冲突性,并且向对话开放。换一种说法是确定一个矛盾对立、能触发深入思考的问题或概念。这些问题或概念凭借我们原有知识是难以理解的,就像有趣而且有意义的小课题,激发我们去探究。

以有意义冲突的、能触发深入思考的问题推动的教学不同于围绕教学目标展开的教学。围绕教学目标展开的教学始终处于线性的、封闭的、程序化的系统中,从教学思想、教学目标、教学过程、教学手段、教学语言、教态、教学特色、教学方法到教学效果,整个过程构成一个线性的、封闭的、程序化的公式。而以问题推动的教学具有发散性、开放性和非程序性的特点。它把教学目标转化为问题的形式直接呈现,阐释问题就是实现教学目标的过程。

这类话题或者问题来自文本、学生或者老师的经验。学生可以自主设置课堂讨论的话题,教师也可以征得学生同意,共同讨论一个话题。有两种学习方法,一种是不在课前,甚至整堂课不确定话题,只是确定阅读讨论的材料。比如沈从文小说《边城》,学生阅读后自由发表观点,就像办"沙龙",在宽松的氛围中讨论,在倾听与对话中增长见识。另一种学习方法是先确定一个讨论的话题,有意制造一些困惑或疑问,让学生带着问题去学习。

中编

浙派语文的主张

语文教育任重道远,语文教师大有作为

周晓英
(浙江省教育厅师范教育处正处级调研员)

语文,顾名思义是语言和文字、语言和文化、语言和文学的综合体,也可以说是听、说、读、写的综合体系。语文,既高雅又通俗。高雅表现在我们中国的语文博大精深,出神入化,阳春白雪;通俗则表现在语文跟我们每一个人的日常生活都息息相关,如影相随,无处不在,无论是男女老幼,上到学者,下到平民,都和语文密不可分。

我们的语文教学,既被高度重视,又饱受非议。从小学到初中所有学科当中语文学科的比重极高,分值也很高,同时语文具有基础性、工具性,是衡量一个人文化素养的重要标志,因此受到足够重视。但是在我们的日常生活当中,也听到许多关于语文的非议。首先在学生层面,喜欢语文的学生为数不多;其次是家长总是对自己子女的语文成绩不满意;还有就是大学教师、尤其是中文系的教师,对学生中学语文的基础不满意;社会各界对语文也存在一些看法,有学者认为,语文是发散性的思维,要从多元化的角度、多重的思维去描写事物,而现在的标准化教学却将学生带入了死胡同。语文作为与我们每个人都息息相关的学科,改革势在必行,凡此种种非议将成为我们改革的动力。

现在我们对语文教师的要求也越来越高,除了一般意义上共性的教师专业标准要求、高中新课改的要求来衡量之外,还有单独对语文教师的要求,一个语文教师必须要有出口成章、下笔成文的素养,语文教师需要有演说家的口才,有新闻记者的文采。

十八届三中全会对教学综合改革也做了专门阐述,其中有三个方面,我们语文教师是可以有所作为的。第一是要改善优秀中华文化的传统教育,我们语文教师则肩负着优秀中华文化教育的责任和使命;第二是要标本兼治地抓好高质量教育,减轻学生课业负担,这是对所有学科教师,也包括语文教师提出的新的要求;第三是高中学生要文理不分科,文理考试合在一起有利于提高师生对语文的重视程度。从以上方面可以看出,语文老师是任重而道远。

减负,也是教学中亟待解决的问题。学生的课业负担主要来自三个方面:第一个负担来自社会各界,包括学校、家长的教育观、人才观、价值观的偏差而给学生造成很大的精神压力;第二个负担来自教材,现在的教材编写偏向难、深、多,使得学生的课业负担加重;第三个负担来自教师,部分教师采用不恰当的教育教学方法,使得简单的事情复杂化。第一和第二个负担可能是由多种原因造成的,但是第三条教师教育教学方法的不足和教育理念的偏差则需要教师加以改进。语文是一门生动活泼、回味无穷的学科,因此我们老师在语文学科上是可以大有作为的。

浙派语文论坛是一个多年不遇的好论坛,通过这个论坛,希望我们在座的各位省内外教育界的前辈、名师大家能将自己竭尽一生所感悟、所研究、所追求的精华能够贡献出来,做一些高水平的指点。希望在座的高校语文教学研究的教授和专家,能够站在理论的前沿,站在学科的高端,做出业务上的指导。希望在座的高中语文界的特级教师,能将自己丰富的教学经验进行传承,进行提炼和升华。希望在座的其他民办学校的骨干教师,能够通过此次会议开展一系列头脑风暴,进行一些观点的碰撞,能够汲取精华,丰富自己的经验,形成一种长江后浪推前浪的大好局面。希望此次论坛能作为一个很好的平台,搭建一座很好的桥梁,高扬一面很好的旗帜,创建一个很好的品牌,留下一个深刻的印象,使浙派语文论坛能够成功,使我们浙江省高中语文教育能不断地开展新局面,不断地做出新贡献。

预祝本次论坛能够卓有成效,圆满成功!

浙派语文的渊源、内容与形成条件

楼含松

（浙派高中语文名师班首席专家

浙江大学人文学院教授、博导，党委书记、副院长）

关于浙派语文，我有这几方面的思考，跟大家分享。

第一，浙派语文有深厚的根基。浙学渊源很长，历史上有博雅宏通的浙西学派和义利并举的浙东学派。思想界和学术界都公认，浙江有独特的思想、文化、学术传统。近现代以来，浙江在文学、艺术、思想、教育等领域都是全国领先的，浙江的教育向来是很发达的，涌现了很多名师。从浙江的历史和现状来看，形成具有浙江特色的语文教学流派是有可能的。

第二，浙派语文的内容。语文科目有它的共性，是不言而喻的。那么浙派语文的个性是什么？包括两个方面：一是内容方面，应该有浙江文化精神特质的价值追求，比如应该把浙江的核心价值观"务实、守信、崇学、向善"等贯穿到语文教学中去，应该把浙江的学术传统和思想传统、乡土文化、区域精神等贯穿到语文教学中去。语文应该更注重生命体验、道德养成，应该从人与社会、自然的关系中去建构语文教学的内容。二是语文是一个教学活动，是一门艺术和技术，有一个怎么教怎么学的问题，浙派语文应该在这方面体现出特点。

第三，浙派语文如何形成。一是要加强名师队伍的建设，既要重视名师的引领垂范，又要加强名师的团队建设，名师队伍足够强大才能形成派；二是要加强交流和研讨；三是要加强推广和传播。

这几年因为我在主管浙江高考语文阅卷的工作，有机会与各位老师接触。我觉得高考语文阅卷是一件很重要的事情。我们要形成浙派语文，而语文阅卷是一个很有导向性的工作。如果从语文的命题到阅卷加以讨论，对语文教学影响很大。尤其是评分标准如何制订与把握，有很多的观点。我多次参与阅卷大组的讨论，意见分歧是很大的，需要形成一个共识。这个如果放在古代来说的话，所谓的座师，其判文的标准，对一代文风都会产生影响。所以高考语文阅卷是形成浙派语文的重要环节，也希望在座的各位老师以更大的热情参加语文阅卷的工作。

语文教学要有新突破,寻找新路径

郭常平

(浙江大学继续教育学院副院长)

尊敬的各位前辈、各位领导、各位老师:

大家上午好!

经过多方合作,认真筹备,首届浙派语文论坛今天在此顺利举办。在此,我代表浙江大学继续教育学院、浙江大学教师教育培训中心全体师生对本次论坛顺利举办表示热烈的祝贺,同时也对各位专家、领导、师生参加本次论坛表示热烈的欢迎。

浙江大学是一所特色鲜明、在海内外有较大影响的综合型、研究型大学。浙江大学在人才培养方面坚持"以人为本,整合培养,求是创新,追求卓越"的教育理念,致力于培养本科生、研究生等各类人才,致力于打造卓越教育品牌,致力于培养具有国际视野的未来领导者。

《浙江省教育厅办公室关于组织实施"十二五"中小学浙派名师名校长培养工程的通知》启动了省内新一轮中小学教育界高端人才的培养工程,要求"造就一批新时期教育家型的卓越教师与校长",并明确将工程以"浙派"冠名。浙江大学继续教育学院和教师教育培训中心根据上述教育厅的文件精神,承担了该工程2012年的高中语文名师培养项目,俗称"浙派高中语文名师班"。依托浙江大学深厚的学科背景,组成了由7名理论导师和9名实践导师组成的双导师组,对20位名师培养对象进行为期两年的培训,以期培养成为具有国际视野的教育家型的语文名师。

浙派高中语文名师班从2013年初开班至今已近一年,在教育厅的指导下,在学校和学院以及全省各地的支持下,经过全体导师和学员的共同努力,完成了预期的阶段性任务并取得了显著的成绩。名师班集中培训了三期,实践蹲点了两周,出版了两期简报,创建了名为"金鹰领航"的官方博客;学员们成立了各自的名师工作室,并在全省和当地产生了一定的教研辐射作用。据不完全统计,本班学员共计市级公开课11节,省级公开课15节;市级公开讲座14次,省级公开讲座28次,送教下乡5次。

浙派高中语文名师班将发扬光大"浙派语文"优秀传统作为使命,以培训项目为契机,特邀请全省各地浙派语文代表人物,今天在此举办首届浙派语文论坛,共襄盛举,开创浙派语文新局面。

　　刚才周晓英处长的精彩发言,对我们这次会议来说是一个重要的指导,同时也指出了一些"毛病",也就是我们社会各界人士共同关心的语文教育当中存在的问题。想必大家也都有切身的感受,到了社会上语文是一门十分重要的学问,但是在学校里很多人对语文都不够重视。

　　十八届三中全会提出的一系列深化改革,很多都涉及中学、小学的教育。中国的中小学教育是受到肯定的,但在教育的发展过程中还是存在很多的不足,尤其是高考的指挥棒对大家思想的束缚。因此中小学的教育必须要有新的突破、新的改革、新的思想融入我们的教育教学当中。

　　举办此次论坛,旨在通过邀请各方面的专家、教授、老师一起学习、探讨,共同来找出语文教育改革的一些新的途径。在这个过程中,一方面我们要继承原有的优势,另一方面我们要以开放的态度来吸收国内外教育方面的新成果。

　　中华五千年文明历史的传承过程中,语文承担了极其重要的使命。在此我们要通过讨论、通过学习,要用新的视野来回顾一些大家都认可的传统文化和传统教育方法,只有这样,我们的语文教育才能有新的发展。

　　此次举办的"浙派语文"论坛意义非凡,各界人士、前辈、专家、大家齐聚一堂,希望能够各抒己见,充分交流,有更多收获。

　　最后,我衷心预祝本次论坛圆满成功,预祝浙江的语文有更新的发展。

"首届浙派语文论坛"贺信

张孔义

（浙派初中语文名师班班主任）

各位领导、各位同仁：

早上好！

首先祝贺"首届浙派语文论坛"隆重举行！对不能参加盛会深表遗憾。

浙江省启动"浙派名师"培养工程，是为造就新时期语文教育家提供最佳舞台。浙江大学是全国著名学府，在"浙派名师"的培养工程上起到示范引领作用。由浙江大学开启的"浙派语文论坛"，开创了浙派语文学术研究的先河，为浙派名师的成长奠定了扎实而深厚的理论基础。可喜可贺！

所谓浙派名师，第一个字是"浙"，表明要有鲜明的地方特色。浙江素来人杰地灵，名师辈出，我们可以从已有的名师中吸取丰富的营养。在语文教育理论上，有王尚文先生的"语感理论"、蒋成瑀先生的"语文诠释学"等；在语文教学实践上，有林炜彤的"实而活"的教学艺术、郑逸农的"非指导性教学"、崔国久的"非预设性教学"等，这里不需一一细数。这些理论和实践在全国范围内具有很大的影响力，是形成浙派名师的坚实基础。在新课改的热闹氛围下，我特别欣赏浙江省最早的中学语文特级教师之一林炜彤先生。他追求"实而活"的教学风格，初看似乎很简单，其实做到不易。实，就是要求教学蕴含语文学科的核心知识和核心能力，讲究实效；活，就是学生学得轻松愉快，思维活跃。现在有的课堂教学很扎实，但学生思维不活跃，课堂气氛沉闷，教学过程死板；有的课堂教学气氛很活跃，但缺乏扎实的学科知识和能力的教学，华而不实，学生学习活动肤浅，成效不大。可以说，"实而活"是课堂教学的一对矛盾，教师要有高超的教学艺术才能使两者和谐统一起来，才能真正做到实而不死，活而不空。"实而活"能否成为浙派的特色之一？值得大家深入研讨。

浙派名师的第二个字是"派"，所谓"派"者，水之分流也。只有披荆开山，才能自成支流，九派合一而归大海。这就需要从经验走向科学，运用科学创新理论，形成一个具有特色的语文教学理论体系，并在省内外有一批追随者。因此，积累和沉淀经验，从经验上创新理论，是形成"派"的关键因素。著名特级教师王崧舟创设的"诗意语文"教学理论和实践，为我们提供了创设教学流派的典范。

同行们，浙派名师的舞台搭建起来了，第一幕也已经有许多走过来的名师为我们做了示范表演。我们作为后来者，要追赶和超越，尚有更为艰难的理论和实践研究工作要做，可以说是——任重而道远！

最后，预祝"首届浙派语文论坛"圆满成功！

浙派语文的三段认识

蒋成瑀

我对浙派语文有过三段认识。第一次听刘福根博士道其名,心头为之一震。浙派何来?历史上,20世纪30年代有过京派与海派之争,未闻文化教育有流派。浙派的旗帜是什么,浙派语文的特点是什么,谁是领军人物,他们是个怎样的群体,向人们展示的教育理念是什么,课堂教学实践的标志是什么?一大串疑问。流派是一种自然现象。在特定的历史进程中,当社会发生重大变革时,某个领域就会出现流派。一个流派的形成,往往要经过几代人的努力。浙派语文的历史渊源是什么?震惊,这是我对浙派语文的最初印象。

接着追踪浙派语文的历史渊源,最先想到的是东汉王充,会稽上虞人,问孔伐孟,语文思想够解放的,但离我们实在太远了。于是细数民国以来的浙派名流,章太炎、王国维、蔡元培、鲁迅、马寅初等等,都是世界级大师,他们的大学、中学教育思想与实践,是浙派语文的宝贵遗产。再近一点,想到上虞春晖中学的李叔同、丰子恺、朱自清、夏丏尊等文化名流,李为天津人,丰为江苏人,他们也为浙江的语文建设留下了珍贵的遗产。由此自然想到浙江籍的茅盾、郁达夫、徐志摩、戴望舒、艾青等现代著名作家,其作品已成为当今语文教材的经典文本,而他们的语文底子来自中小学的语文教育。以杭高为代表的浙江著名中小学的语文教师的教学是出类拔萃的,是他们为一切成名、成功的人士打下了坚实的根基。

那么现在怎么样呢?遗风犹存,传统还在。浙江的语文教师相对也是出色的。记得80年代,一个青年教师培训班到江苏南京考察、学习,与江苏中学语文教师同堂献艺。丽水中学的一位教师不负众望,其教学行云流水,内容准确到位,滴水不漏;师生互动对话,你来我往,如坐春风。课后江苏一位教师对我说,浙江语文教学有特色。我想这就是浙派语文吧。1998年省教委(教育厅)启动跨世纪学科带头人培养工程,中学语文班21人。他们年富力强,有独特的教育理念与精湛的教学艺术,先后有11位被评为特级教师。在学习期间,他们期望为浙江语文教学改革做点什么。当时全国语文教育已经春色满园,"大腕明星"是上海钱梦龙,提出"三主"教学模式;辽宁魏书生则有"语文教学科学化管理体系"。语文界流行"南钱北魏"的说法。在学习钱氏与魏氏经验的同时,学员们敏锐地发现其中的理论疏漏。重他们的教学成果，也不为贤者讳，推选两位教师，对钱氏模式与魏氏系统进行解构。文章在《教学月刊》发表后反响良好，被一家刊物全文转载。但解构不是目的，旨在建构。他们以"独立自主，促成创新"为教学理念，提出自己的教法，但当时没有想到，也未敢打出"浙派"旗号，因为这需要得到浙江语文界同仁的认可。确切地说，浙派语文是一个地方的特色标志，不同于海派与京派这些传统意义上的流派。无论是追溯历史，还是考察现状，浙派语文都是客观存在的，只是我们缺少认识与研究罢了。

省教育厅组织实施"十二五"浙派名师、名校长培养工程，正式打出"浙派"的旗号，这是适时的。自1908年有了现代意义上的语文教材，迄今已有一百多年的历史，浙派语文特色渐趋成熟。我国是一个人口大国，有56个民族。东南沿海地区与中西部内陆地区，以及民族、地区之间，经济、文化与教育的发展是不平衡的，就语文教育而言，也是各有特色。浙江地处东海之滨，人说诗画江南，浙江独好。浙江经济、文化发达，素有"丝绸之府""文物之邦"的美誉，也是吴越文化的重要发祥地，人杰地灵，人才荟萃，浙江语文应该有自己的特色。实现中华民族伟大复兴的中国梦，构筑浙派语文，也是浙江语文工作者的一个梦。这是我对浙派语文的再认识。

对浙派语文的第三段认识是期盼。浙派语文积淀深厚，期待、盼望浙江的语文工作者厘清浙派语文发展史，研究文化名流的教育思想与教学实践，继承、发扬优良传统。更期待、盼望进入"十二五"培养工程的名师，以及一线的优秀教师，提出浙派语文的教学理念，推出浙派语文标志性课堂教学。听其言，不如观其行，教学实践比理论更重要。观察、品鉴、评判浙派语文的唯一标准是课堂教学实践。那么浙派语文的特点又是什么呢？可以有各种说法，开放与博大、求实与创新，务本与求真等，各有说法。这先需问什么是语文。

简言之，语文要在训练语言的实践中教会学生珍惜生命，热爱生活，热爱祖国。前几日在《钱江晚报》上看到香港的一位数学教授说，中学数学是基础教育，大学数学是不着边际，以诱发创造。我想借用这两句话来概括语文教育的特征，一方面说，语文是基础，给人的一生打底子；另一方面说，语文的教学内容是不着边际的，可以听音乐、唱歌，可以看电影，电视，可以画图画，练书法，可以讲故事，说笑话，也可以讨论严肃的话题，还可以玩电脑，人机互动，等等。语文是一种生活，一种文化，随时代而变动，人生何处没有语文。说语文是基础，反映语文学科的本质属性；说不着边际是要为未来的创造埋下伏笔，所谓"本体实而花萼振"。孔子说，毋过毋不及，黑格尔说"度"，语文教学的难处就在找准基础与不着边际之间那个"度",那个标准。浙派语文的特点也就体现在这里。那么,这个"度"或标准又是什么?

　　举个例子,有人诠释《西游记》,说这是一个女人与三个男人的故事。孙悟空是什么事也难不倒,只是爱发脾气,不听话;猪八戒很听话,但偷懒,好色;沙和尚不离不弃,守职,可是办不成大事。三个人的优点集中起来,是最理想的男子汉了。如果这一诠释出自教师之口,那是胡说八道,是过头,是失"度"。出自学生之口,则是一种自我延伸,虽然难免胡思乱想,但任何创造总是从猜想开始的,应该宽容。这说明所谓"度"或标准,因对象与文本性质而异,没有确定不变、统一设定的尺码。对于浙派语文而言,课堂教学效果或效率是唯一的"度"或标准。打基础是第一位的,反映眼前的利益;不着边际是第二位的,需要几十年才见分晓。失去现在,未来难料;抓住现在,未来可期。我们要重视语文教学的现在效果,不然空谈改革,于学无用,于事无补。

惭愧与责任

——追本溯源话浙派

王尚文
（浙江省中语会会长，浙江师范大学教授）

　　浙派，语文教育的浙江学派，绝不是有没有、存在不存在的问题，而主要是如何认识它之所以成派的缘由，梳理它的源流，探讨它今后如何进一步发展壮大的问题。其中最根本、最关键的，是准确把握它作为一个语文教育流派的基本特征。于此，我们已经有了若干初步的研究成果，但远未形成共识。这不单单是由于见仁见智的结果，也由于有的相关思考与结论多多少少都带有某种随意性，缺乏比较扎实的事实根据。

　　多年前，我曾先后两次对其作过描述，现在看来，就犯了随意的毛病。先是"守正、务本、求活"，三个动宾结构的词语，也曾经得到一些朋友的认可。后来在《浙派：重新崛起，走向辉煌》这篇短文中，又另外总结了一次，也是三条，一是浙派学人和教师具有坚守语文教育的崇高信念和奉献精神；二是浙派有敢为天下先的学术勇气；三是浙派教师始终坚持提高自身的语言、文学素养与教育、教学素养并重，对学生语文功底的养成和人文精神的渗透并重，在教学中课堂教学与课外读写并重。

　　关于浙派的基本特征，我以为这应是一个事实判断，而不是应然判断。我前两次的"三条"，作为事实判断，基础确实不够扎实坚牢。这倒不是说我们浙派老师没有做到"守正、务本、求活"，没有做到"三个并重"等等，绝对不是这样；然而我们不得不承认的是，一、难道别省别派就不"守正、务本、求活"了么？二、你所说的"正、本、活"，其具体内容是什么？恐怕一时难以说清。至于后三条，难道不是各省各派也都努力在做的吗？

　　最近有朋友让我再次就浙派语文谈点看法，于是搜罗、阅读了一些相关文章，其中顾之川先生的一句话给了我莫大启发。他说："如果说延安是中国革命的'圣地'，那么，位于绍兴上虞的白马湖，无疑是我国现代语文教育的'圣地'。"紧接着，他指出了这样一个业内无人不知无人不晓的事实："一批大师级文化名人，如叶圣陶、夏丏尊、朱自清、朱光潜、茅盾、俞平伯、陈望道、李叔同、丰子恺、柳亚子、刘大白、胡愈之、张元济、张大千、黄宾虹等，都曾在白马湖畔的春晖中学留下足迹。"原来，我们之所以能够那么自然地举起浙派的大旗，就是由于二三十年代的"春晖"，浙派的源头就在"春晖"。想到了这一点,我无限兴奋,因为我由此而深信浙派有别于兄弟学派的基因就藏在20世纪20年代的白马湖畔——我称之为"白马湖现象"。春晖的语文教师无不是具有人格魅力和深厚学养的一时之选,他们的语文教育就是语文教育浙江学派的源头。

"白马湖现象"的出现,具有历史的偶然性,但我们后来人在惊叹的同时,未尝不可以从中梳理出一些带有规律性的东西。其中最主要、最根本的,就是语文教育的师资质量对于语文教育所起的决定性作用。从表面来看,由于主观性强、教师可发挥的余地和空间更广,因此与其他学科相比,语文教师的作用显得尤为明显和突出。在我看来,语文教师的个性是语文教育之必须,语文教师自身的语文水平、语文品质、语文个性在语文教育中的地位、作用、影响,怎么估计都不会过分。当年白马湖畔的语文教师,往往同时就是作家或是学者,或是教师、作家、学者三合一。这在我国语文教育史上可以说是空前绝后的,很难复制。但对教师自身素养的高要求,白马湖现象所树的高标杆,却始终是浙派语文教育不懈的追求。

考察语文教育的白马湖现象,从语文教师自身都具有极高的人文素养和语文素养这一"基本面"出发,我们分明可以捕捉到它如下三个方面的具体特征。常言道,纲举目张,教师素养就是语文教育的"纲",下面三个方面就是它的"目"。

一是教师享有充分的教学自由。春晖中学是教育家经亨颐先生创办的私立学校,"不比官立的凡事多窒碍"。为了不让外部势力插手学校事务,经亨颐先生甚至不向当时的军阀政府立案。而在"春晖"内部,教学自由则是一个不是问题的问题。所谓"教学自由",是指在有关方面所制定的语文课程标准的原则指导下,教师享有选择、编写教材,确定教学内容、方法,如何进行测试等各方面的完全自由。马克思指出:"人类的特性恰恰就是自由的自觉的活动。"真正的教育本来就应当是这样一种"自由的自觉的活动"。自由不是别的,而是对于规律的掌握和运用。如若没有相当的语文素养,"自由"给教师带来的必然是恐怖和灾难,离开了教参,取消了所谓集体备课,他们必然无所措手足,"自由"岂易言哉!

据有关史料记载,由于具有这种不可或缺的教学自由,夏丏尊和他的同事们就对教材的选编,考试的内容、作文教学、课外阅读等作了全面革新,使春晖中学的国文教学独树一帜,成为许多同类学校的范式。从教材看,他们将当时春晖的国文分为必修科和选修科。必修科的教材除了商务版的《国文课本》,另有教师自编的《选授讲义》,包括范文选读,语法,作文法。选修科又按年段分设，先后有《实用文》、《古文讲读》、《诗词讲读》、《文学源流概论》、《修辞大意》、《文学史大要》、《近代文艺风潮大要》等。朱自清在征得学生赞成后，还曾将《虞初新记》、《白香词谱笺》作为初二的教材。

二是教师始终怀着对学生真挚的大爱。雅斯贝尔斯《什么是教育》一书开宗明义就指出：

教育者不能无视学生的现实处境和精神状况，而认为自己比学生优越，对学生耳提面命，不能与学生平等相待，更不能向学生敞开自己的心扉。这样的教育者所制定的教学计划，必然会以我为中心。在人的存在和生成中（以人的年龄、教养与素质差别区分），教育环境不可或缺，因为这种环境能影响一个人一生的价值定向和爱的方式的生成，然而现行教育本身却越来越缺乏爱心，以至于不是以爱的活动——而是以机械的、冷冰冰的、僵死的方式去从事教育工作。爱的理解是师生双方价值升华的一个因素，但实现它的途径如今似乎已不是教育，因为现行教育的运用恰恰阻碍了爱的交流。因此，如何使教育的文化功能和对灵魂的铸造功能融合起来，成为人们对人的教育反思的本源所在。

夏丏尊是我国现代教育史上"爱的教育"的首倡者、实践家。在《爱的教育·译者序言》里，他写道：

学校教育到了现在，真空虚极了。但从外形的制度上方法上，走马灯似地变更迎合，而于教育的生命的某物，从未闻有人培养顾及。好像掘池，有人说四方形好，有人又说圆形好，朝三暮四地改个不休，而于池的所以为池的要素的水，反无人注意。教育上的水是什么？就是情，就是爱。教育没有了情爱，就成了无水的池，任你四方形也罢，圆形也罢，总逃不了一个空虚。

在《春晖的使命》这篇夏丏尊关于春晖办学方向宣言书式的重要文章里，他将春晖比作自己的孩子。他爱生如子，有人称他的教育是"妈妈的教育"。他在春晖中学实行"学生自己选择指导师制"。许多学生选择了夏丏尊作为自己的指导师，夏丏尊对他们说："我们要互相亲爱，请你们把我作你们的义父吧！"正是这种真诚的爱，夏先生为学生的变坏筑起了一道"防火墙"。朱自清教育思想的核心是"有信仰"，或可称之为"有信仰的教育"。他认为"教育有改善人心的使命"。在《教育的信仰》一文中，他恳切呼吁："教育者须对于教育有信仰心，如宗教徒对于他的上帝一样；教育者须有健全的人格，尤须有深广的爱；教育者须能牺牲自己，任劳任怨。"他深刻地指出，教育是目的而非手段，视教育为目的的教育才是"真教育"。春晖中学的"春晖"，就是教师对学生的爱，有如春风夏雨，洋溢于教室、校园、宿舍、操场。春晖的毕业生对

"谁言寸草心,报得三春晖"有最真切、最深刻的体会。而孟郊的《游子吟》则由丰子恺谱曲成了春晖的校歌。

三是在人与语文的关系中充分强调人的本体性,十分重视语感的培养。例如夏丏尊就十分重视作文的态度。他认为,文章"技巧的研究,原是必要,态度的注意,却比较技巧更加要紧"。他这里所谓的"态度"具体指学生在执笔为文时,要留心下列六个问题,即:为什么要做这文,在这文中所要述的是什么,谁在做这文,在什么地方做这文,在什么时候做这文,怎样做这文。很显然,这六个问题包含了写作一篇文章的目的、中心、身份、场合、时间和方法等几个重要方面。译成英文的话,每一点中都含有"W"这一字母,所以夏先生把它称作"六W"。在阅读教学过程中,夏丏尊提出了关于"要传染语感于学生"的主张。他认为要真正读懂一篇文章,不但要正确理解文字的意义,而且要品味出文字的"情"来。他是我国最早提出语感这一概念的专家学者。他说:

在语感锐敏的人心里,"赤"不但解作红色,"夜"不但解作昼的反对吧。"田园"不但解作种菜的地方,"春雨"不但解作春天的雨吧。见了"新绿"二字,就会感到希望,自然的化工,少年的气概等等说不尽的旨趣,见了"落叶"二字,就会感到无常、寂寥等等说不尽的意味。

叶圣陶、朱光潜也非常重视学生语感的培养。叶圣陶指出:"文字语言的训练,我以为最要紧的是训练语感,就是对于语文的敏锐的感觉。"吕叔湘也曾指出:"语文教学的首要任务是培养学生各方面的语感能力。"夏丏尊等春晖先贤关于语感的理论建树和语感培养的实践成就,于浙派语文教育的发展贡献至巨,影响至深,是现代语文教育史上重要的一笔。

重温浙派昔日的辉煌,我们感到无比自豪,但我们不能够、也不应该只是陶醉其中,我们更深切的感受是无限的惭愧和无比的责任。

传承精神　发展自我

彭玉华

（浙派高中语文名师班学员）

尊敬的各位领导、各位前辈、各位专家、各位同仁：

上午好！

在这样盛大的场合发言，我深感荣幸，也倍感压力。

刚才蒋成瑀老师、王尚文老师、胡勤老师的精彩报告给了我很多启示，使我对浙派语文以及浙派语文名师有了更清晰的认识，也对我们后辈接下来要走的道路有了更为明确的指引。

其实很多老师是不赞同提浙派语文的，因为语文的基本特性相同，无论什么派别的语文，都难以脱离语文的基本特性。譬如闽派语文提出的八字精神：求实、去蔽、创新、兼容，其实这些特质我们浙派也有的，天下语文都有的。

但我们仍然要提浙派语文，主要在于：百年语文教育史上，浙江语文教育的确十分辉煌，不必说已是传奇的"白马湖现象"，也不必说改革开放以来的林炜彤、张传宗等语文名家，仅当下的浙江语文教育界便俊采星驰，名师云集。有以王尚文、蒋成瑀等老师为代表的高校语文教育专家，有以胡勤等老师为代表的优秀特级教师队伍，他们都在国内语文教育界具有很高的知名度和影响力。

从这个意义上说，当我们探讨"浙派语文"的精神内核和风格特点时，其实就是在研究这些名师的先进教学理念，总结他们宝贵的教学经验，从中提炼出一些共性的精神元素和实践因子，以资我们这些后辈学习传承并发扬光大，从而推动浙江乃至整个中国的语文教育向前发展。我想这是我们论坛的最大意义。

接到发言任务后，我再次通过书籍和网络走近这些名师，试图对他们的人格特质和学术风格进行概括，但十分艰难。他们每个人都呈现出自己独特的风采，最后我只能像王尚文老师所说的那样，带有一定随意性的概括出四个词，但我觉得还是有一定的实然判断。

第一个词是务本。不仅指他们热爱学生，热爱语文；更在于他们坚守语文教学本源。我觉得这是最重要的职业精神。遗憾的是，审视当下的语文教学，忘本的现象时有发生，甚至相当严重。譬如语文课程的泛人文倾向，科学迷失；譬如语文教材的去知识化倾向，甚至连能力训练也拒之门外；譬如写作教学的虚无化倾向,很多教师已经没有较为明确的作文教学体系;譬如教学内容的泛语文倾向,过分着眼于言语内容,追求宏大的主题解读,言语形式被搁置;譬如语文课堂教学形式化倾向,教师谈"讲"色变,满堂灌变成满堂问,伪对话充斥课堂;譬如文本解读泛多元化倾向,解读的边界逐渐模糊等等。毫无疑问,我们浙江的语文课堂也有这些现象,但我们也有许多名师能自觉抵制这些现象,而且在每次语文课堂出现这种集体性偏差的时候,总是站立潮头大声疾呼,拨乱反正。王尚文老师就曾在工具性泛滥的年代,大声呼喊人文性的到来;而在人文泛滥的年代,又提出"紧抓语言的缰绳不放松",回归语文教学之本,指引着语文教学向清明正确的方向发展。

第二个词是"拓新"。指这些名师开拓新流,有着敢为天下先的学术勇气和实践情怀。无论是理论界还是一线实践,这一点都当之无愧。就理论界而言,王尚文老师的"语感论",蒋成瑀老师的"课文读解理论",如果算上从浙江走出的王荣生教授和李海林教授,当今中国最前沿的语文教学理论都出自浙江。一线实践也毫不逊色,譬如郑逸农老师的"非指示性教学"、蔡伟老师的"新语文教学"等等,都开风气之先,产生了深远的影响。

第三个词是"崇文"。指这些名师的文化追求。浙江是文化大省,有着深厚的文化底蕴,这一点刚才楼含松教授也谈到。受文化的熏染,浙江老师尤其是语文老师身上总是有一股浓厚的文化气息,这既有传统文化的浸润,更源自他们自觉的文化追求。这种追求主要体现在两个方面:爱读书,好写作。就读书而言,杭外语文教研组长倪江老师曾说:不读书的老师课堂一片黑暗,杭外学生开阔的阅读视野估计这两天开课的老师已经感受到了。就写作来说,只要翻一翻五大语文教育期刊,作者差不多三分之一是浙江籍的老师。总之,对文化的自觉追求使他们的语文课也洋溢着浓浓的文化味。

第四个词是"臻善"。指这些名师的永不满足的追求精神。学无止境,教海无涯,但浙派名师们总是孜孜以求做人和教学的更高境界,臻于完善。

当然以上这四个随意的词难以概括这些浙派名师的人格内核和教育精神,他们就像一座座山峰,蕴藏其间的宝藏需我们慢慢开掘。现在,我们这些站在山峰上的后辈,既要认真学习前辈的人格精神和学样气度,更要有勇气有信心接过接力棒,紧扣当下教育的脉搏,在纷繁的教育现实中找到自己的切入口、立足点和发力处,使浙派语文教育在我们这些教育后辈手中能获得更加辉煌的发展。

结合当下教育实际,我觉得以下几个方面更值得我们关注和介入,并力争有所突破。

　　一是做课程开发者。构建属于自己的课程体系，在语文基本知识、语文核心能力，写作核心素养等方面进行研究，力求形成自己的体系。

　　二是做课堂建设者。回归语文教学之本，紧扣文本，着力言语形式，在语文实践活动中提高语文素养，力争形成能体现自己特色的课堂教学风格。

　　三是做自我发现者。不断提高自己的人格修养，不断夯实自己的知识底蕴，不断提高自己的教学技能，努力成为一名优秀的浙派语文教师。

　　最后，请允许我代表浙派高中语文名师培训班的全体学员，向所有莅临指导的名师表示最诚挚的谢意；也向辛苦筹办这次论坛的浙大教育培训中心的老师们表示最衷心的感谢。谢谢你们！

应该亮出浙派语文的大旗

蔡 伟

（浙江师范大学人文学院教授）

浙派语文究竟存在与否？究竟该不该提倡？究竟该不该亮出浙派语文的大旗？这就是我跟陈建新教授的根本分歧所在。

首先，我们要从语义方面来追寻"浙派语文"的概念。"派"的意思跟我们相关的主要有三个含义，第一指系统分治，例如"党派"之类；第二指作风风度，例如"派头"之类；第三指派别，作为量词来使用。既然"派"是多义的，那么就不要把"派"字窄化。我认为现在只是从类别、从群的角度在定义"浙派语文"中"派"字的意思。

所谓"浙派语文"，其实就是一个浙江群，至少在目前可以称之为一个群。

其次，浙派语文肯定是存在的。我将从以下几个方面来探讨这个问题：

第一，浙江的语文老师已经形成了一个集团式的研究，《语文学习》责任主编曾感慨地说："江苏的杂志都要成为浙江人的杂志了。"就是因为浙江的老师有强烈的研究意识和高超的研究能力。这正是一个派别存在的最重要条件。

第二，浙江的语文老师在业界受到极大的尊重，许多省外的教师都认为浙江的教育特别先进，浙江的语文特别领先，有值得一学的必要，因此来浙江进修、交流的省外教师人数日渐增多。这就说明我们浙江语文是名声在外，我们绝对不能妄自菲薄。

第三，浙江的语文老师已经形成了自己的风格。比如肖培东的特点——灵动，林国爽的特点——厚重，陈艺玲的特点——随心，王松锏的特点——大气，卢艳红的特点——宽度，张正磊的特点——深度。所以说，一个派别不是只有一种风格，而是要百花齐放，百家争鸣。

再者，"一个派别必须要有领军人物"这个说法是错误的。例如，白马湖派个个都是领军人物，浙中学派则有几大巨头，很难说谁是真正的第一。所以说，真正优质的流派，不能是一枝独秀，而我们浙江的特点就是百花齐放，百家争鸣，我们浙江有一大群的名师，都在业界赫赫有名。那么现在我们为什么不敢亮出自己的旗帜呢？很重要的一个原因是我们浙江在教育方面的高层人士少了，我们浙江杰出的重点大学太少了，我们浙江有地位的精品杂志太少了，也就是说浙江的老师缺少平台。如果说浙江的老师有一个好的平台，那么浙江老师早已形成了具有特色的"浙派"。但是在现有的情况下我们浙江教师能达到现在的高度是极其不易的。

最后，我有一些建议：浙江教育界的各路人士都要聚合起来，相互协作、相互交流、相互促进。真正有实力的人总能在百家争鸣中脱颖而出，如果大家都脱颖而出了，那么整个浙江语文的教学水平就会上升到一个更高的层面。所以说我们浙派语文虽然说没有一个领军人物，但是我们要做到个个都是领军人物，都能够在自己的领域里有所建树，创造出自己的特点，而各个人的特点聚合起来就是我们浙派语文的特点。

我深信，我们浙江有一代又一代的语文领军人物，这领军人物不是一个两个，而是几十个甚至是上百个，在座的各位就是当地的领军人物。

浙派语文不成立

陈建新
（浙派高中语文名师班理论导师）

对于浙派语文，我的观点是"浙派语文不成立"。

我不同意从"流派"这个角度上来理解浙派语文。实际上不是流派。我的理解是类似于"江西学派"、"浙东学派"，它指的是一个很大的、具有地域特色的学问。如果要从"流派"这个角度来理解，那么浙派语文一定要有很多规定性，但实际上我们的语文教学并没有那么多的规定性，也无法从流派这个角度来进行规定。

听了很多人的说法，我觉得其实很多人想表达的是"具有浙江地方特色的语文教学"。那么语文教学可以简化，就是"浙江特色的语文"。如果这样讲，则相对合理一点。

当然，我们的时代需要做一做广告，"浙派语文"这四个字比较响亮，这样做未尝不可，但还是应该给它一个合适的界定。

浙派语文是我们追求的一个目标，而不是一个现实，我们现在没有浙派语文。

虽然我们讲到了很多很多老先生，讲到了浙派语文的传统，但是新中国成立以后这些传统失传了。

我是搞文学研究的，文学研究在现代文学的这段历史中出现了很多流派，但是新中国成立以后的30年中几乎没有再出现新的流派。如果有，那就是"山药蛋派"与"荷花淀派"。而这两个派是从根据地过来的，多少和主流意识形态关系密切，而其他所有的流派则因为主流意识形态控制太严统统被打倒了。到80年代，因为主流意识形态控制放松了而又重新出现了流派。

我个人感觉中小学教育在改革开放以后不是放松了，而是越来越严了。究其原因，不完全是意识形态的控制，更是行政的控制。行政控制了我们的教育，因此，想在教育上形成自己的特色很困难。这是我们的教育存在的最大的毛病。

比如说，高考试卷下放到浙江省自己命题，但是我们从2004年出卷到现在，还是按照国考的模式来出卷。在出题组和语文界的关系上，虽然有语文老师参加出题，但是没有主导话语权。在我看来，应该有一个中学学术性的机构，能够影响我们的出题。然而现在出题老师都是按照行政的要求来出题。当然我们的浙江卷还是具有一定的浙江特色的，这主要是因为参加出卷的老师们的人文素质较高，使得我们的试卷人文色彩比较浓郁。除了这个特色之外，浙江卷与全国的试卷大同小异。

我们都知道，目前的语文教学很受考试的约束，全省语文教师均是按照教科书甚至是教辅材料在教，没有发挥出浙派语文的特色。当然这不能怪语文老师，而是要怪我们的考试，因为最终学生们都要按照一个统一的考试标准去衡量。如果不能过考试关，那么就说明教学质量不佳，甚至影响到老师的评职称、评级、评岗。

大家通过这个论坛对浙派语文所做出的努力是十分可敬的，但是现实又是十分残酷的。

除了考试的约束之外，中学语文老师的素质也是值得忧虑的。在当年的春晖中学，语文老师自身的文化素养都是很高的，他们除了教学之外还有很大的其他方面成就。比如说丰子恺先生，他的漫画、随笔都是一流的。试问我们的中学老师未来的发展能达到这样一流的高度吗？答案是很困难。那么这里就存在一个问题，浙江省的整支语文教师队伍的综合素质是需要大力提高的。

今天很凑巧有教育厅的处长在会，所以我多讲一点负面的东西，希望大家能重视浙江省语文教学的现实，特别希望代表政府领导中学教育的教育厅，能够在这方面进行更多的改革。中央是很关心我们的中学教育的，在中央指出大方向的基础上，我们教育厅是不是能在这方面迈出更大的步伐。

浙派语文已经形成

彭小明

（温州大学人文学院教授）

今天大家争论的焦点主要是"浙派语文"和"浙江语文教学流派"这两个方面。"浙派语文"偏重的是语言文学方面，"浙江语文教学流派"则偏重于教学方面。

我个人认为，浙派语文目前已经形成。一个流派的形成可以分为孕育期、培育期、形成期、发展期、成熟期五个阶段。浙派语文已经过了孕育期，现在处于培育期，并且将逐步地发展成熟。

一直以来，浙江师范大学的蔡伟等老师们有意识在培育浙派语文，今天，浙江大学也开始有意识培育浙派语文，这样的培育对浙派语文来说意义非凡。

一个"派"需要具备三个特征：理念基本趋同、风格大致一样、有一定的社会影响。浙派语文大致上符合以上三个特征。之所以说"大致符合"，是因为浙派语文毕竟只是一个社会团体，它不像一个政党，一定要有非常集中的大家一致认可的思想，所以说浙派语文的理念大致认同，特别是以王尚文为代表的"人文说"和"语感论"，浙江人对此是基本认可的。

大家也谈到了许多派别的风格，比如京派的唯实，海派的求活，粤派的开放，闽派的兼容，苏派的务本。对于浙派而言，80 年代提倡"实而活"，现在我们提倡的"创新"理念也是一脉相承的。不管是在省内还是省外，浙派名师的影响越来越大，浙江省语文的理论研究比其他省份更加出色，但是我们的语文教学实践相对弱于其他省份，尤其是浙江没有自己的语文教材，这是一个大的缺陷，因此很难在全国形成很强的影响力。

同时，浙江还很缺乏在全国真正有声望的名师，关键在于我们还没有真正形成自己的风格。风格是一个教师独特的个性，流派则是个性在群体上的反映。我们很多老师都有自己的个性，但是没有形成明显的风格。

一个风格需要具备三个特征：独特、外显、相对。只有具备以上三个特征，才能逐步地形成自己的风格。风格的形成有一条捷径，那就是建构自己的模式。对于"模式"的理解可以分为以下两个方面：第一是类型，要建构跟别人不一样的类型；第二是程序，有自己模式的老师在教学过程中一定有自己的基本框架。建构模式并不是说建构完成之后固定不变的，而是在建构过程中不断地解构、重构，不断地完善。也就是说，我们要把自己的经验变成一种思想理念，必须通过建构一个模式来稳定。

　　浙派语文到底用什么样的语言来概括呢？蔡伟老师将浙派语文概括为"求实、创新、用情、诗意、为效"五个词。近些年，在流派方面我也有所研究。我将温州的名师取了一个名字"瓯派"，瓯派名师的特点是敢为人先、海纳百川、求真务实、内外兼修。对于浙江省的名师也有很多词语可以概括，第一是求实守真，这体现的是一种态度。"语文"顾名思义就是语言文字，老师们要本着求实守真的态度展开教学；第二是海纳百川。浙江省本身就具备开发的气度，只有兼容并蓄，才能形成高层次的人文素养；第三是创新。善为人先，敢于追求教学的自由，追求教学的创新；第四是文人之气。浙江教师必须具有温文尔雅的气质，人文的气质，人文的底蕴，博雅、儒雅、高雅、优雅的底蕴。总的来说，浙江省的教师的风格是博学、深度、高雅、自然、守真、灵性、创新。

"瓯派"语文名师的专业成长与培育
——兼谈"浙派"语文名师

彭小明　杨　玲

近些年来浙江的基础教育一直在高位运转,走在全国前列,这背后有一批优秀的教师群体在作强有力的支撑,"浙派"名师就是其中最杰出的代表。

温州是改革开放的前沿城市,因深受"瓯越"历史文化影响,使得现代温州人敢为人先、事功务实、开放创新。在这种文化背景下成长起来的温州名师们,以其独特的教学风格、不凡的人格魅力感染了大批学生,培育了许多杰出人才。研究温州语文名师的成长,培育更多的温州语文名师,不仅可以壮大"浙派"名师队伍,更是为整个国家的语文教育事业添砖加瓦。

一、"瓯派"名师的界定

(一)"瓯派"名师

温州地处浙江省东南沿海,素有"东瓯名镇"之称。南宋期间,温州文风鼎盛,出现了在我国思想上占有重要地位的"永嘉学派",以及文学史上的永嘉"四灵"诗派。明朝时期,温州文成县的刘基主张要善于运用策略思想、有规范意识和诚信品格,被誉为"立德、立功、立言"的三不朽伟人。在这种文化背景下,温州名师深受温州历史文化的熏陶,有着温州人敢想敢为的开拓创新精神,我们称他们为"瓯派"名师。

温州市教育局为了贯彻落实国家中长期教育规划纲要,弘扬教育家精神,造就一批高素质、高水平、有影响力的教育名家,带动和促进全市教师队伍整体素质提升,遂开展了温州教育名家评选活动。评选对象为全市中小学(含幼儿园)、教育教学科研机构、教师培训机构的在职教师和教育工作者。要求参评者具有执着的教育理想追求,先进的教育思想和办学理念,积极探索、大胆创新精神与实践能力,深厚的教育理论修养和科研能力,并且具有规定年限的教育教学工作实践和相关荣誉。2011年8月,首批教育名家评选结果公布,共有王朝曙、邱永飞、何民、白莉莉、潘建中、王振中、蔡宗乃、陈钱林8人获此殊荣。

(二)"瓯派"语文名师

为了保证评选出来的名师质量,温州市教育行政部门规定 :"名教师应是师德高尚、业务精湛、业绩卓著、社会公认的优秀教师,是学科教学的专家、教学研究的能手"。而具体到语文名师,就是在温州工作或生活过10年以上的,有着高级、特级、教授级职称,或有着名师、名班主任、名校长等称号的,从事语文学科教学、研究的人员。

基于研究的可操作性,本文的研究对象将从温州市教育局自2003年至2012评选出来的三届中小学语文"名师"中选取,他们是林国爽、罗进近、娄沂、林晓斌、刘晓红、白莉莉、林乐珍、吴小蓉、周璐、周小平、张茂松、金戈、阙银杏、陈柳、曹鸿飞、谷定珍、方斐卿、吴孔裕、潘旸、施书新、金晓涛、黄华伟、俞国平、陈传敏、肖培东、何必钻、黄惟勇、张新强等28人。

(三)"瓯派"与"浙派"、"海派"、"京派"语文名师比较

1."瓯派"与"浙派"语文名师的关系

浙江人杰地灵、人文荟萃,有着崇尚文教的传统和强烈的人文精神,曾孕育了无数文化大师、教育名流:有宋代永嘉学派的陈亮、明代姚江学派的黄宗羲,还有近代的鲁迅、竺可桢、杨贤江等,历来有"文化之邦"的美称。浙江近代这个名师群体,他们都是教育家,都有务实的精神、济世的胸怀,兼容并包,而且文人气重,又勇于开拓创新,如孙怡让、蔡元培、鲁迅、夏丏尊、李叔同、叶圣陶、金亨怡、马寅初等。他们身上都有着"浙派"名师的五大特征:求实、创新、用情、施艺、唯效。

不可否认,在最近几年的发展中,"浙派"名师在国内外的影响力都越来越大。温州作为浙江的一个重要城市,温州的"瓯派"名师有着类似"浙派"名师的求实、创新、用情的精神,更有着"瓯派"特有的敢为人先、开放进取的精神,不断充实、促进"浙派"名师队伍的发展壮大。

2."瓯派"与"京派"、"海派"语文名师的比较

北京凝聚了浓郁、深厚的中华民族的文化传统,在许多方面是我国传统文化的象征。但是北京在教育研究上常反映出浓厚的政治色彩和颇为保守的倾向。所以"京派"语文名师立足于大陆实际,重视在教育实践中挖掘富有生命力的"闪耀的火花",从大处着眼,注重从宏观上、整体上把握教育教学问题,由是"京派"的主要特点是"唯实"。

上海原本是"五方杂处",浙江人、广东人、苏南人、苏北人、本地人组成五

大来源,各种文化相混杂,构成了一种欧美文化影响下的中国内部的"移民文化"。在此文化背景影响下成长起来的"海派"名师,多不遗余力地吸收国外的教育理论成果,并应用于教育实践,有着上海人特有的细腻、缜密的心思,注重细节,由是"海派"的主要特点是"求活"。

相比于"京派"的"唯实"、"海派"的"求活","瓯派"更"开放"、更富于"创新"。

二、"瓯派"语文名师的特质

(一)敢为人先,大胆创新

温州教师教育院副院长谷定珍率先在中小学创新推广运用"批注法"进行语文教学;温州市小学语文教研员曹鸿飞大胆地把一周的语文课改成了阅读课、写字课、作文课、语文活动课、导读课等。他们秉承了温州人敢为人先、开拓创新的精神,作为温州中小学语文教师队伍的翘楚,在课堂教学、研究中积极创新、敢为人先、善为人先,极大地激活了学生的学习主体性,提高了课堂的有效性。

(二)海纳百川,兼容并包

开放的文化造就开放的人。瓯派语文名师们在教学实践中,海纳百川、兼容并包,既有"国际视野",又有"本土意识",既学习西方先进的教育理念,有继承我国传统的优秀教法,做到了"东风西风"的融合。浙江省语文特级教师、温州实验小学校长白莉莉就是个中代表。她着力构建人性化的教育模式,营造人文的校园环境。结合国外先进的教育教学理念,以人的生命发展为本,以培养兴趣、养成习惯、形成能力为着眼点,致力于学生的可持续发展,引导学生自主探究,实践创新。

(三)求真务实,讲究实效

以南宋时期思想家、文学家、政论家叶适为代表的"永嘉学派"倡导"务实而不务虚",主张功力,见之事功。名师在成长过程中,也不能背离求真、务实之准则。瑞安中学高级教师金晓涛提出"过程呈现"阅读法,巧妙地将读写结合在一起。她认为,阅读包括阅读期待、阅读发现、阅读反思三个阶段,而推动学生借助语言,表达审美感受与心灵体验的一种有效方法就是初评——旁批——总评。通过初读,显示学生原先的阅读视界;通过旁批,学生的阅读视界悄悄地改变；通过总评，完成视界的融合。

(四)博学儒雅，内秀外华

"瓯派"语文名师宽厚、涵养，内涵丰富、善于表达。温州市教研室教研员金戈将朗读教学和阅读教学水乳交融，让学生读出节奏、读出内涵、读出气韵。另外，他还擅长点评，而这也得益于其平时大量的阅读；温州首批名师、特级教师刘晓红将通常由老师"一讲到底"的语文课，演变出了讲读课、朗诵课、自读课、课本剧、表演课、故事课、自教课和交流答辩课等新颖丰富的课型，以激发学生的学习兴趣，督促学生自己去学习去思考，让课堂真正活起来。

三、"瓯派"语文名师培育的策略

(一)以文化环境为背景

悠久的历史文化积淀对温州人的独有性格形成产生了积极的影响，是温州名师成长的内在优势。在进行名师培育时，依托瓯越文化底蕴，集聚温州人敢闯、敢拼、敢于冒风险，敢为天下先的艰苦创业精神；以及海洋文化中的那种开拓进取的意识，激发教师创新潜能；更不能忽略历史上永嘉学派的务实精神。

(二)以课程培训为基础

浙江省自2011年7月份就开始全面实施教师专业发展培训，计划在5年内完成对全省中小学(包括职高)和幼儿教师的全员培训。同年，温州大学、温州教师教育院及各县区教师进修学校(教师发展中心)也对温州10万中小学幼儿园教师进行全员继续教育课程培训。作为培养语文教师的摇篮，温州大学还特别设计、启动了教师教育"溯初班"人才培养模式改革项目，全面提高学员的教学能力与研究创新能力，为"瓯派"语文名师队伍输送新的血液，培养优秀苗子。

(三)以课题研究为平台

教育科学研究是振兴教育、提升教师素质的重要手段和策略。俗话说："教而不研则浅。"温州大学积极帮助、培养温州中小学教师进行科学研究，面向温州市中小学、幼儿园，每年拨出20万—30万元专项经费，用于基础教育研究。近年来,温州大学彭小明教授已为温州市中小学教师做学术讲座50余场,积极引导中小学教师教育科研走向规范。

(四)以交流互动为纽带

温州自2009年11月正式开展"温州市名师工作室工程",实行名师带教制度,通过"传帮带",使优秀的青年语文教师尽快成长,脱颖而出。此外,"专家引领"也是名师成长过程中必不可少的因素。林国爽、金晓涛、陈柳等老师都是在工作了几年后,努力考取浙江师范大学的硕士研究生,拜王尚文、李海林为师,努力探究语文教学真谛的。

温州市与东北师范大学在教育硕士研究生培养、选派访问学者、骨干教师研修、教育科研合作、教育信息化和毕业生实习等6个项目开展全面合作,与北京师范大学合作培养中小学骨干校长和教师的教育培训者,与北京外国语大学合作培养外语教师,与北京大学达成实施"数学家摇篮工程"合作意向,与温州大学签订服务基础教育合作协议共建中小学教师教育基地。

(五)以管理机制为保障

名师的培养是一项长期而艰巨的工作,只有建立健全有效的运行机制,综合运用组织、计划和管理的手段,才能使学校形成目标管理的统一体,实现预期目标,产生最佳的整体效应,促进名师的迅速成长。

首先要建立教师培养保障体系。近年来,温州市一直在通过各种途径,大力投入,提高教师队伍整体素质。每年组织200名教师在职攻读东北师大教育硕士;每年在英国雷丁大学培养10名左右中学英语课程方向硕士研究生;实施温州本地教育家培养工程,组织市直学校校长、省特级教师到清华大学研修等等。

其次,学校要给予教师足够、有效的时间和空间。升学压力大、教学任务重,甚至还要承担行政职位,这无疑会占用他们太多的时间与精力。所以,要使教师能快速成长为"专家型教师"、"名教师",不给予其政策上的保证只能是纸上谈兵,空喊口号。

(六)以总结反思为激励

教学评价是对教师工作现实的或潜在的价值做出判断的活动,以激励为目的促进教师发展的发展性教师评价能有效提高教师的成长积极性。近年来,在温州教育界,逐渐形成了具有温州特色的"三三制"激励机制——即构建"三层次"(教授级中学高级教师、特级教师、名校长名教师名班主任等三个层次梯队的骨干教师队伍），实行"三奖励"（新闻奖教金、师德楷模奖、终身班主任奖），推出"三制度"（中小学校长工作目标考核奖制度、骨干教师学年度工作考核奖制度、特殊教育学校教师学年度工作考核奖制度）。这种激励评价制度较大地提高了教师的工作积极性，让他们有了明确的努力方向。

我为浙派语文画像

沈培健

（湖州中学校长，特级教师）

"浙派语文的传承与创新"，首届浙派语文论坛的诉求很远，志气很大。作为一个准备标志一个新起点的大会，首先必须回答的，是"语文的时代性"和它的"历史性"。这都是一体的两面，互为依存。

而今的时代，是电子化、网络化时代，也是地球村时代。——信息的储存、传播、交流、再生的方式现代化了；社会的组织，教育的运行，人生价值的实现，其路径和形态现代化了。

这个时代，是从久远久远的天地里走来的，从伏羲伏羲，从三皇五帝，从百家争鸣，一直走到了今天。历史，就是父辈祖辈祖祖辈辈祖祖辈辈。"我"是所有的我的前辈的证明，一切的证明。"我"是自然而然的生长，源远流长；是可以持续的发展，健康明朗；是环境友好型的表现，枝繁叶茂。

而在这个通用的属性之外，还有江河一样的"京派"、"海派"之派。我以为，那也一定有"浙派"。至少，我们有我们不与人同的特色，有人有我优的特长。而这一些，可以是"浙派"最佳的起点。

那么，在我的心目中，什么是"浙派"呢？或者说浙派的教师应当是一个什么形象呢？以我之想，这个"教师"，首先得有四条：

品端行正——品德高（品行）；

学贯东西——学养深（学识）；

儒雅清明——风味纯（容貌）；

春风风人——流韵远（影响）。

而浙江的教育，浙江语文，是拥有相当不错的本土的优质资源的。比如近100年来的杭高和春晖，那儿的语文老师和语文课堂，真可谓是"如花美眷，似水流年"。

从杭高出发的，一代又一代地影响了现当代文学和现当代的教育论和教学法的，进而推动近现代中国的文化、文学以及语文教学的发展进步的卓越人才，就有不少，像鲁迅、李叔同、陈望道、夏丏尊、朱自清、叶圣陶等名家的光耀教坛。

而在上虞春晖中学任教的名师硕彦，除了曾任教杭高的夏丏尊、朱自清等之外，还有李叔同、朱光潜、丰子恺等。他们推行"人格教育"、"爱的教育"、

"感化教育"和"个性教育"，在国内是产生了深远的积极影响的。除此之外，蔡元培、俞平伯、柳亚子、张大千等，也都到过春晖短期讲学、考察，推行新教育，传播新文化。因而，"南春晖"成为中国教育的一颗璀璨明珠。

相信不少的中国人，都听说过"不孝有三，无后为大"的说法，而其实，这个"大"不孝之前还有一个"阿意曲从，陷亲不义"。那就是说，如果子女听到、看到父母说的和做的当中有一点不太合适的，那就应当委婉地指出来。站在今天来看待这个问题，那里头的那个"亲"，除了父母，还有别的长辈、权威和"有关部门"。做一个品端行正的教师，既不能对"亲"的需求不闻不问，也不能对"亲"的意志盲目跟从、阿谀奉承。

比如，新课改来了，新课程来了，新课本来了，得怎么的怎么的怎么的了。其实，从浙江沿用好些年的江苏版的语文课本，是有不少值得商榷的地方的，比如字词句篇语修逻文方面的系统思考和安排。在我看来，这些倒还不是太严重，毕竟，任课老师可以自行安排之。很严重的，是其中甚至会有不能容忍的错误。比如《鸟啼》的译文（原文有多段翻译有待商榷，本文仅以下段文字为例说明）：

We are lifted to be cast away into the new beginning. Under our hearts the fountain surges, to toss us forth. Who can thwart the impulse that comes upon us? It comes from the unknown upon us, and it behoves us to pass delicately and exquisitely upon the subtle new wind from heaven, conveyed like birds in unreasoning migration from death to life.

译文：从鸟儿们的歌声中，听到了这场变迁的第一阵爆发。在心底，泉流在涌动，激励着我们前行。谁能阻挠到来的生命冲动呢？它从陌生的地方来，降临在我们身上，使我们乘上了从天国吹来的清新柔风，就如向死而生的鸟儿一样。

这是Whistling of Birds的末尾一段，译文中有"向死而生"一语。解读者也多因此而望文生义，立马与名气很大影响很远的海德格尔相比附，把它提升到这篇随笔所反映的作者的一种生活哲学。

其实这是远离文本的、很勉强的作业，甚至是对作者的精神尊严的一种粗暴的侵犯——可谓"作孽"。

首先，原文中根本就没有这个意思，"它"指的the impulse from the unknown，不知所由的冲动，可以认为是自然对生命的启示和激发，而关于那鸟儿的短语，"birds in unreasoning migration from death to life"，直译,乃是"在盲目冲动的迁徙中由死而生的的鸟儿",也就是说,这些鸟儿不由自主的从严冬中幸存了下来,从死地而进入了生命的春天。被译者翻译成为"向死而生"的"from death to life",恰恰是它那完全相反的意思——"由死而生"。

联系到全篇,《鸟啼》中关于这个命题的文字,其实很不少,从严寒而春意,从沉寂而苏醒,从晦暗而明朗。作者着重要表达的,是让死亡死亡,人们不必沉迷在冬意里,不要留恋在怀想中,而开放自己的身心,随着鸟儿们,享受新的春天。

马丁·海德格尔是20世纪德国最著名的哲学家之一。他认为,死即"向死亡的存在",或可谓"向死而生",用英语表达,是"Being-Toward-Death"。这个专业术语如今已被广泛使用。单从字面上来看,"向死而生"的意思还是比较浅显的:人从出生的那一刻起,就注定向着死亡一步一步地靠近,弄明白了生与死之间的这层关系,才能抱着积极的生活态度,勇敢地面对死亡。他说:理解了死,才理解了生。

当然,海德格尔自有其更深层的理解,就好比我们通常合用的"死亡",在他的概念系统中也是完全不同的角色:死和亡——似乎,"死",更强调演进的状态,而"亡"则偏重于静态的结果。

由此看来,from death to life和being toward death实在是两码事,"向死而生",何如"绝地逢生"?

劳伦斯和海德格尔,由今天看来,可以算是同时代的人,劳伦斯(1885—1930),海德格尔(1889—1976),他们之间有没有交集,未曾研究,不好瞎说。但,就《鸟啼》而言,显然是不可以作为海德格尔的"向死而生说"的案例以作为印证的。至于劳伦斯的生活哲学是不是可能在某种程度上和海德格尔的相契合,那是另外一个问题了。

——这么严重的错误,居然在我一而再地向他们,编者,出版者,以及别的什么主事者再而三的提醒之后,到了这个学期发下来的课本和教参中还是不闻不问,还是不肯更正,甚至,也没有像人教社那样有一个起码的回应,比如"来信收悉"。

这,正是最为严重的滔天,对于我们的语文的课文而言。

海德格尔的一句话,说得真好:言语,是人口里开出来的花朵。

——如果,浙江的语文教师,宁愿躺在这样的语文课本上优哉游哉,而不想有所反映,比如,严重抗议,更比如,自编教材。浙江的语文资源,即使不能超过江苏的,也绝不会逊色于江苏的。而像继续这样的语文,这样的教学,那么，长此以往，浙江的教育，就没有最糟只有更糟了。

在我的概念中，"浙派语文"人的身上，这个"正气"，比起其学养，其品位，其容貌，其流韵来，乃是最要紧的。

只有这样的"正气"，才可能涵养成就最为必要的学识、趣味、风尚和目光来的。从我们湖州中学来说，人品，在学科的学识之上，而学问，则在容貌的装饰之上。腹有诗书，心生芳华。

这也是一种自然而然。

"创新"，是在这样的基础上的新长征。要劳动自己的天君，要对得起祖宗，而后才能成就一派新气象。那样的新气象里，需要新人，需要坚守，需要"一派阳光，四围山色，九里松声"。

茫茫九派流中国。派，是水的支流，是一个系统的分支，也是作风和风度。那不是一潭死水，而是一流活水，源源不断的活水。而同时，那既成的"派"，也不是一般无二，而是各显其能，各呈异彩。比如，浙江的曹文趣、华君武、冯中杰、林炜彤、陆鉴三、陆继椿以及蒋传一、唐承彬、羊刚那样的继承者，薪火相传：

一以贯之，却也各具神采。

我为"浙派语文"画的像，大致如此。

浙派语文的旗帜已经树起来了,给了大家一个方向

徐桦君

（元济高级中学副校长,特级教师,功勋教师）

浙派语文论坛办起来了,是一件好事。大旗树起来了,口号也有了,理念也有了,还有一个宣言,不管怎么样,总之有一个方向。

我记得2000年左右参加省骨干教师培训班的时候,刘福根老师在杂志社也曾跟我谈起这个事情;后来《教学月刊》发布一组体现浙派语文观点的文章;浙师大的蔡伟老师这几年也一直在做浙派语文的事情。可见浙派语文的事情是厚积薄发。

我现在的感受跟褚树荣老师一样,今天我们把浙派语文论坛举办得这么隆重,那么是不是今天过去就没有了? 我身为一线的语文老师,提一些自己的期待,我希望我们能把这个活动做下去,真正把浙派名师的大旗竖起来。我们平时也有较多的机会,到全国各地去参加各种各样的培训报告,担负一些讲座任务,跟外省的语文教学比,感觉并不差。但是一些省份,他们形成了团队,亮明了主张,形成了很大的市场。我们作为一线语文老师,期盼这样的活动一直做下去,行政也好、民间也好,有的事情不是我们个人想做就能做成的,一个人也是做不了这个事情,但是大家如果有这份心,在浙派名师这个平台的基础上,一直努力下去,我们还是会取得成果的。

在此,我有以下想法:第一是把浙派语文论坛作为一个常规性的活动来开展,每一次研讨都有一个主题方向,来打造我们浙派语文的特色,那么若干年下来以后就有我们的东西了。

第二是推出一批能代表我们浙派语文的老师和课堂,实际上这些老师和课堂已经有了,只是我们没有系统地去组织、去打造、去总结、去提升。虽然我们杂志不多,但还是有一个公开出版的核心期刊——《教学月刊》,是不是可以开一个专栏,放一些文章,指一个方向,久而久之肯定能理出我们浙派语文的特色来。重点推出一些在全国有影响力的老师,出版一些著作,这些事情实际上是能做到的,但是最近几年我们做得并不是很理想。树立起一些全国性的省级性的老师,说他是旗手也好、带头人也好、领军人物也好,至少能够带起一批老师。除了杭州,宁波老师有宁波老师的特色,温州老师有温州老师的特色,嘉兴老师有嘉兴老师的特色,以及其他县市的老师也都具有自己的特色,这些特色合起来就是我们浙派语文教师的特色了。

　　我们的语文老师要有教育理想的追求，大家都知道诸如编写教材这些工作其实蛮难做的，哪些人来编？经费在哪里？怎么出版？出版了以后别人会不会来用你？这些都是难题。所以我们的语文老师要追求语文教育理想，至少在自己的天地里，努力去做，这样做了就会有成果。浙师大蔡伟老师的"新语文教育"在全国就有了一定的影响。我记得2006年陈建新老师较为系统地提出了一个"套话作文"的概念，还提出了其相关的定义和特色。尽管现在没有很细化的理论，但从我掌握的资料来看，在全国，浙江是第一个提出来的，现在已经赢得了北京、广东、上海等地中学语文界包括大学老师的认同，这对我们中学语文的教学具有指导作用。"写真情作文"也是我们专家组最先提出来的。如果这样的工作做下去也是我们浙派语文的一个方向和一种特色。

　　最后一个期待是，我们的大学老师是不是也能进入到这个活动中来。语文教学研究在大学里可能是小儿科，但是现在有许多老师包括蔡伟老师、郑逸农老师本来就是语文教学界的名师，他们可能更有感受。这样的老师加入进来，对我们的理论提升和引领有很大的促进作用。温州大学的彭小明老师，我以前对他不是很了解，去年在写作学年会上认识了彭老师，看到他的许多著作，感觉很实在，很有指导作用。像这样的大学老师加入到我们的队伍中来，对于中学老师肯定有很大的促进和引领作用。

　　总之一句话，期待今天的首届浙派语文论坛在以后的日子里，在浙江省能越来越大，队伍越来越壮，在浙江竖起旗帜，在全国能有影响，期待这样的日子早日到来。

多解决问题，少立些派别

褚树荣

（浙派高中语文名师班实践导师，特级教师）

第一句话，先回答主持人的问题。

一线教师如何对待高校专家的理论研究？ 一线教师能否接受理论，是一个教师是否成熟的重要标志。我们往往对于专家的理论有本能的排拒，以为不接地气，无济于事。其实这是实用主义、经验主义在作怪，也是自己理论素养不够的表现。理论对于实践是有指引作用的，它或者提出一个理想的模型，或者提供实践的根据，或者建构行动的标准。如王荣生在《语文科课程论基础》中提出的"选文类型"概念，对于我们教学内容的确定和教学形式的优化就很有作用。当然，理论对我们的实践是"渗透"的，我们不能囫囵吞枣，生吞活剥。

对高校专家有哪些期待？作为中学教师，当然希望高校能够对中学有一个居高临下的指引，当这种指引是以身教言传的方式进行时，就更好。譬如你能否把你的理论教学化？有时候偶尔进进中学的课堂，以课堂形态现身说法就会深受欢迎。可喜的是我们看到浙师大的蔡伟、童志斌、黄国均，台州学院的郑友霄、陈隆生等人在中学课堂里的身影，尤其是郑逸农，"非指示性"教学在全国也稍有影响。熟悉的还有郑桂华、李海林等人，都把课堂作为言说自己主张的地方。这种课堂，我们可称之为"学术课堂"或者"实验课堂"，它主要不是呈现所谓的"教学艺术"的，而主要让自己的教学理论接地气。

对一线教师的专业成长有何建议？最主要的建议就是通过"课例评析"增进专业水平。中学教师和大学教师职业特点不一样。我们是课堂教学为主，大学教师研究理论为主（虽然也上课），我们的研究对象就是我们的课堂，研究方式最好是叙事，"课例评析"是教师最适合的叙事研究。我一向反对中小学教师进行课题研究和论文写作。因为在我看来，课题研究对研究者科学研究规范和水平有一定要求的，但包括我自己在内的多数中小学教师是不具备课题研究的素养的。再说论文写作，很少有教师熟练掌握一篇科学论文的要素，提要怎么写？关键词如何提炼？注释如何表示？不说论文的原创性，就是论文形式的规范性要求，我们几个能够达到呢？我们现在中学语文刊物里的论文，严格地说，都是经验文章，大部分是叙事类的文章。多看看自己的课堂回放，多做做自己的课堂实录，多评评自己的课堂行为，课堂就慢慢地改观了，对教学就慢慢有自己的理解了，教师专业成长就水到渠成了。

第二句话，行政的身影消失了以后怎么办？这次论坛结束了以后怎么办？很佩服沈培建老师，在普遍"犬儒化"的知识分子中，沈老师还能讲真话。在中国，行政的力量很重要。但行政有它的特点，它要管全面，今天在这里开了幕，接下去又要跑另一个会。而我们的工作是单向度的，不要以为我们做的事情就是语文教学地全部。揭幕以后，接下去的事情要你们自己做了，不要让好事刚开头，就煞了尾，或者就根本没有尾。虽然，我们有头无尾或者虎头蛇尾的事情很多，但是，我们真心希望浙大名师班好好搞下去，不要首届论坛以后就曲终人散。

第三句话，曾经和你一起在这块土地上同行的人，比你要达到的目标更重要。民国时代在浙江春晖教过书的大师，就是我们的同路人。依我的一孔之见，他们身上有着鲜明的四个特点：第一，自身学养极高。基本上是"三合一"的人：既是学者，又是作家，还是教师。第二，对教育有着深切的体认。譬如说教育观，学生观，《爱的教育》首先是夏丏尊先生译过来的吧。第三是勇于开拓和建设。民国时期，课程跟教材都不像我们现在那样完备吧，"筚路蓝缕，以启山林"，这一代大师做的是开创的工作。第四，最重要的，他们是一群纯粹的人。志滤忠纯，具有名士气派。不为时弊所困，不为行政折腰。如果说有"浙派"，这些正是"浙派名师"的精神。如何学？要想达到这样的学养那是极难的了，但可以努力。其次是少跟"风潮"，少逐"时尚"，尊重常识，尊重规律。要重视过程的积累和磨砺，不要直瞅着结果，直奔主题。三是，我们班级的学员，在地方上都是有一定知名度的教师，有些是名师，有些已经是正教授级的中学教师，这说明我们在教学上有自己的见解的，但另一方面，既往的荣誉和见识有容易"遮蔽"掉新的知识，所以要"立定脚跟"，更要"虚心纳下"。另外，提倡适当地疏离中国式的行政，因为中国式的行政是"一把手"负责制，也就是"一把手"说了算。行政是对上负责，是求同思维。但学术研究是实事求是的，贵在求异思维和批判思维，语文教学最需要思想，但行政不需要独立思想，只需要执行力。所以，你如果不是一个思维转换很自如的人，如果的你的某种价值观很难改变，又想当校长做局长，又想评特级评教授，就会很累很纠结。当然，行政素质很好，学术素养也了得，这样的人确实也有。如果你确实是这样的"双料冠军"，那么，行政应该是首选，业务其次，因为，就教育的影响来说，行政毕竟比业务重要得多。

第四句话，解决问题比建立"流派"重要。浙江有没有"浙派名师"不重要，但浙江的语文教学的问题解决很重要。席间有专家提出60%—70%的语文课堂是有问题的,可能稍微要求高了一些。但问题确实普遍存在,像宁波区域,语文教学的发展也是不平衡的,在职的高中语文特级教师就有10位,都是会上课、会做文章、会搞应试的。宁波参加浙江高中语文优质课比赛的年轻教师,从上世纪算起,共有7届,其中6届一等奖;6届一等奖中,5届第一名;5届第一名中3届代表浙江参加全国优质课大赛,3届均获全国一等奖。但是,凭我的感觉,我们的高中语文课堂,三分之一是低效甚至无效的。这里就有很多问题没有解决。譬如深化新课改,我们有没有耐心一辈子坚持搞好一门选修课程?譬如我们有没有耐心三年研究解决一个教学问题,然后让我的研究成果在本校、本地有个良好的辐射?譬如我们能否以班的名义,向有关部门建议成立高考评卷专家库?某种意义上讲,评卷老师比命题老师重要。好题目碰到坏老师,好题就废掉了;坏题目碰到好老师,评卷时还可以挽救。这些,都是实实在在的问题,需要有人扎扎实实去解决,至于"浙派宣言"不要也罢。

关于名师与教育的冷思考

黄孟轲

（浙派高中语文名师班实践导师，特级教师）

在这次浙派名师论坛中，来自浙大、浙师大、杭师大等多位教授及各地的中学名特教师从不同角度阐述了对浙派语文名师的渊源问题、现实问题与未来愿景的研究及思考，特别是王尚文与蒋成瑀二位前辈老师的精彩发言使我获得许多教益。论坛中也有几位老师对当下浙派语文名师的"名""实"问题进行了针锋相对的论辩，引发与会者的关注与思考，这都是非常有意义的。我作为一个来自中学教学一线的教师聆听后感受很深。只是，我觉得"浙派名师"的名实之争也许意义并不太大。若说"有"，这几年浙江的确涌现了一批优秀的语文教师，他们立足于语文教学思考与实践的前沿高端，积极探索寻求语文教学的规律，为我省语文教学事业的发展做了许多有益的工作。若说其"无"，至今也没有谁真正给所谓的"浙派语文名师"命名过，也没有形成真正地域意义上的名师流派群体。浙大举办的"浙派语文名师班"也仅仅是当下教师培训热衷的一种尝试。

我们不妨想想，这几年，语文教学从全国到浙江，哪些地方出了问题？需要反思什么，干点什么？特别是浙江的语文教育真正需要我们去努力做点什么？等等。我想这也许才是我们所有莅临此会的同仁所亟需的、并要热心关注并冷静思考的本质东西。

当下我们缺的不是教育教学的理念，最迫切需要的是语文教学之"实"；亟需一批真正为语文教学作出新的探索研究，不断创造革新、为课程改革走出一条实实在在路子的探索者、实践者、引领者，他们能实实在在去做"语文"该做的事，这才是"浙派"之"名"的意义所在。下面粗浅谈谈我们作为名师的应该做点什么、可以做点什么。

一、我们需要有灵魂的教育与名师

乱花渐欲迷人眼的时下，我们的语文教师常常难以真正静下心来思考、研究语文教育，好多语文课堂已经没了语文的内涵、学养、见识及美丽。不少语文教师作为知识者的心灵在异化扭变，作为读书人的面目不再优雅美丽，专业尊严渐渐丧失，语文也渐渐成了学生厌烦的粗鄙、粗糙、僵硬的学科。教师中只会搬用现成的网络课件教参教案的多,以自己的生命感去研读体悟母语与文本真谛的少;只会靠灌输硬塞来教所谓语文知识的多,而真正研究文本、研究学生的本质的少;有些年轻教师少了生命朝气、知识视野、学术灵性,而抱残守缺;有的搞起血淋淋的应试的一套轻车熟路,义无反顾;有的教师就是不愿去阅读、思考和探寻。

我们如今要的是寻梦续魂立本。教书三十五六年了,我总觉得自己的知识捉襟见肘,怕把学生给教傻教笨了。想来一个教师"学养"与"教育"两个词语说来简单,做来实在是太难了,也是史铁生笔下的"命若琴弦"。海子诗说,落地的麦子不死,接地气的梦才有生命。我读春晖中学历史,白马湖成为群贤毕至的地方,那是一块安静的土地,我们如今需要的,正是这种静安,这种探寻抵达教育本质的思考实践。

特别值得一提的是,学生的生命决不可被漠视,不可任意揉搓甚至糟蹋,而需要敬畏与爱护:学生的一句话、一丝微笑、一声叹息,其书写的一个词语、一道题目……这当中应渗透着学生以及教师自己作为一个人的个体生命,人的生命与文本生命应该是温暖融和。我在教学实践中体悟到,语文教育其出发点与归结点应该是对人的"唤醒":唤醒教师自身的生命感,唤醒学生潜在的智性与创造力,唤醒文本与知识的含量,唤醒课堂的精神活力。寻求有底气、有灵魂的语文,她应该是语文精神与审美的生成,母语与文化的共生;也是教师教育智慧与学生灵性的碰撞,生命与情感的互动,让学生享用语文美丽与魅力,为其成人夯实精神底子。这样的语文与这样的名师才是有灵魂的。

二、凸显教育的底蕴与尊严

我们当下的教育发展、课程建设关注新的理论多,引入欧美发达国家的理念多,但我们更应该多回望我们身后并不遥远的民国时代,一批批学者先后聚集于白马湖,他们创导的"人格教育"、"爱的教育"、"感化教育"是站在教育的中心地,是在研究教育的本质。而现在,语文教学理念很多,新名词很多,口号旗帜很多,但语文教师却缺乏必要的学养与见识,无法抵达母语思想的精髓处。在浅薄、狭隘之中,其课堂必然是剥离了生命的,这一切可会把语文本质消解并击溃,也会制约伤害这一个教师自身的发展。

这几年我听了不少同行的课,常有一种忧虑。为什么我们好多优秀老师的课中的教学,只有文章而没有文学;只有内容而没有体式;只有社会形态的主旨，而没有作者情感深处精神的语言意蕴；只有媒介传输系统层面的意义构造，而没有文意语言系统的艺术创造；只有作者的文本，而没有教师学生作者共同建立的教学文本。如阅读的核心是语言学习，它是学生积淀言语经验、获取言语感悟、启迪言语智慧、砥砺言语品格的最重要路径和平台。若阅读教学悖弃的语言本质，必然是泛语文，必然是没有语文味，是架空的语文。

为此，我在教学中作了一些粗浅的尝试努力，试图回到语文教育教学的本来应该关注的东西，贴近文本的体式，关注母语与思想的本源，寻求语文课堂学生生命性的存在。如散文教学，教《想北平》凸显老舍散文的情感与语言中自我言说的独到性；教《荷塘月色》则试着从作者的潜意识的梦幻与苦闷之现实的铰接纠葛的角度去探寻散文中的"人"。又如小说教学，如教《祝福》努力把重心落在小说的虚构真实关系，以及对悲剧美学的思考。只有这样，那么一个教师或所谓名师的教育教学的意义价值才不会虚无空泛，我们语文教育气脉必会代代传承，意蕴日新；这需我们一道去孜孜矻矻。

三、教学需要教育力与创造力

要教好一门课，研究一门学问，就不要太看重教育及学术之外的东西，即使你争一个什么门派的名师大师，若是内里空虚，又有什么意义？语文是大学问，教学是一门科学，我们要的是努力寻求凸显语文的厚重广博、柔软温润、智性意蕴，研究语文的本质，不断创造，寻求有效教育的本质。

首先，要激活教育的活力，不断寻求摸索教学的有效路子。当下语文教学我们最要紧的已不是理念，而是理念与知识的融合，知识与人的融合。教学的有效性是一个重要的话题。我们要警觉伪问题研究，伪学科探寻，保持教育思想的清醒与清新。

其次，作为一个现时代的教师，应该不断地去摸索发现，创新教学的有效路子。如我经历了从应试写作——才情写作——观念写作——公民写作(全人写作)的途径，初步建立起以"人"为原初，以及以学生内在阅读情趣、生活语言个性的教学系列，建立起了以"人"为主元的作文教育序列，改变了教学只重视了"写"，只重视了方法技术，而漠视写作者"人"的内在因素的教学现状。把学生从现在配方写作、套路写作中解脱出来，改善学生在写作中个性抹杀、情感缺失、思维单一、语言类型化的状况。我所教班级学生整体作文素养得以提升，各类考试成绩优秀，特别近十年有近百个学生在全国性作文比赛获奖。

四、在阅读思考中获得学养

在阅读中生存，怀揣好书前行，这是我30多年教书生涯的深切体会。我常有机会听许多老师的课，感到许多老师不是没有良好的教学技能，其课也不乏新意，而其最大的不足是教师底蕴的浅显，知识视野的狭窄。好多课的文化精神内涵被剥离了，智性被耗损了。病根在何？我想这好多可能该与教师是否好好读书思考关联。一个教师的思想道德及专业知识结构也是一个多元组合：良好的道德修养、开阔的人文视野，精深的专业功底及一定的理论素养。最要紧的是理念与思想的融合，思想与学识的融合，唯有读书可以提升教育精神。

读书其要旨弘义虽然无关国策方略，但我想如果一个老师离开了好书的支撑，其教育会是单薄虚弱，会使语文课堂变得面目可憎起来。如果一个语文教师真正能成为一个静心的阅读者，成为一个书与知识的信仰者，那么他一定会不断地思考。我想，在当下嘈杂的世界里能如西西弗斯、桑提亚哥一般去挣得一份我们读书人之应有的尊严，秉持一份学术探寻之情趣。其语文课堂必然会多一份含量，多一份美丽优雅与厚实，而否则，则相反。

记得，以前在省内参与初中的一次全国性课堂教学活动评课，其中一年轻老师上《五柳先生传》，其整个流程似乎也很严密，师生互动交流频繁，课堂气氛很是热烈；但在老师总结后、课将要结束时，一女学生举手说："我觉得陶渊明这个人是一个逃避者，是一个根本不负责任的人。"这位执教的老师显然没有思想准备，也无知识积淀可应对，学生一追问，老师便只能发呆了。

我在评课中曾谈到这样几点看法：第一，文言文教学言与意的融合，不能忽视语言的精神内涵；第二，《五柳先生传》一文中陶渊明在本文字里行间渗透的是其内心坚守与同统治者不同流合污的高贵品格；第三，就文字语言的本位来看，如文本语言中多用否定句，正突出了作者与世俗的格格不入，如"性嗜酒"这里写他不为荣名利禄动心，在醉态中能守志不阿，也因此才高出于流俗之上；第四，在晋时有很多文人正如朱熹所说，一面清谈，那边一面招权纳货，而陶潜则坚守节操、不随流俗为犬儒；只可惜这一些都被老师的教学所忽视了。我感到这位老师他是进不去其所教文本。而文本感悟与解读的是一个语文老师的最根本的素养与能力，课堂中能够实现师生对文本的细读，对言与意作多元探究，控制好解读的边界、警惕误读；真正实现作者文本转变成为教学文本，以达到作者、教师、学生共同来完成阅读的教与学等等，这其实都是一个语文老师一堂合格课的前提与本质。而这些靠什么？靠一个教师的孜孜阅读、深入思考、不断探寻，大概没有捷径可走。

浙派语文的形成有赖于客观条件和主观努力

池昌海
（浙派高中语文名师班理论导师）

　　我非常敬重各位在一线工作的中学老师，你们的责任非常重大，因为一个人的成长，不仅仅是专业知识的积累，更是人格的培养，这些基本上是在中学的教学阶段完成的。虽然我是一名大学老师，没有做过中学教学工作，但是我非常的敬重大家。

　　今天参加此次会议，我有两个方面的想法，一个是浙派名师培养的项目很有特色，很值得推荐，在国内也不是很多见，这个项目本身是很有意义的。从一般的理论上来讲，教学相长一直是一个很有意义的命题，"相长"我的理解有两个方面，第一个是教与学的过程中是相互促进的，第二是老师的教学与学生的自学之间的提升也是相长的。这两个方面都是有意义的，针对我们现在的交流，从理论和经验的交流来说第二个方面更有意义。另一个方面是我们有很好的优势，具有天时地利人和的优势。中国历来重视教育，虽然前几年在管理上出了问题，教育的理念和方法受到了重大的冲击，使中国的教育出现了一些困惑式的倒退。但是改革开放以后我们看到这方面有很好的条件，特别是十八届三中全会，对中学的教育提出了一些十分具体的建议，虽然没有涉及教学方法的问题，但至少表现出了最高层对我们教学教育的管理有不满意的地方。当然这些不满意不在中学老师，而是整个社会和过去的历史造成的，但是我们可以看到一个契机，省厅的重视也给浙派名师的发展提供了动力。同时，中学教师们也在不断地追求与开拓，在想方设法地提高中学教育的方法，到底什么时候能形成"浙派"，这个可能有待时间和实践的证明，但是我们的努力和主观与客观的条件是不可缺少的。国际文化交流的形势也给我们带来了条件，我们现在可以不出国门就接受到国外教学的理念，比如西方的语文教学他有一定的长处，他们将知识的培养特别是语文的教育付诸一种无声的无形的灌输与熏陶中，最终形成一个人格相对成熟的人，这些经验是值得我们吸取的。我们的语文改革在十年或二十年就会有大的改变，比如一下子很重视语言文字语法，又一下子这些都不提，这些改革如何有机的结合，是值得我们探讨的。所以我想，浙派名师的活动肯定是很有价值的，对于推动我们浙江省语文教育的不断成熟、科学发展一定能带来好的影响。

　　我的另个方面的想法是关于中学教育的理念与方法的探讨。刚刚倪文锦教授着重从教学法的角度谈了自己的看法,教学法是针对所有的学科而言,针对语文来说,我们如何将形势的需要与人格的培养起到好的作用的教学理念贯穿到中学语文教学中,这个十分重要,也是浙派语文名师培训中需要完成的一个核心目标。教育的最终目标是为了培养人,培养具有现代意义和现代文明素质的人。能够使我们面对现实,对积极和消极、正面和反面有一个合理的处理方式,这是最基本的要求。从技术层面来说,中学语文教学的理念和中学语文教学的内容与技巧如何有机的结合,可能需要我们设置专门的课题,进行专门的调查、调研和分析,吸收海外先进国家在这方面的长处,使我们的语文教学在适应浙江文化的基础上,能够适应中国未来发展的需要,培养合格的人才,做出我们的贡献,这将是我们要重点考虑的。

在传承与创新中对浙派语文加以反思

倪文锦

（浙派高中语文名师班任课教师，杭州师范大学教授、博导）

"流派"是艺术风格成熟的标志，虽说现在浙江语文学科不是很成熟，但是不影响我们对流派的追求。

之前我个人没有很明确的流派思想，但是当我的研究从教师的教育艺术，尤其是名师的教育艺术开始走向流派的研究。90年代初，我和广西师大的一位教授共同组织编写了《先进教育思想 高超教育艺术 ——全国著名特级教师研究》一书，旨在研究能否通过名师的教育形成不同的流派。

不管语文学科目前的成熟度和科学性如何，都不能妨碍教师个人风格的形成以及流派的形成。浙江最早提出"浙派名师"，但是将"浙派名师"转到"浙派语文"这样的学科上来则需要作为一个研究的方向。

作为一个流派，需要一定的理论观点，形成一定的理论体系。例如上海的"海派文化"有"海纳百川"的基本特征。因此，今后在形成流派的过程中，我们需要将"浙派语文的理论观点"加以提炼。

作为一个流派必然有一个标志性的代表人物。虽说浙江的语文教研历史上已有一批优秀人物，但是从建设和发展的角度来说，需要涌现出更多的标志性领军人物。作为一个流派，不会只有一个孤立的领军人物，而是一个团队。这个团队不会只有一种观点一种风格，也不影响教师的个人风格，可以是和而不同的，但肯定有一个核心的内容。这个团队中的教师是特色鲜明的，具有个人风格的，只有这样才能形成"派"，并且这些特色鲜明、具有个人风格的教师能够影响一大批的普通教师。

课堂教学实践是流派形成必不可少的条件。语文课堂教学需要有实践，并且教学实践的成功必须为社会所承认，不能是自吹自擂，而是需要全省甚至是全国所承认，只有这样，才能形成鲜明的"浙派特色"。

浙江省启动浙派名师培养工程，为我们搭建了一个平台，但是这个平台还属于初级，我们还需做大量的工作来完善这个平台。

在传承与创新过程中，我们对浙江的语文教育要引起反思。在此举几个例子说明：

例如重庆西南大学的一位教授做完2008年人大复印资料统计，跟我说江苏省和浙江省的论文数原来是不相上下的，长三角的语文教学在全国来说也是领先的,但是通过2008年人大复印资料统计来看,江苏省的作者已经占了长三角的80%以上,这是一个十分惊人的数字。据以前的统计数据来看,在杂志上发表文章的浙江省作者占多数,说明之前浙江的语文教师在写论文、在教学研究方面是走在前列的,至少跟江苏不相上下。若2008年人大复印资料统计数据属实,则说明浙江省作者的论文筛选程度没有江苏省的高,这需要浙江省老师引起反思。

我曾在媒体上看到关于浙江语文教学的一些负面新闻也使我们引起反思。例如我在东方电视上看到,有报道称浙江将脑筋急转弯性质的题目作为学生的暑假作业,很多题目家长和学生都做不出来。例如有这么一个题目:"一个喷嚏+一个喷嚏+一个喷嚏是什么?用一个成语表示。"答案是"接二连三"。这样的题目作为暑假作业,我想应当引起相关部门的重视。再例如网传的"坑爹作业",作业要求太高,难度过大,完全超出了学生的能力范围。凡此种种,从布置作业的合理性、从学生的实力能力来说,都是不切实际的。

语文教学可以说有很多困惑,不管从宏观角度还是微观角度都需要引起我们的思考。2006年某著名高校的自主招生试题中出了一个语文题目"模仿贪官污吏写一篇检讨,要求避重就轻,敷衍了事",这样的题目严重偏离了高中语文教学的标准,对正常的高中语文教学产生了巨大的冲击。

今年浙江的高考作文题目也引起大家的热议,题目文句不同,不明意思,但是仍然作为高考题目,这引起了社会上的一些反响,因此浙江考试院又发布了征题信息。试问这样的"征题"意义何在?如果说要讨论考试改革,还不如多组织各个层次的研讨。所以,我们的省教育主管部门思想库亟待丰富。教育部门的行政命令对学校师生的影响十分严重,对整个社会的思想也起着重要的疏导作用,一刀切的行政命令往往会搅浑大家的认识。

浙江的教育在开发政策上也有很多大胆的试验,尤其是选修课的开设,虽然自由度很大,但是缺少目的性。课程建设是一个大问题,希望高校能够支持选修课的建设,由高校的专家、懂基础教育的教研员以及在课程建设方面有突出才能的优秀教师来共同开发课程。目前我们开发的课程都是校本课程、地方课程,不可能替代国家课程,尤其是在义务教育阶段,教师的自由度是十分有限的。义务教育也可以称之为强制教育,学校必须要根据国家要求、使用国家标准的教材来教学,所以说,课程建设并不是一件容易的事情。一门课程真的要拿出来给学生学,就要经受学生的检验,要经受家长的检验,更要经受社会的检验。教育部门的开放政策对课程建设来说是好事,但是开放要有一个度,在这个过程中,我们要极其的冷静和谨慎,牢牢把握教育的根本任务，清楚地认识教学内容、教学形式与浙派名师这三者之间的关系，做到守正、务本，然后再创新，这样的创新才有生命力。

　　以上就是我对浙派语文的认识和理解。

我的语文课程观

倪文锦

具有什么样的语文课程观,以及建设什么样的语文课程是语文课程发展的根本问题。但是长期以来,由于我们存在忽视学生价值、不注重母语文化的"根意识"、语言实践环节薄弱、缺乏开放与忽视创新等种种缺陷,导致在建设什么样的语文课程这一问题上,整体的发展思路并不十分清晰。为有效促进我国语文课程发展,廓清语文课程观方面的一些认识问题仍很有必要。

一、语文内涵:语言与言语

关于"语文"的内涵,目前尽管大家对它的理解有着许多分歧,但我们必须尊重新中国成立之初学科正名时的初衷:"口头为语,书面为文",语文教学是关于口头语言与书面语言的教与学。由此可知,语文即"语言"。 而这里的"语言"自然包括语言与言语两个方面。指出语言与言语的区别,有助于人们准确地把握"语文"的内涵。

由于语言以文字为记录符号,而言语不仅指言语活动,而且包括口头的和书面的言语成果,这就囊括了文字、文章、文学乃至文化成品,因而将语文理解为语言与言语就更为全面、深刻。课改前语文教学强调学科知识点,注重分析、强化训练;现在又强调个人的揣摩、体验、品味,用感悟来取代分析。前者偏重语言,忽视言语;后者偏重言语,忽视语言。这是从一种倾向走向另一种倾向,实际上都没能准确地把握住语文的内涵。因此,明确语文的内涵既包括语言,又包括言语,对我们确立全面的、正确的语文课程观奠定了坚实的根基。

从这个基点出发,我们不难发现语文课程还有实践性、开放性这两大特点。一方面,语文既然是人类社会的交际工具,语言运用随处可见,语文知识到处可学,语文能力随时可练。但这种社会化的"大语文"的习得毕竟是自发的,也不都是规范的,而且这是一个十分缓慢的,需要长期摸索的过程。另一方面,学校课堂的"小语文"学习则是学得,是运用语言的言语实践。就终极目的而言,语文学习的目的全在应用,语文课程具有广泛的社会应用性。它可以通过定向的听、说、读、写的言语实践活动,增强语文学习的应用性,做到在学习中应用,在应用中学习。语文学习中这种应用的及时性与广泛性是任何其他学科所不能比拟的。

二、课程对象: 学生为本

语文教育的对象是学生,学生是语文学习的主体。这一常识告诉我们,语文课程的设计与建设,不能为课程而课程,而应是基于学生、为了学生和发展学生。毫无疑问,它必须围绕学生进行,要以促进学生的发展为本(下称"生本")。现在许多研究者都把课程分成不同的层次加以讨论,但无论在哪个层次,其落脚点都应该是学生。这是因为全部的语文教学活动,从课程标准或教学大纲的制定,到语文教材的编制;从教学参考书的编写,到语文教师的课堂教学,再到学生的作业与练习等,都必须落实到学生的"学"上,都为了尽快提高他们的语文素养。在整个语文教学活动中,学生都应该成为一个积极主动的参与者和探索者,而不是一个被动的接受者与配合者。

生本课程的另外一个重要内涵,就是按学生的接受程度和心理特点设计和组织课程内容。任何一门学科的课程内容建构都有一定的顺序,遵循一定的原理或法则。现在有人认为语文学科似乎不需要科学、语文教学不可能形成科学序列。尽管我国没有产生过类似西方的教育心理学,但不等于语文课程就毫无科学性。我国古代为儿童编撰的蒙学课程内容就非常注意从儿童的心理特点出发,如《百家姓》、《三字经》等,《幼学琼林》的版面设计也采用上图下文的形式,努力适应儿童的认知心理特点。诚然,目前我们语文教育的科学性并不强,但它并不妨碍我们去做科学化的追求和探索,因此问题的关键不在语文课程有怎样的特殊性,而是我们有没有科学的态度,要不要去探索、发现和把握语文教育规律。由此可见,母语课程对科学化的追求本身也包含了尊重民族性,不能脱离民族语文自身的特点。语文课程走向科学化是学科发展在当代的必然选择,语文课程也只有注入科学的元素,才会有生命力,才能获得可持续发展。

三、课程宗旨:正确理解与运用祖国的语言文字

语文教育具有多重功能,成功的语文教育发挥的应是综合效应,语文课程建设加强综合势在必然。但语文教育无论具有多少功能,万变不离其宗,其根本前提是学生必须能够正确理解和运用祖国的语言文字。离开了这个基础或条件,语文课程的任何功能都不能得到实质性的发挥。语文课程要提高学生的语文素养,固然需要具有文质兼美的教学内容,但如果学生缺乏听、

说、读、写的基本语文能力,不能正确理解与运用祖国的语言文字,无法驾驭语文工具,那么无论言语作品具有多么伟大的人文精神,多么崇高的思想境界,都是不起作用的,因为它们都外在于学生的精神世界。

从两者的关系而言,无论是口头语言还是书面语言,理解是吸收,运用是表达。没有吸收,何来表达?反之,表达对吸收也能起促进作用,两者不可偏废。任何一个方面的缺失,都会动摇语文课程的根本宗旨,影响语文课程功能的发挥。

四、民族性:母语课程的文化个性

众所周知,学校是培养人才的主要场所,教育是文化传承的重要阵地。教育的重要使命之一,就是传承和弘扬优秀文化,通过文化育人,促进青少年实现由自然人向"社会人"的过渡。从古至今,尽管文化的传播途径是多元的,但语言文字无疑是一条主要途径。所以,语文教育在促使学生成为"社会人"这个过程中发挥着特殊的功能。乔姆斯基说过:"学习一种语言,就是进入一个文化系统。"人类文化活动和文化成果,就是建立在语言的基础之上的,是由语言提供基本成分和结构的。如果说,语言是文化的产物,强调的是文化对语言的决定作用;语言是文化的一个部分,强调的是语言对文化的从属关系;那么,语言是文化的一种条件这一观点,强调的则是文化对语言的依赖性,强调的是语言对文化的决定作用。因此,无论从哪个角度看,语言文字与文化的关系密切不可分割,学习语言就是学习文化。

但母语不同于第二语言的根本区别是,母语的根在于民族文化,民族性是它的主旋律。我国语言学家罗常培在《中国人与中国文化》一书中曾指出,"语言文字是一个民族文化的结晶,这个民族过去的文化靠它来流传,未来的文化也仗着它来推进"。从宏观上看,所谓母语教育,其实就是传输和弘扬母文化和民族精神的生生不息的流程,它使一代又一代学子从中汲取母文化的营养,再去孕育一个民族灿烂的未来。因此,各国母语课程标准或教学大纲都非常强调通过母语去亲近并融入母文化、强化其"根意识"。通过建立对母语的尊崇感,促进学生养成对独特的民族身份的认同感和自豪感。汉语是中华民族的母语,汉语文教育就是中华民族文化的教育。中华民族文化是一个丰富博大的有机整体,既包括汉民族的文化,也包括各少数民族的文化;既包括悠久的古代文化,也包括近代和现代文化。正是基于这样的原因,从历史上看,汉语文教育对我们中华民族自立于世界民族之林,具有不可取代的巨大作用,有着超越时代的深远影响。

我们常说语文学科是人文学科,从研究的角度看,它属于哲学社会科学研究的领域。哲学社会科学和自然科学不一样,自然科学是没有民族之分、没有国界的,哲学社会科学是有民族之分的,有国界的,有意识形态的。哲学社会科学越是民族的,越是本土的,就越是国际的,越是世界性的。这一原理同样适用于语文课程的建设。事实上,世界各国的母语课程建设都有一个共同的特点,那就是非常注重民族文化,都在大力加强对本国本民族优秀文化的理解和吸收,创造和发展。这是因为,在当今世界上,语言都是民族的语言,文字都是民族的文字,它直接与民族感情相联系,构成了维系民族成员的心理纽带,是民族生命的重要组成部分。当然,弘扬民族文化并不排斥外来的优秀文化,因为任何一个开放的民族,它的文化发展都离不开学习和吸收世界其他国家和民族的优秀文化成果。

从母语课程文化建设的角度看,民族文化是一种取之不尽的宝贵资源。挖掘民族文化的优秀资源,保护好民族文化遗产,是推动当代文化发展,建立文化创新机制,保障民族文化生生不息的文化源泉。由此可见,我们的语文课程建设要走民族化的道路,必须深刻反映中华民族的文化传统,充分体现汉语言文字的特点,努力符合中华民族的心理结构和思维习惯。

五、创新:母语课程的时代特征

一个时代有一个时代的语文课程,课程总是与时俱进,不断创新的。创新是语文课程发展的时代特征,也是语文课程的活力所在。

世界已经进入信息化时代,面对世界科技飞速发展的挑战,党和国家把增强民族创新精神提到关系中华民族兴衰存亡的高度来认识,而教育创新的根本目的是造就具有创新精神的创造型人才,也就是具有创新意识、创造性思维和创新能力的人才。其中,创造性思维是基础和核心。对于基础教育来说,主要是培养中小学生的创造性思维,并通过发展创造性思维来培养他们的创新意识,进而逐步形成和发展创新能力。语言是思维的工具,所以语文课程对培养学生的创造性思维具有得天独厚的优势。国际经验表明,重视创造意识和创新精神的培养,目前已成了许多国家母语课程发展的重要原则之一。

语言形态的变化,也是促使语文课程创新的一个内在原因。历史地看,语文课程的语言形态,已经由过去的书面语言为主,发展到近代以来的书面语言和口头语言并重,目前正向书面语言、口头语言和"视像语言"(也称"视觉语言")三足鼎立态势迈进。媒介语言进入语文教育领域,是信息时代的必然要求,它必将带来现行语文教育本质、目标、内容和方式的巨大变革,使得学生的语言学习更为丰富。

但创新并不排斥继承。人类文明的特点在于它的延续性,人类文明需要沿袭和继承。语文课程的创新如果没有传统经验作基础,它是没有生命力的;传统经验如果得不到科学的改造和提升,也是没有前途的。我们的语文课程要继承古代几千年传统语文教育的精华,继承近百年来现代语文教育改革的优秀成果,借鉴和吸收世界各国母语课程建设的宝贵经验。简言之,继承民族语文教育优良传统和借鉴外国母语教育优秀经验,这是语文课程创新的基础。

提升专业品质 迎接时代挑战

——当下语文教师面临的新挑战及应具备的专业品质

陆炳荣

（桐乡高级中学校长，特级教师）

社会发展的新需要对人才的类型提出了更高的要求，这就需要我们高中教育改变过去那种一味培养高分低能的考试机器的陈旧做法，代之以更加全面的知识结构、更为强健的雄浑体魄、更有责任感的社会担当以及更为丰富细腻的情感体验来塑造新时代的创新型人才。这就对语文教师提出了新的挑战与要求。

一、语文教师应敢于直面时代挑战

作为当下的语文教学工作者，我们应该要直面以下几个问题：

第一，作为母语的语文学科没有得到学生应有的重视。引导学生认识到语文学科的重要性，从而重视语文，以饱满的热情学习语文，是语文教师必须承担的任务。而在这个过程中，语文教师该做些什么、能做些什么以及如何客观预判未来语文学科发展的态势，都是值得我们深思的。

作为语文教师，我们要让学生认识到学好母语是中国公民的第一要务，学好母语是应该的而且是必须的。目前，教育部正在修订并即将出台新的高考改革方案，这对语文学科地位的提升无疑是个利好消息。

第二，随着一轮一轮课程改革的推进，语文教材越来越偏重人文性，而忽略了其语言工具性的特点。人文性固然重要，但现在很多学生只知道英语语法而不知道作为母语的汉语语法，行文造句病句连篇。

如何破解这一难题？我认为途径有二：一是可以通过编写适合中学生特点的中学语文语法校本选修教材并开设相应的选修课程，以此与偏重人文性的必修教材同步并行，齐头并进，从而改变语文教学中厚此薄彼的局面。二是跟大学合作开发汉语言语法先修教材供中学生使用，既可以避免出现中学独自创设的选修教程得不到大学承认的尴尬局面，又可以使大学与中学学分互认，从而为学生进入大学铺设了一条高考体制之外的捷径。

第三，随着网络大数据时代的来临，传统的语文学科受到越来越多的冲击。网络新词层出不穷，网络流行语也不断见诸网络和报端，特别是在青少年人群中广为流传。

网络流行语不仅时代特色鲜明,甚至还将原本是错别字的表述方式反转为流行用语(如:肿么了、灰常、有木有等)。不承认它们吧,它们却在广泛流行并使用;承认它们吧,又与传统的语文教学不相符合,容易混淆、引起歧义。这些网络新词对传统语文教学无疑是提出了一个全新的挑战。

随着时代的发展与网络文化的推进,出现新的用词不可避免,但我们必须要正视由此而来的问题,即网络用词与用语的过度与随意泛滥,必然会对传统母语带来不可估量的恶劣影响。这种快速兴起的事物,如果对此处理不好,就很可能出现网络语言压倒传统用语的喧宾夺主的后果,甚至会割断文化的民族之魂。因此,如何正确对待网络用词与用语,就成为新时代的语文教师必须直面的问题。

网络语言具有鲜明时代色彩,但往往生命力不强,只能在一定范围和时间内流行。对网络语言正确的做法是,不能采取一棍子打死的办法,应该像对待文化遗产那样采用去粗取精、去伪存真的办法区别对待。形象、含蓄、有生命力并且禁得起时间考验的网络语言,完全可以与传统母语兼容并蓄,以丰富汉语言的词汇。认同这些网络用语,也是语文教师应当承担的责任与义务。

二、当下语文教师必须具备的专业品质

(一)具有深厚的精神文化内涵

作为当下的语文教师,一定要不断提高自身的文化素养,要甘愿担当精神文化传播的大任。教育,从某种意义上来说是一种文化的传递过程。语文教师作为文化知识和科学思想的直接传播者,假如没有深厚的文化修养,很难说会是一位好老师!

每一个教学工作者想必都有以下感受:校园文化建设好的学校,走进校门,就会感到浓厚的人文气息扑面而来;这样的校园,能让每一个学生感受到什么叫优质教育,并在校园文化的影响下升华高尚的人文修养,奠定良好的行为习惯,懂得学习就是幸福,理解什么是人文关怀,感受老师的大爱无疆,从而让学生挚爱学校,并升华成一种强烈的社会责任感。校园如人,校园人文社会气息的培养,离不了语文教师的学识、举止以及情操对校园文化的浸润与影响。

担当精神文化传播主要职责的语文教师在建设校园文化过程中应起到

主心骨的作用,以我们的深厚文化内涵,把学校建设成为积极向上的文化气场。语文教师要营造"文化气场"的生态基础:让学校成为良好的生态家园;要重塑"文化气场"的管理思想:让学校成为师生成功的乐园;要升华"文化气场"的价值追求:让学校成为放飞理想的文化圣地。一言以蔽之,语文教师必须要做重要的传播精神文化的心灵导师。

(二)掌握识别与筛选信息的能力

我们已经进入了一个网络大数据时代,我们的认知学习正面临全新的挑战。人类社会每2天创造的信息就超过了从文明伊始至2003年所有信息的总和。2012年互联网产生的数据预计超过3ZB(10的21次方)。

全球每年有2.5亿篇学术论文发表,问答网站(ChaCha)每月提交5000万个问题,每天产生的2亿条微博中,与学习相关的微博就超过1000万条。《四库全书》总字数约为10亿。共230万页,连接在一起,足够绕地球赤道一圈有余。其信息量约为2GB,现在一个12GB的U盘可以装下六部《四库全书》。世界上最大的图书馆——美国国家图书馆有1.28亿册的馆藏量,图书馆书架的总长超过800公里,其信息量约为15000GB,现在仅用一个大容量的硬盘便能将其装下。知识更新的速度日益缩短:100年,50年,30年,20年,10年,5年,3年……

人类正面临新的挑战性难题:如何应对与日俱增的海量信息资源? 网络大数据时代给我们带来的挑战不少,一是海量信息造成空前的"认知过载";二是获取有用知识的难度加大,搜索引擎难以解决目前严重的"信息过载"问题;三是知识老化与碎片化问题凸显。人类知识总量倍增速度已降至5~7年,部分领域仅为2年。知识老化的半衰期降为3~5年,这就意味着你今天所获取的知识很可能是即将过时的知识! 还有一个知识碎片化问题,你所获得的知识与特定主题相关的知识分布在不同数据集或应用中,且不存在明显关联。

面对网络大数据时代的大挑战,我们必须清醒地看到知识重要性发生了转变,即知道从哪里获取知识比知识本身更重要;学习单一知识的能力转变为对碎片化知识的整合能力;发现不同知识、观点、概念间内在联系的能力尤其重要;认知主体也发生了转变,个体向群体转变,协同学习,群体智慧比个体学习更重要。互联网大数据时代建立学习型组织尤其显得重要!

面对互联网大数据时代的挑战,语文教师应当无时无刻不感到时代突飞猛进的压迫感。日新月异、一日千里的客观存在,对语文教师提出了必须紧随时代步伐的新要求。伴随新要求产生的紧迫性,应当使语文教师更深刻地认识到：更新教育教学观念，创新教育和学习模式，学会筛选海量信息，提升认知水平与能力已迫在眉睫、刻不容缓！

(三)成为校本课程开发的生力军

深化课改要求教师能自主开发校本课程。树立国家必修、国家选修、校本选修一盘棋的思想，统筹规划，将国家课程与校本课程打通，实现有机结合。

1. 语文教师应具有开发选修课程的能力

新教改对教师提出了双重要求，包括对必修课程的精心研究和对选修教材的编著能力。深化课程改革的主题词就是"减必修"、"增选修"。具有开发校本选修课程的能力已经成为教师必备的基本功。这对语文教师提出了新的挑战。当下的语文教师不仅要教好教材，而且还要打破传统思维的束缚，改变单一的教书匠角色，以端正的态度去开发选修教材。开发课程的能力跟教学能力同样重要。

把课程开发权交给老师，建立并健全选修课程开发的运行机制，是学校必须认识到的正确理念。语文教师开发校本选修课程，要遵循学校制定的下列流程：(1)学生问卷，了解学生兴趣及需求；(2)教师问卷，了解老师课程开发能力；(3)撰写课程纲要，在前两者的分析基础上，让相关老师开发课程；(4)学校审核，校学术委员会根据办学特色、培养目标和学生需求，对开发课程进行审核；(5)排入选课目录，审核通过的课程正式撰写课程提纲，并向全体学生公布，供学生选课。在以上流程的大框架下，语文教师要在自己擅长的文化领域内，将精深的知识储备以教材教案的形式呈现出来，促自己提高，使学生受益，成为学者型的中学教师。

2. 促使语文教师课程开发力的提升

必须指出的是，语文教师开发选修课程，绝非闭门造车。学校要创造一系列条件，促使语文教师课程开发能力得到一定的提升。具体举措有：

(1)请进来，专家指路。请专家做相关讲座，通过专家指路提升开发能力。

(2)走出去，组织教师外出教研，参加一些论坛等活动。校本教研，开展选修课程开发研讨活动，课堂观摩、教学开放日、教研活动研讨等。

(3)措施激励：经费落实(学校满足教师开设校本选修课所需要的物品)、奖励优秀课程(奖励力度大)、优秀课程帮其指导并出版。

　　学校创设的条件与语文教师的主观能动性相结合，一定能增强、提高语文教师开发选修教材的主动性、积极性。无论对学校、对学生、对教师，这都可以形成多方共赢的结果。

浙派语文要有浙派教材

莫银火

（杭州四中，特级教师）

孔子是曲阜人，如果有人说"孔子是鲁派名师"，相信全国人民心里一定不太舒服；叶圣陶先生是苏州人，如果有人说"叶老是苏派名师"，相信全国人民心里一定也不太舒服。因为，这些泰斗，是属于全中国的，乃至是全世界的。但山东和江苏的朋友这么说，却可以理解，因为这也是故土情结。

我觉得"浙派名师"在某种程度上说称为"浙江名师"更有道理一些，因为我觉得一个省的特色还是相对不明显的，但是这不等于我们没有名师、没有大家。好男儿志在四方，我们浙江的一些名师、大家的胸怀是极其广阔的，他们想到的不仅是浙江，而是全中国、全世界，所以说如果我们一定要将很多浙江的名师称之为"浙派名师"，或许全国人民还不答应。

但是我们要构成我们的"浙派名师"其实也是很容易的，今天的论坛就是一个很好的契机和平台。我们只要回过头来，认真地去思考我们浙江名师应该具有的本地特色，那么"浙派名师"完全可以从现在开始打造出来，然后从硬件和软件方面继续去完善。

就打造浙派名师而言，我们的重要责任首先是传承，再是发展。如何传承发展呢？在此，我想着重提一个建议，那就是"发展切合文化大省的浙江教育"。

钱塘自古繁华，悠久的历史文化积淀，一大批载入史册的文化名人。教育就要适应这一特点，体现文化特点。而传承文化的最主力学科，当然是语文。

可是就高中语文教学而言，我想不通的是，本来作为1A的《论语选读》，现在降为1B了。我对我的学生说，必修一到五，合起来也没有这本《论语》有价值。虽然这部《论语选读》编得并完善，但还是很有价值的，相对来说，还是最好的教材。我还觉得，一本论语还不够，四书五经、《墨子》、《老子》乃至佛教中的经典，如《坛经》、《心经》都可以选择性地读。

为什么会让我们迷惘，究其根本，就是我们作为全国公认的文化大省没有自己的教材，没有体现浙江特色的教材。初中有过，但发行时间不长，因为其中有一个理念：要让教材贴近学生生活，因而选择了一些学生的习作作为文本。这好像有问题。文本如果和学生现有基础在同一层面，那么文本解读意义,培养启迪学生思维的意义就不能很好地凸显。

所以我在思考一个问题,我们在进行大量的新课程改革,倡导选修课程开发的同时,我们需要拥有自己的必修课程,需要拥有体现本省特色教材,这也是衡量浙派名师能不能成立的重要依据。如果能集大学、高中、初中、小学的名师,来共同编辑从小学到高中的系统的具有浙江特色的教材,这将是我们浙江省教育的一大幸事。苏教版教材的一些矛盾一直在凸显,主要是因为浙江的特色在其中真的很难展开手脚。

叶圣陶很了不起,原因之一,就在于他长期致力于语文教材的编选。而今,高考,我们已经拥有了独立命题的权力和能力,能不能编撰出经得起大家的探究,可以在很长的时间内基本稳定的教材呢？梁启超曾说:"七百多年来,中国都以四书五经作为教材,形成一个系列的中国文化的传承。"我盼望,我们的浙派名师能够深入研究,推出体现特色,体现深度的经典教材,从而培养出更多更优秀的浙江学子。我想,这就是我们浙江名师的使命!

语文教师的文化意识

项香女

（台州市第一中学副校长，特级教师）

现在谈文化是一个非常时髦的话题，其实这也是"文化"本身造成的。教育与文化有着根深蒂固的联系。中国古代文化的内涵比较集中于乐礼制度的文治和迁善的教化，可见文化与教育是联结在一起的，文化给教育以内容，教育使文化得以传递，而且文化上的诸多形式是纵横交错地编织在教育活动中的，而教育上的每一个方面都蕴含着多方面的文化意义。

学生通过课堂、教师、学校教育所获得的知识、信仰、艺术、法律、道德、习惯和其他能力都会直接烙上学校教育的印痕，他们的品质与习惯会显示学校文化教育的相关性，当教育的繁华落尽，留在学生身上的只有文化，文化对人有控制的作用，并且"直接影响着人类的未来"。作为教师，面对将成长为人类未来希望的学生，我们要以文化观点看待教育的目的和手段，用文化的眼光来看待制定课程的方法，所使用的教育方法，并且要以文化财富来陶冶学生。

当然，我还是一位语文教师，语文的学科性质注定了我要与文化结缘。语文课程是文化的集中体现，它负载着多姿多彩的人类文化，汉语言更是文化传播的载体。所以，语文教师要有一种自觉的文化意识，要激活与弘扬珍藏在民族语言中的文化元素，对学生进行文化影响、文化浸润。作为一个语文教师，他的文化意识应该贯穿在整个语文教学活动之中。

首先，语文教师的文化意识体现在理解和尊重每一个生命个体中。所谓"有教无类"，教师眼中的学生，当不分贵贱、贤愚、美丑、贫富、亲疏，没有强弱、尊卑、高低之分，教师要理解、尊重学生的文化差异，并且一视同仁。

2007年暑假，一个家长向我们学校提出孩子转学的申请，原因是主课教师在课堂上习惯了叫学生号次而记不住孩子的名字，他觉得孩子遭到了教师的漠视。这件事引起了我的深思，叫学生号次现象屡见不鲜，但最最不该发生在语文课堂上，因为语文教师的文化意识是最强的，语文教师不能以公平的名义忽视了学生承载有家庭乃至家族文化的符号。

我们知道古人的名、字、号都是非常讲究的。比如王维，字摩诘，明显取自《维摩诘经》，与王维"诗佛"的称号是偶然的相合还是必然的暗示，我们不得而知。但是在当今社会，家长的文化素养相对较高，在给孩子起名时都是非常慎重而且考虑周到，所以学生姓名显示了父母，家庭乃至家族的文化背景，同时寄托了他们的期望，还有学生自我期待或自我暗示；叫学生学号难以传递教师称名道姓时那种特有的感情，因为数字是冷的，缺少汉语特有的温情与韵味。再者说，叫学生号次，貌似公平，却难以与学生的个性，学习的相应水平对应，教师尤其是语文教师不能以公平的名义消解教学的针对性与教学的有效性。教师必须要把学生当作具有文化个性的活生生的个体，不管是语言还是行为，甚至是有隐性特点的表情态度等，都要体现对学生个性的尊重，要意识到"身教重于言教"，更应该"行不言之教"。殊不知，教师对待学生，尤其是对待落后生的态度，最能折射出教师的文化素养。一个期望的眼神，一个鼓励的微笑，一次欣慰的点头，一个赞同的手势都足以传递教师的尊重、信任与期望。教师良好的文化素养通过良好的行为感染学生，使学生在潜移默化中受到文化的浸染，并内化为行为。所以，有人说，教育是以尊重换来尊重，以生命唤醒生命。

其次，语文教师的文化意识要体现在课程的构建之中。新课程改革以来，对课程的内涵有了扩充，它既包含了教材、学生、教师，还包括了学校社会中一些对教育有用的资源，语文教师在重新构建课程时，要有文化意识。

因为我是高中理科快班的语文教师，我的教育对象将来基本上都会选择大学的理工类专业，他们日后很少有机会接触语言文化，高中语文教师更要为他们未来立身铺垫一点文化的根基。于是，我为他们设计了三年课程。除了完成规定的必修课程外，高一从文化文学知识层面以成语积累为主；并匀出一定时间梳理中外文学发展史，让学生对中外文学发展有一个大概了解；高二从文化素养积淀层面设计了唐诗宋词，分背诵、鉴赏、文学性描述三个阶段；高三以即兴演讲为主，既让他们的口头表达能力得到培养，也考察他们理性思辨能力。三年的课程自主设置部分均以文化为主要内容，安排在课前5～8分钟，让学生受益，算是"为他们一生的发展"添点底色。

此外，我还对教材内容进行了大胆整合。现在浙江新课程使用的是苏教版的教材，教材选文以人文性见长，教师可以按人文专题加以拓展和重组，以专题形式给学生一个较为全面的文化积累。如屈原专题、陶潜专题、李白专题、杜甫专题、苏轼专题等，让学生通过对这些文化名人的生平了解，专著的解读，个性的品评，丰富自己的积累，丰满自己的心灵。再者，学生学习的途径可以是多样的，面对繁多的信息渠道，语文教师要有一个开放的态度，要利用网络渠道、阅览室、图书馆等给学生获取文化知识以更多机会。尤其要倡导学生读书，以古典心态，不急功近利，不心浮气躁。我带的教学班，每一轮我均给每位学生送一本20元左右的书,或文化的,或文学的,或励志的。每三年,其实我付出的只有一千多元,但在为学生购书的过程中,我的脑海会浮现这些学生的个性,尤其是学困生会特别珍视教师的这"无歧视"赠送的书。

除了课内外打通之外,语文教师还要有一个大语文的观念,构建一个开放的语文学习世界,打通课堂学习与社会生活联系的渠道,要把生活引进教材,要把社会当作课堂。我结合教材中的孝悌内容,利用节假日或传统节日,带领学生走访养老院和孤儿院;或趁着学校和国外学校结对交流的机会,引领学生放眼世界,做一个中华文化的传承者和国外文化的学习者;或利用学校是台州市唯一的一所华文学校的这个平台,积极探索对外有效的文化交流方式方法等。

新课程标准要求,当代学生既要关注民族优秀文化,又能够主动吸纳全人类优秀文化;既要继承和弘扬中华民族文化,又要尊重多样文化。要做到这些,语文教师首先得有文化意识。

最后,语文教师的文化意识还体现在具体教材的处理中。教材是课程的组成部分,现行的语文教材(本省采用的是苏教版高中语文教材)多以选文为主,选什么样的文章入课本,从某种意义上讲就是进行一种文化的选择。例如,《氓》入选高中语文教材,不仅仅是要让学生认识"氓"的行为有多么不负责任,也不仅仅是让学生对弃妇产生一种同情,更是要让学生了解儒家文化中的"弃妇文化"。教师在处理《氓》这一篇文章时,既要顾及"氓"产生的背景,又要考虑《氓》中体现的文化价值,并要作适当的拓展,甚至中西文化的比较,比如与《美狄亚》作比较,这样既让学生知道《氓》不只是"氓",还让学生明白中西文化的差异并产生自己的判断。

我在教学杜甫的《登高》(苏教版必修四)时,从"登高"出发师生一起讨论了三个方面的文化元素:关于重阳;关于登高及其他习俗;关于我国古代诗人有关重阳的著名诗句。然后安排了一节网上阅读和图书阅览课(八个小组各一半学生)查阅相关资料。在查找的过程中,他们发现了重阳节及登高习俗不同记载的不同说法,学生通过这一过程的阅读、思辨,古人诗句的积累,对重阳节这一传统节日从文化层面作了较全面的把握,对登高等有了深入的了解,对杜甫登高时的感情有了较准确的理解。完成了诗歌的学习后,为了将重阳这一传统节日与地方文化、当下生活联系在一起,我再设置了一个社会调查:走访调查当地(台州)重阳节的习俗。学生在课堂上学、在网上学、在走访中学,这样的语文课或许会被人认为这不是语文课,或者是种了别人的田,荒了自己的地,但我始终认为,过分地强调语文的性质或语文课的范式,都会忽略学生发展的需要，忽略有利于学生成长的文化元素。习近平主席在曲阜的讲话中提到，将传统文化纳入到正常的教学之中。当我们的语文教材中有传统文化的因子时，我们不必为是不是语文课需要的作刻意应景或回避，只要是有利于学生成长、发展的，我们都应该尝试。

　　总之，中国文化博大精深，所以，中国的语文教师在享受中国文化的同时也很辛苦，当前的语文教学比较无奈，但语文教师在辛苦无奈中仍要有自己执着的追求。当我们的生存状态处在逼仄之中时，我们的精神状态仍然可以自由，在应试教育的大背景下，我们仍力图通过有限的课堂传递无限的文化，使学生更有教养，更富有情趣，更具有亲和力，更懂得尊重与宽容，这些统统可以概括为更有文化。愿我们的语文老师都有这样的意识。

让自觉和忧患意识成为"浙派"语文的第一要义

郑逸农

（浙江师范大学教师教育学院教授）

"浙派"这个词，好多年以前就已经出现在浙江的教育报刊上了，如今又提高了姿态，成为浙江省名师、名校长培养工程的冠名词。前不久，浙江大学作为高中语文名师工程班的承办学校，还特地组织了首届"浙派"语文论坛。

江苏的王栋生先生面对"苏派"一词，没有随大流，而是冷静审视，认为应慎提"苏派"。我很佩服，也很赞同。就我们"浙派"一词而言，我也同样认为：第一，从过去看，我们浙江的语文教育还缺少足够深厚的历史底蕴，难以强有力地支撑"浙派"的大名；第二，从现在看，我们这几代语文人更缺少足够的现实底气，无法响亮地对外宣称"浙派"；第三，从教育原理看，教育首先是科学，其次才是艺术，过去我们浙江在戏剧、雕刻、书法、美术等领域确实涌现出了流派，形成了"浙派"风格，可那是在艺术领域，而教育作为科学，是有其共性的特点和基本规律的，国家也先后颁发了教学大纲和课程标准，作为统一教育理念和教学行为的国家级"行业标准"；第四，从信息交流看，即使是过去的艺术流派，也大多是在地域阻隔、交通闭塞的背景下出现的，而现在早已不是"老死不相往来"的"小国寡民"时代，而是"你我共住地球村"的信息通畅的大融合时代。

如果一定要自称"浙派"，鼓舞士气，那我认为，自觉和忧患意识，应成为"浙派"语文的第一要义。原因也很简单，我们浙江的语文教育和全国一样不乐观，误区多多，问题多多。

语文教育界前辈章熊老先生曾在一篇文章里说："我们有一批极为优秀的教师，但同时也有极多的不合格教师（我比较悲观，认为超过半数）……"读到这句话，我先是一惊，但继而默认，随后感慨。这就是我们今天的语文教师队伍的现实啊！在首届"浙派"语文论坛上，浙江大学的陈建新教授也犀利地认为，全省至少百分之六七十的语文教师仍是有问题的。

因此，当务之急，是我们浙江的语文教育要树立自觉和忧患意识。尤其是在以下三个方面：第一，在语文性质是姓"语"还是姓"文"上，应该有自觉和忧患意识；第二，在语文教学是姓"教"还是姓"学"上，应该有自觉和忧患意识；第三，在语文作业是姓"读"还是姓"练"上，应该有自觉和忧患意识。

一、语文性质姓"语"还是姓"文"？

这个问题的本质其实是姓"语言"还是姓"人文"？放眼全国，为数不少的语文教师是不清楚的，甚至是颠倒的。随时走进课堂，都可能听到人文泛滥的语文课，教师领着学生谈思想、谈人生，或听音乐、看视频，但对文本中精妙的语言文字却视而不见，不会有意识"咬进文字的深层，嚼出文字的真味"，更不会觉得"体会那微妙的咬嚼的味儿"，"句句字字打进人心坎里"，是一种莫大的享受。把语文课上得"什么课都像，就是不像语文课"。这种课最直接的危害是：学生虽然天天都在学语文，却始终缺少语言文字运用的能力，眼高手低，不会准确、流畅地更不会个性、新颖地表情达意。

再看一个调查数据：2009年，中央教科所、《中国教育报》联合推出了《中国教育发展系列报告》显示：在语文、数学、科学、品德与生活四门被检测的课程中，语文学科的合格率最低，仅为62.8%，甚至有30%的学生仅处于基本合格水平。在首届"浙派"语文论坛的开幕式上，浙江省教育厅的周晓英处长也说社会对我们语文的满意度是不高的。其实这个评价往往还包含着对走上社会的人语言文字运用情况的不满意。几年前，我的拙著《"非指示性"语文教育初探》出版后，本省一家教育类报纸热情加以介绍，将它作为全省教师暑期阅读的推荐书目，可编辑写下的第一句推荐语竟是："郑逸农是'非指示性'语文教育理念的始作俑者。"我竟然成了恶劣风气的创始人！

因此，我们浙江的语文教育，要有自觉和忧患意识。要让语文课走在语言文字的大道上，让学生在语言文字的揣摩、品析和诵读、积累中，积淀自己的语言素养，打下坚实的语言底子。须知，"语文"一词的得名，是由口头语言的"语"和书面语言的"文"组合而成的，其本质属性就是语言。

历史上的语文，是包容万象的人文综合学科，可现在中小学分科已经很细了，此语文不再是彼语文，学习目标也变得单一。2011年新修订的《义务教育语文课程标准》指出："语文课程致力于培养学生的语言文字运用能力，是一门学习语言文字运用的综合性、实践性课程。"这已经非常明确地告诉我们：语文姓"语"，不姓"文"。

在首届"浙派"语文论坛上，浙江大学郭常平教授说："在生活中，大家都觉得语文很重要；但是做学生的时候，都不知道语文该学什么。"这句话很典型也很深刻地揭示了一个错位的现象：人们在生活中评价语文，关键是看语言文字的运用能力；而教师在学校里教语文，却没有有意识地领着学生朝这个方向去，而往往是重人文轻语言的，还以为这样才是在培养人，才是培养大写的人。我这篇拙文面世后，说不定还会有教师慷慨陈词，严正驳斥：语文不姓"语",而姓"人"！却没有好好想想语文中的人应该是具有语文特质的人，而不是抽象的虚泛的人。

我们浙江的语文教育，应坚守语文本位，把学生培养成具有良好语言素养的语文人。要让学生认识到，语言文字，尤其是汉语言文字，是世界上最美的风景，要对这道风景徜徉流连，陶醉其中，获得美好的享受和精神的陶冶，并获得智慧的提升和生命的成长。如果我们浙江能旗帜鲜明地这样做，就是莫大的成功，就是值得自豪的"浙派"的底色和风格了。

二、语文教学姓"教"还是姓"学"？

语文教学是姓教师的"教"还是姓学生的"学"？这个问题似乎不成立，因为语文教学是教与学的结合，是教与学的互进。但是，从本质上说，它不应该姓"教"，而应该姓"学"。因为教是为了学，教的最终目的是为了不教。但是，我们广大语文教师真的做到了吗？可以说基本没有！语文课堂上盛行的，还是以教师为中心的满堂灌和以教师炫耀为目的的满堂问，教室里始终响着教师的声音，以教带学甚至以教代学的现象还是普遍存在着。即使课堂上一直保持着让学生发言的传统，但学生的发言，往往只是教师往下教的一个形式乃至道具而已。这种教，不是为学而教，而是为教而教。课堂上获得发展的，不是学生，而是教师自己。这与以人为本的现代教育理念相悖，也与教育的良知相悖。

为此，我们浙江的语文教育，要有自觉和忧患意识。要坚守学生本位，树立让学生学得最好的意识，让学生自主成长的意识，积极探索以教促学的新形式，并使之成为"浙派"语文教育的一大特色。引导学生用自己的心灵去感悟，用自己的观点去判断，用自己的思维去创新，用自己的语言去表达。"由基于教师教的学转变为基于学生教自己的学"。理想的语文教育是：在教师引导下，学生自主学习、自主判断、自主反思、自主纠错、自主成长。为此，要着重培养学生的自主学习力、自主判断力、自主反思力和自主纠错力。我们要探索和追求的，既不是教师主宰下的"指示性"教学，也不是教师无作为的以学生为中心的"非指导性"教学（目前我省有些学校所谓的"生本课堂"就属于这种类型），而是教师引导下学生自主成长的"非指示性"教学。

三、语文作业是姓"读"还是姓"练"？

语文作业是姓读书的"读"还是姓练习的"练"？这个问题似乎容易回答：

语文姓"读"不姓"练"。但是，置身现实，环视四周，我们会发现，语文似乎并不姓"读"，而只姓"练"——学生每天少有阅读甚至没有阅读，但每天必有练习甚至有多种练习：《语文精编》《优化设计》《同步练习》《一课一练》等等，名目繁多。有些学校甚至将语文课异化为习题讲解课，课前将印满练习题的所谓《导学案》发给学生做，课堂上专门讲解这些练习题，题目讲完了，课文就算学好了。在应试至上的教育环境里，语文作业已经理科化，没有了簌簌的翻书声，只有沙沙的做题声。但是，学生做了这么多语文练习题，积淀并转化为自身的语文素养了吗？没有！相反，倒出现了一个奇特的"语文现象"：学生初二或高二时参加中考或高考，得分说不定更高；而再做一年练习题后参加中考或高考，得分倒可能更低！

为什么会出现如此奇特的现象？因为做练习题并不符合语文学习的特点和规律。语文是学习语言文字运用的学科，但学生所做的练习题大多不是语言文字运用的，与语言素养的提升并没有直接的关系。就像磨针，必须以铁棒为材料，不断磨砺后方可形成精美的金针；而这些练习题，只是木棒而已，并没有"金属含量"，即使天天磨砺也磨不出金针来。更可怕的是，学生做了大量练习题后，语言表达依旧贫乏，没有个性，只有套板。一旦说到"金秋十月"，往下的表达必定是"枫叶含丹"，必定是"金桂飘香"，众人一口，千人一面。

吕叔湘先生曾一针见血地指出："语文的使用是一种技能，一种习惯，只有通过正确的模仿和反复的实践才能养成。"而"读"正是模仿和实践的最佳途径。要让学生在记忆力特别旺盛的青少年时代，多读，苦读，并熟读成诵，储存积累，形成语感，积淀成语言素养。要继承我国私塾教育的优良传统，将语文作业从现在的"练"转向以前的"读"，在琅琅读书声中内化语言素养，奠定语言基础。茅盾的成功，离不开小时候背诵《红楼梦》；巴金的成功，得益于孩提时背诵《古文观止》。胡适先生曾语重心长地说："要怎么收获，先那么栽。"试想，如果当年茅盾、巴金和我们今天的学生一样学语文，天天只"练"不"读"，那还有以后的大作家吗？

对此，我们浙江的语文教育，对于语文作业要有自觉和忧患意识。要主动走出误区，敢于摒弃"练"的语文作业方式，抛开练习题堆砌的《导学案》，把"读"的语文作业方式继承下来并发扬光大，使之成为"浙派"语文教育的一个鲜明特色，让学生在"读"中培养对语言文字的感受力、理解力、蓄积力和表达力，把学生培养成真正大写的语文的人。

个性：语文课堂的独特光芒

朱昌元

（浙派高中语文名师班实践导师，特级教师）

进入新时期，语文教研活动空前活跃。有各个层次、各种形式的教学培训、教学比武、教学展示、教学观摩等活动，还有大量的课堂教学视频，各种教学设计、教学案例和教学实录，以实体或网络形式存在的各类名师工作室也给我们提供了大量的课堂教学的音频、视频和文本资料，甚至具体到教学模式的总结、提炼，都有"授课—理解—巩固—运用—检查"等不下5种提法的"模式说"。可以说，这是十分可喜的现象，它大大活跃了语文教育研究的气氛，开拓了研究视野，丰富了研究的手段和资料的积累，为青年教师的学习、借鉴打开了一扇扇大大小小的窗户，为青年教师"转益多师"提供了优越条件。

"转益多师"是青年教师提升自己、壮大自己的有效途径。但不容否认的是，在这一过程中，不少青年教师面对大量值得学习、借鉴的对象和资料，眼热心急，甚至目眩神迷，这时脚底容易飘忽，容易走入学习、借鉴的误区，即在教学实践中盲目跟风，流于简单、机械地仿效。简单、机械地仿效，危害不浅，它容易迷失自我，拷贝他人，使课堂教学空壳化、形式化和僵化。

"阵而后战，兵法之常，运用之妙，存乎一心。"这是岳飞长期带兵打仗的心得。青年时代的岳飞肯定也接触过不少的兵法，如《孙子兵法》、《司马法》、《孙膑兵法》、《吴子》等等，据《汉书·艺文志·兵书略》著录，仅汉代以前的兵家著作就有790篇，图43卷，分为权谋、形势、阴阳、技巧四家，可见古代兵书资料十分丰富。面对前人积累的大量的战争案例和经验，岳飞善于结合实际各种因素进行反思，最后提炼出了极富概括力和启示意义的战场"心经"——"阵而后战，兵法之常，运用之妙，存乎一心"。"常"是常态、规律，"运用"得是否成功，是否巧妙，关键看是否切合自身，切合实际，是否能随时随地随人判断战场上千变万化的局势而指挥若定。

语文教学当然没有带兵打仗那么惊险、刺激，但道理是相通的。对于前人、旁人的教学设计、教学案例、教学实录、教学经验，我们决不能沦为盲目跟风的"潮男潮女"，要善于吸收，善于借鉴，要立定脚跟，让它为我所有并进而为我所用、为我所化，从而使课堂教学呈现自己的风貌、自己的个性。

在教学上要想有自己的风貌、自己的个性，我以为不妨从以下三个方面着力。

一、深入研读文本，读出自己的心得

进入教材的文本，已经不是自然状态下的篇章，不只是读者——文本关系下的文本，而是作者、编者、教师、学生相遇相聚的特殊"场所"，编者、教师、学生都是特殊的"读者"——教学语境下的特殊的"读者"。

文本是教学的凭借和桥梁，编者、教师、学生与作者在这里相遇相知。语文教师，虽是课堂教学中起主导作用的引路者，但他首先是一个读者，一个被赋予了"教者"身份的特殊读者，他负有把自己的研读所得艺术地"教"给学生的使命。这就要求我们准确、深入地解读文本，读出自己的心得，读出自己的个性化理解。新课程强调培养学生的个性化解读能力，要求学生"有自己的情感体验和思考"，如果教师自身都浮光掠影、浅尝辄止，那么学生准确、深入、个性化的解读能力又从何培养？于漪老师说得好："钻研课文须在'懂'字上下功夫。要真正弄懂课文的精髓所在，就要认真阅读，独立思考，反复咀嚼，千万不能只借助现成的资料，作教学参考书的'迁移'。自己钻研所得，有真切的体会，教学生时心里踏实，能教在点子上，讨论问题，剖析事理，往往可左右逢源。"

几百年来，大家都十分赞赏王安石的炼字功夫，认定《泊船瓜洲》的诗眼是其中的"绿"字，而通过深入的研读，我们可以获得别样的认知，将"明月何时照我还"的"还"字作为诗眼。"京口瓜洲一水间，钟山只隔数重山"，距离如此之近，应该还；"春风又绿江南岸"，离家又是一年，时间如此之久，早该还；"明月何时照我还"，可月圆人不圆，终究羁旅他乡，不能还。一字之差，决定着对诗的定位，是写景诗还是写景抒情诗，影响着对学生学习的不同引领。

读李煜的《虞美人》，发现"雕栏玉砌应犹在，只是朱颜改"中的"朱颜"并非指"南唐旧日的宫女"，而是李煜自指，"朱颜改"是李煜从南唐国主沦为阶下囚的自我写照、自我哀叹；读鲁迅的《祝福》，感受到祥林嫂虽然经历并参与了鲁四老爷家多次的新春祝福，但她贫瘠的生命始终笼罩着冰雪，她是一个从来没有春天的女人；读《林黛玉进贾府》，发觉林黛玉在进入贾府的第一天，面对贾母和宝玉前后几乎完全相同的"读书"提问，回答的"版本"却完全不同……这一切都是深入研读文本的独得之见，都是引导学生进入文本深处从而进入人物内心世界的很好的"切入口"。

要做到解读有自己的心得，必须融入自身丰富的阅历、学养，必须从独特

的角度切入反复钻研、揣摩。解读文本最能体现一个人的生活阅历、知识积累、文学修养、审美能力，最能反映一个人的独特才情和个性。

二、精心设计教学，教出自己的风采

教师的天职是"传道授业"。作为语文教师的阅读，在自悟的同时还得斟酌怎样悟人。因此，独特的解读心得还得依赖艺术的教学设计，以便与学生分享，和学生交流，在分享中丰富理解，在交流中深化感受。

语文教学的使命是培养学生理解和运用祖国的语言文字的能力，但具体的教学途径和教学设计可以千变万化，正如世界上的任何一座高楼，其基本功能都是为人类提供活动场所，但内在的设计理念和外在的风貌展现并不相同，甚至可以说有意"求异"，迪拜塔、马来西亚的双子塔、纽约世贸中心、上海环球金融中心等都是如此。

曾在金华市汤溪中学新疆班执教肖复兴的散文《那片绿绿的爬山虎》。我与学生一起梳理内容，品味语言，感受叶圣陶先生对少年朋友的关怀、慈爱和深深的期望，同时，不失时机引入叶老的长篇小说《倪焕之》和儿童文学《稻草人》。教学设计的最后一个环节是，面对实物投影仪展现的年届耄耋的叶圣陶先生的相片，要求对叶圣陶爷爷说几句心里话。有了前面充分的教学铺垫，现在忽然展现叶老可亲可敬的形象，学生的心灵一下子像被火炬点燃一样，课堂气氛达到高潮。有的说看到叶圣陶爷爷就想到了自己的爷爷，也是那么慈祥，对自己到内地学习充满了牵挂和期望，回去以后一定要给爷爷捶捶背、洗洗脚；有的说自己的爷爷很早就过世了，没能亲眼见到，叶圣陶爷爷就是亲爷爷，因为他对小朋友是那么的关心、爱护，充满期待；有的说我们新疆和田地区还没有像叶圣陶先生那样的大作家，希望不久的将来能涌现出来……要知道来自新疆和田地区的学生，汉语的表达能力比内地的学生要弱得多，但他们争先恐后，说得那么流畅、那么动情、那么生活化，尽管还带着一些家乡的口音，但这种带有乡音的普通话这时听起来却显得特别真诚、特别可爱……

根据教师的教学擅长和文本的具体特点，可以设计多种型式的教学，比如不妨采用掘进式上巴金的《灯》、围剿式上郁达夫的《故都的秋》、中间爆破式上鲁迅的《从百草园到三味书屋》、倒啃甘蔗式上冯骥才的《珍珠鸟》……

三、不断锤炼教学语言，使之有自己的趣味

生动、形象、有趣味，应该成为所有老师对教学语言的追求，而作为语文教师，尤应如此。原因没有别的，就是因为我们是"语文"教师，担负着培养学生听说读写能力的重任。我在执教《像山那样思考》时，说到山间各种生物对狼的嗥叫的看法，有这样一个师生对话的场面：

师：（走到生9跟前，拍其肩，问）大山认为，狼跟我们人类是平等的。把你看成和狼一样的生命，你能接受吗？

生9：能。

师：真的能？

生9：（坚定）真的能！

师：看来你能做狼的朋友了，狼会喜欢你的。（生大笑）

"狼会喜欢你的"，水到渠成，情趣自现，既活跃了课堂气氛，更活化了学生思维。

刘熙载在《艺概》中概括了"治文六法"，其中有所谓"板者活之"、"直者婉之"、"枯者腴之"的说法。教师的"治语"如同作家的"治文"，要不断地锤炼，不断地追求，使之清晰，流畅，有激情，有幽默感，有吸引力，正如于漪老师的要求，"用你的语言'粘'住学生"。

人物有个性，才能吸引读者；课堂有个性，才能打动学生。语文课堂，由于富有人文性和情感性，尤其需要凸显教学个性。有个性的课堂，才会深深锲入学生的心灵；没有个性的教学，恐怕只会令人昏昏欲睡。

当然，形成教学个性并非一日之功，需要不断的积累和长期的历炼。这里最为紧要的就是要不断增进学养和"教"养。要想增进学养，就要崇尚经典，广泛汲取，不断积淀；要想增进"教"养，就要多加锤炼，多方借鉴，善于反思和提炼，不断提高教学艺术。

之江潮，自由魂

倪 江

（浙派高中语文名师班实践导师，特级教师）

浙江是一个了不起的省份，我们对浙江文化要有自信乃至于自负。

我们对浙江文化的自信和自负主要来自于民国时代。民国的浙江教育有着独立性、百花齐放的特征，整个学校的人格绝对平等化，并且是绝对的独立和自由的，也只有这种独立和自由的教育体制才能培养出我们所崇尚的教育特质。

浙派为什么会形成"独立"和"自由"的个性？我认为是由于"西学东渐"，西方文化拍击我们沿海这块古老大陆的浪潮开始的。现代语文肇始于国门打开之历史潮流对语文的根本性改造。

浙江作为"西学东渐"的最前沿，曾深受欧风美雨的栉沐，许多现代语文大师都曾在这片热土上躬耕，创造了现代语文的许多经典范例，无论是经典文本，还是教育教学模式，浙江曾领风气之先。

浙江省有其独特的文化特色。首先是固本，比如传统儒学的传承，比如务实传统的传承；其次是来自于"西学东渐"所形成的自由和开放的风气，将"西学东渐"的浪潮与浙江本土特色有机地结合在一起。所以，我们在探讨浙派语文宣言时，一方面要考虑到浙江省本土的历史成分，另一方面还要考虑到浙江省作为一个很早就开放的省份，他所带来的教育特质是什么？

所以，我认为"自由"二字是浙派语文宣言中必须要有的一个词。不管怎么定义"自由"二字，它都是浙派语文的一个基本特征。百花齐放也是指对"自由"的追求，不同学校有不同追求，不同老师有不同追求，这种兼容并蓄的风格是我们浙江教育的一种基本特质。

前两天我们非常有幸邀请到浙派高中语文名师班学员到杭州外国语学校开课，其间出现了一些传统教育上不太容易碰到的冲突，例如有些学生的理解超越了老师的理解。

杭外学生的这种特质是"宠"出来的，这种"宠爱"实质上就是尊重学生表达权、情感释放的权利。这种"宠爱"有时候也会达到某种极端的程度，例如某个学生演讲到了二十分钟甚至更长，我们老师是要将其打断还是继续让学生发言？杭外的做法是让学生继续讲下去，而不去随意地中断学生。

杭外学生在课堂上十分想真诚地表达自己。这种传统跟杭外的两任校长所强调的理念有关。首先是对老师、学生，在学校管理上必须留有空白，不能无缝隙管理。如果老师和学生都被无缝隙管理，没有自己的空间，那么就会形成僵化的管理。其次是行政权不能干涉老师的学术自由。两任校长的理念可谓是一脉相承。教师对课程、对学生自由的主导，教师能够发挥自己学术自由的传统，将深刻影响到我们的学生，让学生在自由的环境中成长起来。

我认为这样的语文教学是正确的。学生自由、灵动、开放多元、精神活力、人格独立，这样的追求是否应该写入浙派语文宣言中去，成为浙江语文的追求？

浙派名师要传承文化

周良华

（宁波滨海国际合作学校，特级教师）

　　我在一篇文章中曾经说过，一个好的老师应该给学生的精神以真正的帮助，一个成功的教师往往对学生有深刻的影响。教育，在很大程度上决定一个民族的心理。所以说，一个好老师不能仅停留在知识层面、技巧层面上做一个教书匠，要坚信自己是给下一代打精神底子的人，如果你的使命感越崇高，你的潜能就越能得到好的发挥，你的工作将更加出色。好老师应该富有教学理想，充满教育激情，要有德、识、艺方面的高素质，教学业绩也应该有别于一般教师。然而，作为名师更是任重而道远，他必须具有文化底蕴。韩愈说："师者，传道授业解惑也"，这个"道"就是道统、文化。文化是人们成长的母乳，教育上的一切归根结底都离不开文化，文化能滋润自己，能培育学生，也是名师影响力的关键所在。对学生、对同行、对历史有久远影响力者，必定是有儒雅之气、高雅之风的饱学之士。他们是文化的传承者和传播者。中国传统文化是人类文明的瑰宝，是先民智慧的结晶，是值得我们自豪的精神资源。我们应该去思索，如何将传统文化与教育重新结合，像《论语》《老子》《孟子》《荀子》《大学》《中庸》《礼记》等等，应该是每一个教师的必读书。浙江历来有文化之邦的美称，近些年来，基础教育一直走在全国前列，在很大程度上说这是因为有一大群名师在做强有力的支撑。中国各地的地域环境和发展情况都不一样，生活在不同地域的人长期以来的文化沉淀不同，教师在文化修养上也存在种种差异，浙派名师的成长，有内部条件，也有外部条件，外部条件就包括地域文化等等诸多因素。文化是需要传承的，地域文化也需要传承，要把它变成我们的生活方式，影响到我们的一言一行。教育是潜移默化的，教育是润物细无声的工作。

走向高效的艺术化语文教学

肖培东

（永嘉十一中校长，特级教师）

"问渠哪得清如许，为有源头活水来。"新的课程理念给沉寂多年的语文课堂吹来了一股清新的风，语文教学的艺术化也日渐引起重视。《普通高中语文课程标准》提出："语文具有重要的审美教育功能，高中语文课程应关注学生情感的发展，让学生受到美的熏陶，培养自觉的审美意识和高尚的审美情趣，培养审美感知和审美创造的能力。"面对新观点新思潮新信息汲取筛选更快的当代中学生，如果语文教学还只是机械的说教与一成不变的模式，那么，语文课堂无疑是缺乏新鲜感和生动性的。浙江师范大学的蔡伟教授更认为，在语文教学中艺术"被集体遗忘"，并据此提出构建艺术化的语文教学设想。

没有艺术的教育是不成功的教育，艺术化语文教学正是通过融合的方式，以艺术激发学生语文学习的情感投入，以艺术与语文学习的契合加深学生对语文学习内容的体验，从而唤醒语文学习的内驱力。那么，艺术化语文教学该如何走向高效，在彰显艺术性的过程中凸显语文教学之味呢？我试从"艺术化"和"艺术度"两方面加以分析探讨。

一、高效的语文教学高在"艺术化"

认真琢磨当前的语文教育，审视那些失血的课堂，贫乏枯燥的背后其实是应试观念、单一教材、机械教法导致的艺术元素的缺失和教师资源开发不力。新课标鼓励语文教学不同内容、方法相互交叉，渗透整合，如此简而言之，艺术化语文教学就是语文与艺术的交叉、渗透与整合。由于在语文教学的过程当中引进了艺术内容和手段，改善了教学方式，丰富了语文课程资源，单一的语文课堂也在艺术的辅助下逐渐化为丰盈。所以我们说高效的艺术化语文教学高在"艺术化"，这绝不仅仅是因为因艺术而使得语文教学具有了艺术性，更主要的是在与艺术的碰撞、交融、对话中形成新的空间和能量，从而激活了语文教学。

教学内容艺术化。语文课程改革的主要课题之一是要强化课程资源意识，因地制宜地开发和利用各种课程资源。语文课程要想走向开放而又有活力,必须拓宽语文学习和运用的领域,注重跨学科的学习,使语文教学不再局限于语文教材的学习,而是积极走向不同内容的相互交叉、渗透与整合。如此,艺术就以它的多姿多彩走进了语文课堂,这正体现了"语文即生活""语文是艺术"的大语文观。在永嘉县举行的"浙江省艺术化语文教学暨校本教材开发与应用"研讨会上,刘琼老师就以中国古代山水画为语文教材,引导学生品味山水画里的景、画里的灵魂、画里的生命,而后把情景鉴赏的初步方法转用到中国古代诗歌的鉴赏上,以完成艺术鉴赏到语文鉴赏的蜕变。

"一类是艺术自身文本,如戏剧台本、影视剧本、歌词、曲艺等;二是介绍某种艺术样式的文本,如介绍绘画、雕塑、摄影等艺术的文本;三是介绍某位艺术家或艺术家作品的文本,如达·芬奇及其油画《蒙娜丽莎》、何占豪及其小提琴协奏曲《梁山伯与祝英台》、赵本山及其小品《卖拐》等。"蔡伟教授提出了艺术化的语文教材的三种类型,无一不是语文与艺术的有机融合。

教学语言艺术化。我们说教学内容艺术化,绝不等于教学内容必须是艺术。文本永远是教学的第一资源,关键在于教师是否拥有艺术的灵魂、艺术的气质、艺术的修养。艺术化的教学语言能够为语文课堂创设诗意美好的氛围,它们或激荡学生情感,或引发学生思考,或鼓励学生表达,良好而和谐的师生关系也将藉此而建立。教师的语言修养在很大程度上决定着学生在课堂上的脑力劳动的效应。很难想象,一个语言干瘪苍白、缺乏美感的语文教师能够感染他的学生,能够艺术他的课堂。

艺术化的语言精练如诗歌,生动如小说,优美似散文,传神似戏剧,有修辞之美,有韵律之味,当然,也可以朴素成泥土的芬芳。当然,我们也可以把教师的行为举止、神态表情、板书等理解为另一种语言。它无声,但有情;它无音,但有意。所以,它也应该是美丽诗意的,是艺术的。诗化的语言以及丰富的表情、富有感染力的手势等优雅、文学的体态语言都有一种强大的艺术磁性,在教学中都会化为艺术无形地感染着课堂、感染着学生。

教学手段艺术化。在艺术化教学的实施中,语文教师的艺术修养无疑是重要的。但是,艺术修养不等同于艺术才能,艺术鉴赏能力也不等同于艺术实践能力,作为艺术的天使,语文教师只要学会借助影视声等艺术的翅膀,为学生营造一方艺术的天空。

"还记得有一次上鲁迅的《风筝》,当上完一堂课后幻灯片上形成了一只蝴蝶的板书时,下面的学生发出了'哇'的惊叹声,似乎那一刻课堂的气氛异常活跃,所有鲁迅的悲哀映衬在这只美丽的蝴蝶中形成了强烈的视觉冲击,课堂在几近完美的情感体验中结束了。"一位教师的博客中,蝴蝶就这样艺术地飞翔在他的课堂间。如今,多媒体技术已被广泛应用于语文教学,多媒体课件从听觉、视觉、感觉等方面多角度、多层面给学生以美的、艺术的熏陶感染。现代教学媒体以它的科学性、先进性、生动直观性等特点,越来越多地成为课堂教学的优先选择。

自然,艺术化的语文教学还需要课堂组织、教学设计、教学提问、教学评价以及教学活动等等方面的艺术,这些其实都附着在有效语文教学的过程中,最关键的是教师要拥有一颗艺术之魂。有艺术的心,才有艺术的果。教师只有具有了审美的生活态度和相对深厚的艺术修养,才能调动各种艺术手段来进行教学,使语文课堂凸显艺术性,有效地提高学生的文化品位和审美情趣。

二、高效的语文教学高在"艺术度"

缺乏艺术式的教育,是贫乏、枯燥的教育。为了提高学生艺术欣赏能力和语文素养,语文课引入艺术手段是拯救"语文教育贫困"的重要途径。但值得注意的是,一些教师片面理解艺术化,"艺术化的语文教学"被其演化为"语文教学完全艺术化",语文课也因此被"异化"为音乐、美术等大杂烩,语文之味全无,语文之效殆失,这就和艺术化教学的初衷背道而驰。因此,语文教学中开展艺术性活动的时候要把握好"度",实现艺术化语文教学的特性,以彰显艺术化中浓浓的语文味。

(一)风度

艺术是高雅的,文学艺术更是有文雅高尚之美。文学是人学,表现生命的本质内涵的文学作品是具有恒久的艺术魅力的。语文课程与人的生命活动、精神活动有着天然的联系,在语文课中学习大量的经典作品,就是走近先哲和时贤,用他们健康高尚的心灵世界去影响和优化学生的心理结构。服务于语文教学的艺术化活动就需要具备一种艺术的风度,一种文化的气质和精神。王尚文教授曾多次强调,正确到位的文学作品教学,首先就要把文学作品当作文学作品来教。再多的艺术渗入,也不能替代文学作品于字里行间的艺术魅力。毕竟,艺术是实现语文课堂教学高效化的一种手段,但这种艺术的展开必须是可行的,是有助于学生语文素养提升的,更应该是美的。教材中所选编的文章大多文质兼美,为学生展现了一个丰富多彩的世界。而教材又是最基本的文本资源。师生在语文教学中的所有生发和阐释,都应该紧扣文本。

(二)效度

教学目标定位,也就是通常所说的确定"教什么",这是课堂教学效率的起点。也正是在这个起点上,许多教师表现得无所适从、无所作为。而无所适从、无所作为的另一种走向就是艺术化内容与文本教学目标的背离。艺术化的语文课堂是一种生命的课堂,它很好地解决了教与学很难相容的问题,实现了真正意义上的教学相长。但要把艺术表演等各种形式融入语文教学中,教师必须要注意实效性,"艺术化"要对语文教学目标的完成有实实在在的优化作用,否则教师大可不必如此劳心费神。比如《林黛玉进贾府》一课,导入新课后,教师就进行了知识竞赛:《红楼梦》的作者是谁?你能说出十二金钗吗?十二金钗中你认为最美的是谁?接着多媒体播放电视剧《红楼梦》中"林黛玉进贾府"片断,要求学生谈谈观后感。而后让学生欣赏电视剧《红楼梦》主题曲《枉凝眉》,并围绕着歌词"一个是阆苑仙葩,一个是美玉无瑕",展开人物形象的分析。艺术则艺术了,可是从小说教学的有效性出发,如此一举大可不必甚至极其低效,宝黛人物形象的分析必须在所节选的文本中揣摩解读,与文本相去甚远的艺术化更是不着边际。目标的错位,甚至目标的错误,使得与之对应的艺术化手段成了无效甚至负效之技。所以,艺术化语文教学过程中,艺术性活动的开展必须为语文教学目标的达成服务,只图热闹,不着门道的艺术化,必将走向语文教学的反面。

(三)适度

语文课程的人文教育具有一种很独特的呈现方式——它是在学生掌握语文工具的过程中,通过对文本语言的感知和感悟,通过读写、听说等具体的语文实践,不着痕迹地呈现的。所以,艺术化语文教学中,如果忽视了语文课的这些特点来进行所谓的艺术化,或因艺术化而挤压了学生对文本语言的感知和感悟的时间,艺术引入的时间和方式把握失当,就容易为艺术而艺术,教学自然是低效、无效甚至负效的。人教版《米洛斯的维纳斯》一课教学,很多青年教师往往过多地注入艺术欣赏。有画画的,有说流行歌曲的,有分析中西美术作品的,有大谈古今风景名胜的。真正引导学生关注文本、阅读文本的仅几分钟,课堂既听不到琅琅读书声,又不见精彩语句的品味吟咏,从语言到内容,从段落到结构,几乎没有问津。旁枝逸生不见主木,这样的语文课,是语文课吗?韩军老师说新课标下很多课"上成班会课、表演课、综合课、多媒体课,唱歌跳舞,声光电乐,喧腾热闹,'语文'皆无地自容,迷失本身"。他认为语文课也不排斥多媒体,但须由文字'触'发,又落脚于文字。所以语文课堂的艺术时间不宜过长。语文课不能因艺术化的泛滥而走向浮华走向迷失，因为这毕竟是语文课。

同时，艺术化的适度还意味着对语文教师主体精神的尊重与强调。任何一种艺术化的手段以及活动的背后，都意味着语文教师的辛勤付出与制作。如果因为教育技术设备的使用，教学人员反成了技术设备的奴仆，丢失了应有的主体精神，那使用教育技术设备就有悖初衷。

语文教师不能缺失艺术，只是在欣赏一路繁华的时候，我们有必要提醒自己，脚下这一条路名字叫做语文。无论两岸的风景如何迷人，永远流淌的首先是语文，最终也是语文。唯有这样，艺术化语文教学才能因语文与艺术的有机对接而走向高效。

以求实的精神,追求"本真"的思考与教学

郭吉成

(安吉高级中学,特级教师)

我一直在思考一个问题,那就是"浙派语文"的根基是什么?厘清这个问题,对明确"浙派语文"所应该传承和发展的内容、承担的责任和使命都有着重要的价值与意义。

从哲学的角度说,任何一种"派"的存在,都有一个"本"的问题。这个"本"便是"派"产生、存在、发展、壮大的根基。浙派语文作为一种"教派"的存在而言,我认为其"本"应该是"求实"中的语文教学的"真"。这里的"求实"是语文教学的一种精神,一种态度;而"真"则是语文教学的本质和行为。坚持语文教学的"真",就是要求我们在尊重语文教学学科的前提下,按语文学科的本质,扎扎实实地去完成语文教学,套用一句俗话,就是"真教语文,教真语文"。

本文想基于上述思考,从两方面来谈浙派语文所应该追求的"本真"问题。

一、在反思中追求思考的"本真"

当今的时代,"名师"似乎层出不穷,但名师的标准究竟应该是怎样的,似乎没有个明确的说法。正因为这样,名师的发展也就受到了制约。我想,作为名师,除了有着坚定的教育信念、先进的教学理念、过硬的教学本领外,还需要有一般教师所没有的能思考、研究,善思考、研究的能力。因为思考、研究能力不仅是一个教师不断发展的基础,也是一个教师后续发展的支撑点。

"教师需要不断地反思"。教学行为是一种即时活动,它是否科学,是否合理,不是每个教者都能在教学的过程中真正地明确的、清晰的,它需要在教学后找到一面镜子去反观。在反观中,以教学实践来映照自己的教学行为,并对此作深入的回忆与思考,这样才能使自己的教学过程真正地明晰、合理起来,并因此而实现教学能力的自我提升。这面镜子就是反思。

教学的最大缺陷就是教师看不见自己的课,缺乏镜子意识。反思的作用就是要让教师把自己的课当作一面镜子来映照自己。从这个意义上说,反思是一种教学行动研究,这种教学行动的研究需要教师强烈的本真思考意识。

一线教师教学研究的着眼点应放在对自己的"教学问题"和"教学行动"的研究上，通过研究廓清教学中需要解决的教学理论与教学实践相结合的认识问题、实践问题，从而提升自己的教学智慧，达到个性化地运用教学技术的能力。这是浙派语文所必须具备的基本认识。

研究"自己的"问题。教学的问题应属于不同的人的问题，如果每位语文教师都能沉下心来思考自己所遇到的问题，研究一直困惑着自己的问题，找到自己专业发展的目标和路径，那他的专业发展就实现了。

研究"真实的"问题。语文教学的问题是不同层面的，教师要解决的应该是自己所遇到的真实问题，千万不要花精力去解决虚无、虚假、虚伪的教育问题以及与自己的教学关联不大且认识肤浅的问题。这不仅是浪费时间与精力，而且会产生对研究的一些错误看法。教学是一种实践，教师专业就是一种反思性实践。教师的研究就是不断地反思问题，在自己的实践中发现、澄清、解决某个真实的问题。教师的专业发展就是在持续不断解决自己的真实问题过程中实现的。

研究"可解决的"问题。教学问题不仅层面不同，而且难度不一。教师应选择此时此刻自己经过一定的努力能够解决的问题来开展研究，努力将自己在日常的工作中所遇到的真实问题，转变成一个个可解决的课题来开展研究。因此问题不一定是课题，但课题就应该是可解决的问题。当然，这种转变还取决于每个语文教师自身的研究素养。我历来提倡"放低眼光、立足实践思考和研究问题"的学术理念，希望名师们的研究首先能坚持研究自我，然后在这基础上超越自我。要做到这一点，我们的研究需要搭建起一座沟通教学理论与教学实践的思维桥梁。这座思维桥梁就是着眼于课堂教学行为的本真思考。这种思考跳出了我们所固有的传统教学研究方法的框架，改变了我们的教学研究模式与行为，带给我们的是研究的新理念、新视野、新行动。有了这座桥梁，加之我们坚持立足于自身的教学实践研究与思考，那么我们的研究必定是"实在"、"实用"的，进而也必定是会有成果的。

二、在求实中追求教学的"本真"

语文应该怎样去教？我们究竟要教什么？认识这两个问题非常重要，它是语文学科走出目前迷惑的教学现状，实现真语文教学的关键。"浙派语文"要创建出自己的特色，那么，我想，就应该在语文教学实践中去认识这些问题，以求实的精神，树立起语文教学应有的"三种意识"，为改变当下语文教学令人担忧的教学现状作出一些努力。

(一)文本整体意识

真正的语文课不是去追求课堂的热闹,而是扎扎实实地去落实符合教材特质的教学内容与教学目标。我认为,一篇课文的教学或学习应该有一个完整的文本意识,只有这样才能真正地让学生去理解文本,走进文本,教学才能呈现出教或学"这一课"的特点,从根本上解决读与写的关系。

其实,有没有完整的文本意识,这关乎的是"怎么教"的问题,这是一个教学方法的问题。一节语文课,应该是一堂完整的语文课,在这样的课堂中学生语文学习的思维状态应该是始终处于兴奋阶段的,学生的整个学习过程应该经历着从局部感受到抽象提炼,再到认知深化、内化感悟的体验内容与言语美感的课堂学习过程。学生在学完文本后能构建起一个从形式到内容,从结构到表达的完整的文本概念。一堂课的教学有一个完整的文本概念是极为重要的。从教学的角度来说,它是教师高屋建瓴地把握教材,根据教学内容灵活处理教材的教学与生成、避免教学内容碎片化的重要途径之一;从学的角度来说,是学生养成整体阅读感受文本的良好阅读习惯的重要方法,也是学生构建文章学、提升写作能力的重要途径。

语文课教学中怎样体现文本完整性的要求呢?我想其中很重要的一点,就是要依据文本特性灵活而科学地处理教材,设计合理合适的教学问题。语文教学不是冷藏知识,而是激活知识,语文教学内容的确定也不是建立在"是什么"的基础上,而是建立在思考"为什么这样表现"和"怎样表现"的基础上的。以文学作品的教学为例,文学作品是作者借助某种文学体裁来表达对生活的独特思考的一种载体,正因如此,每个文本都是"这篇课文",都有着其言语"表现"上的独特性和内容的完整性。教学就是要让学生去感受这种独特和完整的表现方式,并通过学习,达到丰富语文素养、提升语文素养的目的。只有这样,课堂的教学活动才是有效的,也只有这样,语文课才是真"语文"课。

(二)语文知识意识

将语文知识从语文学习中剥离出去实际上已经成了语文教学的主要问题之一。现在的语文课更多的是在分析课文的内容、主旨和情感。真正将语文知识与教学内容紧密联系起来的很少。从知识学习的层面来说,语文是一门学科,有其特定的知识教学内容。语文学科教学的最终目的是提高学生的阅读能力、思想感受能力、语言表达能力、审美创造能力。具体到一篇课文的教学中就是借助对语言的感受,利用语文知识,在欣赏为什么这样写的妙处中走进文本,理解文本的主旨,认知作者所要表达的观点或情感。

然而,目前的语文教学目标重在对文章内容、思想内涵的挖掘上,而轻视了对文本特征的指导,忽略了语文知识的学习,大都在文本"讲了什么"上兜圈子。教学中,知识的含量相当贫乏。

从理论上来说,任何一门学科的存在,其背后支撑的是知识。知识系统和知识内涵的独特性是这一门学科区别于另一门学科的根本所在。语文学科之所以为语文学科,就在于语文学科自有其区别于其他学科而独立存在着的知识系统。而这一知识系统的每个知识点是分布于每一个学习年段的不同教材中的。从这个角度来说,支撑语文学科存在的是语文的知识系统。这一系统,无论是语文教材编写者还是教学者或学习者都得去落实和实践。否者,就不是语文课了。因此,语文教学要有语文味是离不开语文知识的,否则就不能算是真语文课。

(三)语文味意识

所谓语文味,是指语文课要突出语文教学自身的特点,通过情感激发和语言品味等手段,致力于学生语文素养的形成与发展,让他们在把握语文这一重要交际工具的同时,不断丰富自己的人文精神。它是语文教学应具有的一种特色,也是语文课堂应追求的一种境界。

目前的语文教学,一篇课文的教学重点大都是放在了对作品的内容、情感的理解与挖掘上的。追求思想情感意义,忽视文学赏析意义(更是抛弃写作学习意义)。也正因为是这样,所以,整个语文课堂教学的走势受此影响、束缚,往往一篇文学意义和思想意义俱存的作品,变成了单纯的思想意义分析课,课堂教学沉闷,教学方式呆板僵化,毫无生气。课文的文学意义被思想意义绑架了,语文课被思想教育课绑架了!这样的课语文意识就不强,缺乏的也就是语文味。当然这样的课也不是真语文课。

其实,一堂语文课的语文味是必须的,它是语文课的生命,没有语文味的语文课是缺钙的、缺铁的。它不能站起来,也不能具备造血功能。语文教学真正的深度挖掘应该是多重的,绝不是单一的。它应该在深度的挖掘中让学生既能认知文本的表现形式,也能认知文本所潜在的美学意义。

我们强调语文课要有语文味,是出于学科本身的特点来考虑的。我始终认为,语文课不仅仅是要让学生知道某一文本"表现了什么",而更重要的是要让学生知道"怎样表现"和"为什么要这样表现"的问题。后者是语文学习的核心,一堂语文课只有关注了这些,才是真正的语文课,语文也才有真正的"语文味"。

上面谈了语文学科教学应该具备的三种意识,无非是想表达这样一种认识:我们应该在教学实践中追求"本真"。这粗看似乎与"浙派语文"这个命题干系不大。其实不然。我认为,这恰是"浙派语文"追求本真的途径之一。因为,作为一门学科"教派"的存在,是需要一个呈现的平台的,而这个平台就应该是课堂教学,如果课堂教学缺乏基本的学科意识,和学科特色,那么这个"派"也就失去了存在的基础,所谓"皮之不存毛将焉附"即是。因此从这个层面上说,我觉得,"浙派语文"应该在语文教学的实践中去追求本真,完善这些意识,在完善中构建模式,形成风格,突显特色。

浙派名师的"活泼"要体现
对学情把握的灵活性和课堂的灵活性

金瑞奇

（杭州市教研室）

我教了二十多年的语文，最近四年在做教研员，角色发生了转换，听课听得比较多，印象最深的还是语文课。我们的语文课还是以老师的传授和讲解为主，给学生的时间比较少。说实话，确实体会到了学生听课的辛苦。有相当一些课堂是比较沉闷的、机械的、单向的。老师只顾自己讲得方便为主，课堂推进比较快，总是一个环节套一个环节，蜻蜓点水式地完成任务。在这样的情况下，课堂的问题是碎片化的，是老师和某几个学生的对答，大部分学生是沉默的，或者是冷漠地做一个看客，偶尔被叫起来也是配合一下。那么"一切为了学生的发展，让学生来学好语文"这样的理念怎样具体地落实在教学行为当中，这是需要我们思考的。

从以往的听课经验上看出，教学的问题主要有两个：

一个是教师本身对教学内容把握是不是准确，是不是适度。有的是教错了，内容本身不准确，该教的不教，不该教的教了，甚至是教错的。还有就是不适度，有的讲得过浅，有的讲得过深，过于个人化的见解。以上是教学内容上的问题。

从学情把握上的问题可能更多一些。学情的把握其实是跟语文学科的独特性是有关联的。语文学科不是线性推进的，而是原来有基础的。那么语文老师的水平在哪里呢？怎样找到教材的内涵，怎样找到教材与学生认知上的落差，设计学生的思维与认知上的冲突是一个关键，使学生对看似好懂的教学内容产生一种陌生的感觉，产生一种学习的兴趣，产生一种思考探究的欲望。对于学生一望而知的内容或者适当讨论一下就可以知道的内容，老师可以不用开口。哪些东西是要教的？就是那些学生不熟悉的语文知识，在文本解读中有历史文化背景知识的内容是我们需要教的，也需要老师适时、适度、比较巧妙的呈现。特别重要的是发掘学生的盲点，学生看起来都是懂的，都觉得没有问题的，在没有问题的情况下找到问题，当然一开始需要老师设计。

第二是拓展。针对拓展，名师肯定没有问题，但是大部分老师还是需要设计学生的活动的，那些老师主要还是关注自己怎么讲，怎么讲得顺畅，怎么讲得深刻，而忽略了学生在这堂课到底要思考哪些问题。所以我们倡导老师在备课的时候设计好学生的活动,读什么、怎么读、圈划什么、思考什么问题,这些都要事先进行设计,要有一个总体布局,而不是课堂上临时想想就可以的。还有就是这样的教学活动应该与教学内容相适应,这些问题和环节的设置必须经得起追问,这样的设置到底具有什么价值、什么功能?是活跃气氛,还是激发兴趣,还是推进课堂,还是要培养学生某方面的能力。也就是说,我们备课当中设计的每一个环节,实际上是有目的的,是经得起追问的。

还有一个很重要的问题就是要让学生有比较充分的学习时间,在安静的、从容的、舒展的空间里经历一次有意义的、真实的学习过程。只有真实的、安静的学习才能使学生留下较为深刻的记忆,会对学生知识的建构、方法的形成、精神的成长留下好处。当然,我们不能每一节课都做到尽善尽美,但是一个学期当中我们能不能有几节课做到是一个真实的学习过程,或者一节课当中某个环节使学生经历一个真实的学习空间。

所以我觉得,我们在备课时要尽量预设好课堂中会发生的各种情形,把学的时间放得充分一些,教的东西尽量约束一点,教的东西可以灵活一点,有腾挪的空间。以上的要求对于老师来说也并非易事,它关系到老师的教学智慧,备课时对教材的把握,对学情的把握。浙派名师的"活泼"也体现在对学情把握的灵活性、课堂的灵活性。让学习的活动更加完整,更加有结构,让教的东西更加随机。

语文为什么而活着

章浙中

（衢州第二中学，特级教师）

不管人们对浙派语文有着怎样的解读，浙江的语文教学始终是一个客观存在。我们目前要做的，不仅仅是要提取浙派语文的精髓，打造浙派语文的品牌，更要殚精竭虑，让浙江的语文教师都能守住语文教学的本真。

那么，何为语文教学的本真呢？

法国思想家罗素在92岁高龄时，写过一篇短文《我为什么而活着》。他总结了自己漫长的人生中最重要的三个生命支撑：爱情、知识、悲悯。罗素面对缤纷世界，何以不选择别的生命支撑？因为爱情，使他体验人类的幸福，知识使他探知人类的心灵，悲悯使他洞悉人类的苦痛。

读罢《我为什么而活着》，忽然心生他想。如果让罗素在爱情、知识、悲悯中保留一个，那会是什么呢？追寻罗素在字里行间的情感倾向，"爱情"，必然是他最为心仪的。爱情的愉悦与幸福，是人类的本能追求，任何人也不例外。罗素是真人，他渴求世间真情。但既然如此，罗素何以还觉得知识和悲悯不可或缺？因为爱情之外的知识和悲悯，使罗素胸怀博大，他从此兼有了情感与理智、个体与群体、人文与科学等等丰富的人生体验。

由此，我想到了语文，想到了罗素"我为什么而活着"与"语文为什么而活着"两个命题之间的联系与类比。语文为什么而活着？为了幸福、知识与悲悯。

幸福，就是要让学生在语文课堂上体验生命的幸福，生活的幸福、语文学习的幸福。知识，就是要让学生通过学习知识、获取学习知识的途径，进而探知人类的心灵。悲悯，是对他人苦难的感同身受。如果说，幸福，是对自己的一个情感关照，或者说，是爱自己，那么悲悯，则是由己及人，是爱他人；而知识，则是幸福与悲悯两种情感的体验媒介与呈现方式。幸福与悲悯这样的情感因素与知识的关系，是互为表里的。无论割裂知识与幸福、悲悯，还是割裂幸福与悲悯，都是背弃语文的本真。一旦背弃了语文的本真，也就意味着语文的消亡。

但现今的语文课堂，一些语文教师正与语文的本真渐行渐远，不免令人扼腕。

就以风议正盛的高考语文改革为例，一种基本的观点是，语文的分值增加,是弘扬民族文化,是对语文的一种归正。其实并非全然。语文的素养不等于语文分数,诸如幸福、悲悯的情感因素,除了在作文、语用题、现代文阅读中的开放题外,很难物化为语文分数。如此,一旦语文分值增加了,我们的语文教师会否为了语文的分数,而放弃学生对幸福、悲悯的追求?

如果高考命题故我、政府对高考分数这一教育的GDP的追求故我,而要让语文教师能够坚守语文的本真,那是不可想象的事。

所以只有守住了语文教学的本真,才是语文。待到浙江的语文教师全部或大都守住了语文教学的本真,方才可以谈浙派语文。如果语文都不"语文",又何以谈浙派语文呢? 唯有守住了语文的本真,浙派语文的大旗方可以在劲风中飘扬。

本真教育:我的追求

包建新

（临海市回浦中学,特级教师）

一、本真教育内涵

什么是本真教育？对教育者而言,本真教育是指实在、质朴、本色的教育态度,在这种态度下从事教育,不做作,不浮夸,不随波逐流,不沽名钓誉……对教育本身而言,本真教育指的是顺应人的天性、追求教育的本质和教育本来样子、寻求事物真相的教育。

学生是人,人都有向善的本性,人性向善是一切教育的前提。“善”不仅指德行,人世间一切美好的东西都可以理解为善。教师发现了学生向往美好的心灵并强化之,那他所从事的是教育,教师未能做到这一点而去改变学生,那是改造。但即使是改造,也要从发现学生向往美好的心灵开始。

寻求事物的真相是难的,但不能把握真相的教育,做的恐怕是无用功。比如,在语文教育中有这样的情节,语文教师希望通过让学生掌握记叙、议论、说明、抒情的相关要求来实现提高学生表达能力的目的。其实,一个人在掌握这些知识之前,早已具备了相关能力。一个几岁的孩子就会说“妈妈上班去了”（记叙）、“这是我妈妈”（说明）、“妈妈真好”（议论）、“我爱妈妈”（抒情）……可见,通过表达方式的知识运用实现表达能力的提高,恐怕不是语文教育的真相。发现了虚假,自然要进一步寻求事物的真相,这是本真教育的重要内容。

上面扼要说明了对本真的理解,但“本真”一词被人们普遍使用,在特定的语境中会有特殊的内涵,借用几个观点,我对本真教育作进一步主观化的阐释。

首先是道家传统的“本真”。从道家传统看来,“本”属先天性的,是元气,是宇宙万物之根;“真”属后天性的,是真气,是五行,是宇宙万物生长、发展的要素。对教师而言,“本”是教师的本色,教师的内在气质;“真”是教育环境对教师施加的种种影响,包括各种教育观点和经验。各种教育观点和经验适应了教师的本色,适应了教师内在的气质,它们才会产生积极的作用,否则,对于身处教育具体情境的教师,所有的教育观念和经验只是自说自话。对学生而言,“本”是人的本性;“真”是学生接受教育过程中相关的种种因素。教育就是创造各种教育环境、通过各种教育手段,促进人的本性、潜质不断生长、发展,或者说,教育就是想方设法作用于人的先天本性、潜质,使人不断成长。

其次是海德格尔的"本真"。在海德格尔那里,本真即是"生存可能性的无蔽展开"。按照这样的理解,本真教育即是使人发展的天赋与潜能无蔽展开的教育。任何的教育(包括非学校的教育)都可能遮蔽人的天赋与潜能,受教育者自身的意识和行为也可能使自己的天赋与潜能处于遮蔽状态,但真正的教育者可以清晰地意识到这种遮蔽的存在而不自以为是,同时善于去除这种"遮蔽"让人自由地发展。

再次是雅斯贝尔斯的观点。他认为本真教育是"人与人精神相契合,文化得以传承的活动",教育对精神的关注重于知识的传授,任何科学知识的获取必须建立在精神的导向基础上。任何人都意识不到自己心灵中沉睡的潜能,教育要服务于精神内涵的不断超越,教育要唤醒人的精神世界中所未能意识到的一切。

二、本真教师:实在、质朴

本真教师实在、质朴,教育教学具体而切实、细致而耐心,工作作风踏实而认真;面对学生、同事和工作,状态自然,不做作,不浮夸,不追风,讲实效,讲真情,设身处地为他人、为学生着想。

本真教师不以"塑造者"自居,他在学生面前更多的是展现实在、质朴的自己。他们善于纵向地组织专业知识,建立纵向的知识体系,引导学生逐步走向深入,让学生领略知识的奥妙;教学设计能环环相扣,形成一个有机的整体。一些深受学生欢迎、教有成效的老师,他的课却很难用教育学的眼光来审视,可学生就是喜欢,原因就在于他有能力纵向地组织了专业知识。

本真教师有这样的教育理念:一个教师敬业,辛勤,关爱,都能感动学生,但更重要的要靠渊博的学科知识感动学生;如果学生因为教师的教育而终生热爱该教师所任教的学科,那是做教师最大的成就。

在方法运用上,本真教师只选择最适合教学内容和学生实际的方法,善于使用不同的方法刺激学生学习,注重培养学生实实在在的课堂习惯,无论在什么情况下都能温暖学生,能以积极的、善意的心态看待学生存在的问题,能通过改变自身而改变学生, 善于宽容学生的细小错误使教育富有弹性,重视日常动作的教育意义……本真教师在学生面前不显示神圣的光环,甚至不让学生觉得他更优越,他合宜地表达喜怒哀乐,以朴素、真实的言行与学生交流情感。

三、本真学生观：向善是本性，相信潜能

一个人总希望自己能够获得快乐，而快乐来自人向善的本性。教育应承接人的向善天性，相信人本身的能量，激发学生源自自然的灵力。本真教育相信人人都具有向善的本性，甚至是正因为这种向善的本性，教育才被赋予了意义。

相信人向善的天性，相信每一位学生都有向善的天性，也便相信每一位学生都具有潜能。向善本性常会出现"遮蔽"，遮蔽并不是丧失，而是以潜伏的方式存在，需要教师以不同的方式去激发，使得向善的天性"无蔽地展开"。偶尔，我们也会遇到一些"不可救药"的学生，其实，所谓的不可救药，是教育没有能够激发学生潜藏着的、沉睡着的力量。引导学生自己修复自己，自己调整人生，教师从旁催化，给以帮助、机会、时间和温暖。

就语文教育而言，孩子在学会使用文字这种符号来表达之前，已经先天地存在语言的潜能，语文教育需要给予学生种种语言表达的要求，更需要顺着语言潜能给予自主、自由发展的空间。人们在生活、学习、工作过程中要使用语言，在不断使用的过程中，语文能力得到发展，哪怕是不识字的"文盲"，语文的某方面能力，比如说话的能力，也可以达到相当高的水准。

当一个教师在学生取得不一般的学业成就时，夸耀自己的教育之功是不明智的，学生的发展首先在于其向善的天性、天赋的潜能，其次才是教育之功。当然，没有教育之功，向善的天性、天赋的潜能可能会一直"遮蔽"着，而教育之功甚至可以促使向善的天性、天赋的潜能发挥到极致。

四、本真的师生关系：相互敬畏

"畏则不敢肆而德以成"，师生相互敬畏，就是相互以严肃、认真、小心谨慎、不松懈怠慢、战战兢兢的状态对待所面对的教育种种情形，藉此形成师生之德。

教师对学生要有敬畏感。

教师与学生基本上代表着两代人，学生自然属于下一代，世界最终是属于下一代的，作为上一代的教师终将退出舞台。经验往往会成为束缚人的东西，正因为如此，每一个时代的上一代总会看不惯下一代。但教师与别的行业不同，是专门服务下一代的，教师不能陷入这个循环的怪圈。教师对学生

要有敬畏感,因为学生更有朝气和活力,他们是下一个时代的创造者。教育是最不能失误的,教育的失误意味着影响人一生,对学生怀有敬畏之心,可以减少教育的失误。

更为重要的是,学生相对于教师,具有不可比的优越。学生对世界的变化反应更加敏感,对陌生的事物更有探究的欲望,是非感更为鲜明,更相信爱的力量……敬畏学生就是敬畏上天所赋予的人的特性,就是敬畏自然的力量,敬畏生命。因此,明智的教师会经常赞美学生,这样使师生的心灵会更加敞亮。

学生对教师也要有敬畏感。

首先,教师比学生拥有更多的知识,更多的人生经验,学生对教师心怀敬畏,更有利于文化的传承;其次,对教师的敬畏在一定意义上是对知识的敬畏、对科学的敬畏;再次,学生对教师的敬畏具有警戒和自省的功能,让学生克服以自我为中心,充分意识到他人的存在,让学生懂得谦逊、友爱、珍惜、感恩。

人们很容易把敬畏与平等对立起来,其实这完全是两个不同范畴的概念。敬畏是一种态度,平等是一种权利,学生敬畏教师,并不妨碍师生平等。教师作为学生的引导者,不可能也不应该与学生对等,学生应该正视与教师的距离,心存敬畏态度,才能有更远的发展目标和更开阔的发展空间。

教师与学生相互敬畏。

教师敬畏学生,学生敬畏教师,两者互为前提。传统教育在师生关系上存在的问题是一味地要求学生敬畏教师,教师高高在上,学生只能驯从。只有教师敬畏学生,教师才会意识到来自学生的敬畏弥足珍贵,甚至是心怀感激,更会注意发现学生的优点,更能把握处理的分寸。学生敬畏教师,才会意识到来自教师的敬畏是多么的高尚,而不会产生因为教师的敬畏而放松了自我要求、自我约束。

师生相互敬畏,教育才不会那般尖锐,会在和谐、平淡、温和中显示教育的力量。

五、本真教育境界:精神的契合

师生精神的契合是指师生在精神上的一致性,是教育的理想境界,它可以有程度高低、量的多寡的区别,却没有高下之分。教育是师生心灵的呼应,是心照不宣、心领神会。精神的契合是师生一起徜徉在知识的海洋,一起寻找真理，而不是拖着、拉着、推着学生往前走。

一些业务水平相当不错的教师，学生却不认同，究其原因，往往在于教师"教"的意识太强，只关注给予，而不太考虑学生的回应。教育不应表达教育者有多高明，而应该注重与学生心灵一起跳动，以教师的精神激发学生学习的动力和信心。

精神的契合，教师是主动者。教师要不断寻求教育规律，只有依规律去教，教师才能更好地带动学生的情绪参与学习，形成精神的契合。因此，追求师生精神契合的过程，也即教育教学不断探索的过程。教师在选择教育教学内容时，应努力与学生的生活对接，与学生的情感世界对接，与学生的原有知识对接，做到了这些，才有可能在师生精神契合的状态下，一起探索未知，并享受探索的乐趣。师生精神的契合还需要教师把位置放低，以一个求学者的姿态跟学生讲话，师生处在同一个平台上，和谐沟通、共同学习，形成"相互依赖的心理场"。

一个追求师生精神契合的教师，会在意以下的教育教学行为：备课时，更多地考虑学生对学习内容的感受；跟学生商量教学内容；让师生处于信息对称的状态下上课；与学生共同寻找问题的答案……

契合需要教师更多地了解学生，善于倾听，善于让学生说出想法，也能向学生敞开自己的心扉，建立人与人之间坦诚相待的关系。师生之间除了冷冰冰的知识传承外，更重要的是精神的契合，或者说精神的契合使知识的传承有了温度、有了灵性。

为了母语　我们该做些什么

程继伍
（浙派高中语文名师班实践导师，特级教师）

“误尽苍生是语文”，20世纪90年代，一群巫师如是说。

当诅咒变本加厉到无以复加地步的时候，有两种情形。一是诅咒者变着花招继续玩——玩偶的身价自然不菲；一是被诅咒者渐入麻木——僵尸也有它的可爱。惊讶的是，承载了上下五千年中华文明的汉语文不幸成了被诅咒者。而至今，在科学世界不断朝着极致发展的进程中，我们的母语正从奠基者的角色升腾为缥缈虚幻的影子，暂时被供奉在人迹罕至的破庙中……

一、堂吉诃德及其风车

骑着瘦驴，手握长矛，毫不畏惧地冲向那巨大无比的风车……感谢塞万提斯先生，让堂吉诃德武士在历史舞台上演出了如此悲壮的一幕。不同的是，堂吉诃德谢幕了，语文是不可能彻底谢幕的。统治了人们心灵几千年的人生语文，在咋咋呼呼的“快乐语文”呼号声中彻底沦为世俗语文。于是乎有了“忧劳可以兴国”的勤勉上联，就能脱口而出“闭目可以养神”的优雅下联；有了“穷则独善其身”的庄严入句，就有不假思索“富则妻妾成群”的诙谐出句。

在一片“误尽苍生”的诅咒声中茁壮成长的90后、00后们，都能习惯性地高喊出“语文很重要”这样苍白的口号。难道火星文就不是一种语文？难道流行歌词就不是一种语文？难道网络用语就不是一种语文？

的确，生活就是语文，世俗化的生活土壤只能培植出世俗化的语文，这是万物生长的自然规律。

曾几何时，国学兴盛。于是乎，一夜间，国学成了晃眼的金字招牌。某高中规定，语文老师必须人人开设国学选修课，但是，凡选定参加各类竞赛的学生是不能参加的。多数不开窍的学生则宁可选择影视动画等消遣性的快餐文化选修课，作为缓解学业重压的难得机会。剩下几个无缘于竞赛又无意于虚度年华的学生，则别出心裁地戏说孔孟、调侃老庄，恶搞杜甫，倒也髦得合时。惹得孔子很着急，庄子很生气，杜甫很无奈。于是，举国上下一片骚动，让堂吉诃德看见了也得汗颜的一幕，在我们中国时不时上演得轰轰烈烈。

山东曲阜孔夫子的塑像依然健在吧,却让我们想到了更多:

春秋的寒风没有让他颤抖,

汉唐的大地高昂着一颗头颅。

他迈着儒雅的方步,

走过了两千多年的历史。

他走向了东南亚,

走过了日韩,

走遍了美国,

走进了欧洲。

却只给自己的故乡——中国

留下一尊惟妙惟肖的雕塑。

孔夫子当然不是堂吉诃德,但留给我们的塑像是否就是一架风车?

当语文成了人们嘴边的谈资,语文变得风趣;当语文成了人们手中的玩物,语文变得无聊;当语文成了人们身上的负担,语文变得无情;当语文成了人们心灵的历史,语文变得无奈。

二、鲁四老爷式的卫道

依稀记得鲁迅《祝福》中关于祥林嫂被抢后的一个片段。

抢她的是河里面上午就泊了的一只白篷船,篷是全盖起来的,不知道什么人在里面。待到祥林嫂出来淘米,刚刚要跪下去,那船里便突然跳出两个男人来,像是山里人,一个抱住她,一个帮着,拖进船去了。

"可恶!然而……。"四叔说。

从抢她的船上走上两个女人来,一个不认识,一个就是卫婆子。她居然还敢在抢了祥林嫂之后堂而皇之出现在鲁四老爷家。

"可恶!"四叔说。

"阿呀阿呀,我真上当。我这回,就是为此特地来说说清楚的。她来求我荐地方,我那里料得到是瞒着她的婆婆的呢。对不起,四老爷,四太太。总是我老发昏不小心,对不起主顾。幸而府上是向来宽洪大量,不肯和小人计较的。这回我一定荐一个好的来折罪……。"

"然而……。"四叔说。

于是祥林嫂事件便告终结,不久也就忘却了。

我们的语文又何尝不是一个可怜的祥林嫂?被卫老婆子们串通起来抢

劫的过程并不乏"洗具"色彩。相信鲁四老爷喊出的"可恶",完全出于真心,因为烧饭洗碗的人没了,鲁四老爷全家都要吃饭。如此看来,"抢劫"我们语文的人也同样着实可恶,卫老婆子及其团伙们罪该万死。然而,卫老婆子们早已练就了游刃有余的口才,那是根本用不着教科书的。我们又该说些什么?

我们的语文的确被"抢劫"了,没有语文如同没人烧饭洗碗一样万万不可。四爷怨愤,四爷之后的五爷、六爷也必断然不肯。但我们的语文就是"祥林嫂",遭抢后被卖,被改嫁,被……哪怕你血洒香案、捐门槛救赎,那都是无济于事的。是命运你就得认了,像祝福这样的大事是万万碰不得的。语文充其量就是烧饭洗碗,如果你知足,或许若干天后"脸上还有些白胖"。

颇有点海盗气质的卫老婆子们,她们的祖先是否跟索马里海盗有些联系,尚待考证。但可以断定,她们绝对不是真正的"山里人"。他们说的"一定荐一个好的",只不过是强盗嘴里暂时按了两颗假的象牙而已。只是,我们的语文既然已经招"爷"们"可恶"了,那么"好的"语文究竟在哪里?

我永远记得都德在《最后一课》中说过的话:"亡了国当了奴隶的人民,只要牢牢记住他们的语言,就好像拿着一把打开监狱大门的钥匙。"然而,我们现在那些当了豪宅的主人,却经常把钥匙忘在豪宅的保险柜里,反正爬墙也可以进的了豪宅嘛。

三、阿Q的游戏规则

哦,还有阿Q。脑后标志性的长辫相信读过的人永远记得。

讲课的老师眉飞色舞,

可敬可佩!

叱咤风云中壮怀激烈,

幽咽低吟里壮志难酬;

仰天长啸时壮心不已,

扼腕短叹后尚能饭否?

听课的学生正襟危坐,

可爱可亲!

这边举着几只威武不屈的手,

那边迸出几句慷慨激昂之词;

边上还有几个呆若木鸡，
剩下不知多少大智若愚。

评课的专家气定神闲，
可叹可赞!
撑开夜幕般的眼皮，
任由话剧般的课堂，
大小训练有素的演员，
在不停地插科打诨。
不要睡，不要睡——
天困，地困;
你困，我不困!

竖起风帆般的耳轮，
任由喜剧般的台词，
从这一头耳洞钻入，
从那一头耳洞散去。
不要说，不能说——
天知，地知;
我知，你不知!

俗话说，人无完人。阿Q唯一的缺憾便是圈画得不圆:

"阿Q要画圆圈了，那手捏着笔却只是抖，于是那人替他将纸铺在地上，阿Q伏下去，使尽了平生的力气画圆圈。他生怕被人笑话，立志要画得圆，但这可恶的笔不但很沉重，并且不听话，刚刚一抖一抖的几乎要合缝，却又向外一耸，画成瓜子模样了。"

我们的语文教学似乎一直都在追求圆满，然而这回阿Q是"使尽了平生的力气"，是真性情中人，我们只会装模作样，暂时演得掩人耳目罢了。

四、当母语在呻吟

语文是什么?

语文＝语＋文＝口头语言＋书面语言＝(口头＋书面)语言

因此,语文就是广义的语言。它既是指几千年文明史积淀下来的语言文字的精华,更是指生活当中接触到的各种各样的语言现象。

不难理解,语文该是所有学科,包括自然科学和社会科学的奠基性学科,堪称众学科之母。汉语就是我们中华民族的母语。上下五千年的文明史决定了中华民族的语文是历史最悠久的学科,又是知识最广博的学科,还是责任最重大的学科,但如今,是谁,让语文成了最受伤的学科?是什么,让语文成了最无奈的学科?

> 当我们的母语,
> 奶声奶调地走出国门;
> 当我们的乡音,
> 被悄悄地封存箱底;
> 当我们的舆论,
> 开始崇尚神话鬼语……
> 多少个评论家挺胸凸肚,
> 多少个政治家近视散光,
> 多少个娱乐家浅斟低唱。
> 江河任由邪恶的口水疯狂地汇聚,
> 长城换用愚昧的灵魂轻易地构筑,
> 堡垒尽让庸俗的功利恣意地摧毁……
> 有多少良知在泯灭,
> 有多少灵魂在哭泣。
>
> 几个孱弱的语文老师,
> 几许声嘶力竭的噪音,
> 伴随着几分歇斯底里,
> 缓解不了您的呻吟,
> 却承担起"误尽苍生"的罪名。
> 中华民族用自己的母语,
> 传承了上下五千年的文明。
> 华夏子孙却让母语
> 遭受了一个现代化的悲剧:
> 十三亿颗面向世界高昂着的头颅,
> 用迷惘的目光睥睨着

饱含泪水的母语

渐行远去……

难道又一个文明神话，

就这样诞生？

曾记否，鲁迅充当过一回狂人，撕心裂肺地喊过"救救孩子……"。不过小半个世纪，我们的"孩子"终于得救了。如今，又有多少人勇于挺身呐喊，真诚维护我们的母语尊严？又有多少事敢于直面功利，无私坚守我们的母语纯洁？为了母语不再呻吟，为了语文不再继续滑向边缘，为了中华文化薪火相传，我们该做些什么呢？

注重引导，学会偷懒
——我的语文教育观

童洪星

（浙派高中语文名师班实践导师，特级教师）

一、语文教学的核心问题是"引导"

语文教学的核心任务究竟是什么？我认为，语文教学的核心任务其实就是让自己的学生喜欢看书，喜欢写文章，激发起学生读的兴趣和写的兴趣。因为"教"是手段，"学"是目的，教法的核心是学法，教会学生学习是教学的本质，也是一切教学活动的出发点和最终归宿。

我一直认为，语文教师在课堂上的主要任务并不是要把一篇文章分析得如何透彻，而是要尽可能地引导学生课后去看书、看报、看杂志，去写文章，引导得好的语文课才是效率高的语文课。我在上人教版课文《致橡树》时，只花了近20分钟时间引导学生展开文本分析，而后半节课则带领学生开展"扩展性阅读"，从作者舒婷开始，介绍同为朦胧派诗人典型代表的北岛、顾城、梁小斌、江河、杨炼等，并在PPT上展示一些精美的诗文片段供学生赏析。选了许多，读了许多。主要是"读"，中间也插进去一些"点到为止的分析"。让我感动的是，隔周的早读课上，很多学生都在读《朦胧诗选》。我知道，上周五的那堂课，我是成功了。

现在教育界都在呼吁要提高课堂45分钟效率，这当然是不错的。但就语文学科来说，我觉得还需要明确两点。第一，在语文课堂教学中，我们不应该关心"解决"了多少问题，而应该关心"引出"了多少问题，"引导"得好的语文课才是效率高的语文课。第二，提高课堂45分钟效率并不意味着要在课堂45分钟里面解决语文问题。语文课仅仅解决"引导"的问题，语文问题的解决过程必须由学生自己在课外进行。所以，语文教师应该是指路人，不应该是带路人。

二、"引导"的具体内涵阐释

语文教学的核心问题是"引导"。那么，"引导"的具体内涵又是什么呢？

(一)引导学生"怎么读"

也就是文本解读。这是时下语文教师最为用力的地方。很多老师一天到晚一年到头孜孜不倦搞研究,研究的正是文本解读。引导学生进行文本解读固然很重要,但我固执地认为还有比这更重要的。

(二)引导学生"读什么"

哪些书必须读,哪些书可以缓读,哪些书可以不读,学生是不清楚的,这就需要"见多识广"的语文教师给予"指导"。给学生开书单是必须的,但怎么开需要思量,必须慎重。有老师曾在报纸上给学生开书单,整整一个版面,让人眼花缭乱,让人望洋兴叹。

(三)引导学生"喜欢读"

在平时的课堂教学中,我喜欢读一些(如果需要也印一些)课外的精彩片段给学生听。比如利用上《林黛玉进贾府》的机会,我印发《红楼梦》第五回《游幻境指迷十二钗,饮仙醪曲演红楼梦》,细讲其中的金陵十二钗"判词",让学生感觉到《红楼梦》是"很有讲究"的,以激发学生细读《红楼梦》的热情。

讲到这里不禁有人会问:"学生的语文老师究竟是谁?"在我看来,学生的语文教师应该有无数个。读司马迁的文章,司马迁在教我们怎样塑造人物形象呢,司马迁在教我们怎样讲故事呢,司马迁在教我们怎样表情达意呢。读鲁迅的文章,鲁迅在教我们怎样拟标题呢,鲁迅在教我们怎样谋篇布局呢,鲁迅在教我们怎样开篇怎样收尾呢,鲁迅在教我们怎样遣词造句呢。所以,司马迁、苏轼、鲁迅、朱自清等古今名家也是学生的语文教师,读名家名篇就是听最好的语文教师上最好的语文课。

三、教语文要学会偷懒

叶圣陶先生曾说"教材无非是一个例子",意思是语文教师要用教材教,而不要教教材,要以我为主,不被教材牵着鼻子走,对教材进行大胆取舍,甚至可以大胆"替换"。

每位教师心里都应该有一个三年六学期的整体规划。一篇文章的教学目标,不同的教师可以不一样,但整套教材必须是一个完整的系统。这个系统由一个一个的"点"组成。这个"点"你可以不在这篇文章里面讲,但你必须在另外一篇文章里面讲。所以,语文教师可以根据自己的教学需要来处理教材。鲁迅的《祝福》可以讲一周，如果需要；张洁的《我的四季》可以直接跳过，如果课时紧张。多讲一篇课文或者少讲一篇课文，并不是一件"天大的事"。

多年来，对教材的处理我一直持这样的观点：该讲的言简意赅地讲，可讲可不讲的坚决不讲，没有什么好讲就干脆一句话都不要讲，尽量留出更多的教时给学生反复诵读。我这个主张的核心有两条：一是以教师"少讲"、学生"多读"为原则；二是以我为主，不要被教材牵着鼻子走。

现在有一个很时髦的课堂教学评价标准，叫"讲深讲透"。受此影响，现在的课堂大多满堂问、满堂讨论，学生读书声音少，教师讲课、学生发言声音多。其实，讲深讲透的课有一个致命的缺陷：一览无余，缺乏张力，激不起学生对已有知识的思考和对更新知识的追求。我个人认为，理想的语文课要富有张力，授课要留有余地，有时点到为止反而更好。从语文教学的角度讲，最高明的办法也许是腾出足够的时间让学生自己去品味、去想象、去评论，教师只提供几个思路，在关键的几个地方点拨一下。

四、童氏"多读多写"说

"多读多写"是传统语文教学一直来承传不衰的圭臬，也是语文学习的法宝，这一点相信没有人会提出异议。但据我的研究，各家在"多读多写"的理解上其实是有很大的分歧的。而不同的理解也就等于不同的学法，也就等于不同的教法，决不能小而视之。

（一）先讲"多写"

我因为工作的关系跑过国内很多学校，发现很多要求学生练笔越多的学校，收效越微，学生的写作兴趣甚至丧失殆尽。为纠此弊，我在很多场合贩卖过我的"童氏多写说"。我认为，同样一篇文章，反复修改，反复锤炼，就是"多写"。不是说"文章是改出来的"吗？这个"改"并不是指语文教师的"批改"，正是指学生自己的"修改"。"多写"不一定是指文章在数量上要写得多，主要是指"笔头"要动得多。

很多语文教师每天都要花大量时间"批改"学生作文。辛辛苦苦批好发下，多数学生瞄一眼就放进了抽屉，并没有多加琢磨。我一直认为教师批改作文是在浪费时间，学生的写作水平并不是教师"批改"出来的，而是自己反复"修改"出来的。

(二)再讲"多读"

"多读"的"多"，是指所读的作品在数量上要多，还是指阅读相同作品的遍数要多？"多读"的"读"，是指无声默读，还是指有声诵读？不同的理解，就等于不同的学法，也就等于不同的教法。

"多读"当然有博览群书(泛读)一义，但就中小学生而言，精读恐怕比泛读更重要。巴金曾诵读古文两百多篇，他说："读多了，读熟了，常常可以顺口背出来，也就能慢慢地体会到它们的好处，也就能慢慢地摸到文章的调子。它们可以说是我真正的启蒙先生。"所以，要提高语文水平，精读比泛读更重要。

当然，一味精读而不事泛读也学不好语文。平时所谓的博学鸿儒、饱学之士不单单是指书读得透，更是指书读得多。事实上，我们的古人在强调"精读"的同时非常重视"泛读"。鲁迅认为什么书都可以看一看，他的这种广泛涉猎，扩大了他的见闻，丰富了他的思想，锻炼了他的语言。鲁迅文章的思想深刻、角度新颖、语言犀利，是大家公认的，而所有这一切恐怕都与他的"泛读"密切相关。

我认为，"精读"立灵魂，建骨架；"泛读"丰血肉，美服饰。一个当主食吃，一个当零食看。

(三)如何"精读"

首先要明确书目。我曾经给学生推荐过三本书：《古文观止》、《人间词话》、《四书集注》。读《古文观止》，可以学它的语言，学它的章法。读《人间词话》，可以提高诗词鉴赏能力。读《四书集注》，可以锻炼思想。三本书都是值得精读的好书。其实，世界上的好书很多，我们可以让学生选一两本适合自己的，并且把它读熟，读深，读透。

其次要有声诵读。精读就需要逐字逐句的"有声诵读"，南宋巨儒朱熹说："读书有三到：心到，眼到，口到。"将"口到"与"心到"并提，可见晦庵先生对诵读的重视。需要特别指出的是，有声诵读不只是小学生的事，而是我们一辈子要坚持的事。我们发现，不管教育怎么改革，有一节课一直都没有改，这节课叫"早读课"。其实，不只要早读，还应有晚读，还应有课内读。有声诵读在语文教学中是不可替代的。

再次是熟读。朱熹说："大抵读书，先须熟读，使其言皆若出之于吾之口；继之精思，使其意皆若出之于吾之心，然后可以有得耳。"所谓"使其言皆若出之于吾之口"，就是说分不清这话是古人说的还是自己说的，亦即"习得语感"

了,而其前提也就是"熟读"。

第四是深思。苏轼说:"旧书不厌百回读,熟读深思子自知。"为什么要强调"思"?因为有"思"必有"疑",有"疑"方能有进步。朱熹说:"读书无疑者,须教有疑;有疑者却要无疑,到这里方是长进。小疑则小进,大疑则大进。"又说:"读书始读未知有疑,其次则渐渐有疑,中则节节是疑,过了这一番后,疑渐渐解,以至融会贯通,都无所疑,方始是学。"

上述有声诵读也好,熟读也好,深思也好,虽离不开语文教师的"引导",但主要还是靠学生自己"折腾",教师且不妨"偷懒"。

五、如何引导学生释"疑"

学生有了"疑"之后会怎么去解决?水平低的学生碰到问题的第一反应是问老师。但倘若学生的问题教师一时回答不了,教师的第一反应是去查网络或工具书。我认为这正是教师比学生语文水平高的表现。

语文学习最基本的法宝就是具有强烈的查工具书意识和上网意识,语文学习过程中碰到的问题大多数都能通过工具书和网络解决。从仰仗语文教师到依赖工具书是一个人语文学习过程中的质的飞跃。但是,养成查工具书的意识很难,培养学生查工具书的习惯任务很艰巨。

试想,语文教师自己尚且有不知道查工具书的时候,何况学生呢?所以说,养成查工具书的意识很重要,语文教师培养学生查工具书的习惯任务很艰巨。而要养成学生查工具书的意识,培养学生查工具书的习惯,语文教师就一定要学会"偷懒",一定要多回答几个"不知道",告诉他们工具书和网络才是最好的语文教师。

六、"偷懒"效果如何

三味书屋的寿镜吾先生是一代著名塾师,教学效果卓异,但寿先生实际上就是一个语文教学的"偷懒"者。寿先生高明的教学方法是什么?就是经常站在讲台上对学生大喝一声:"读书!"于是学生们放开喉咙读书,老师自己也放开喉咙读书。

所以,任何语文教师都不应高估上课效果,学生的语文水平主要来自于课后阅读,必须时时提醒自己,要少讲,让优秀的语文教师多讲,让教材多讲。

教语文要学会偷懒,教语文必须学会偷懒。

我语文：与时代对话的一种可能

黄华伟

（浙派高中语文名师班学员，特级教师）

2013 年末，首届浙派语文论坛在杭州举行。组织者"与时代对话"视角与我较长久以来的思考产生共鸣，试考察历史并结合实践谈谈对当下及之后语文的一种可能。

一、从历史发展探讨"我语文"可能

（一）语文发展历史中"我"艰难浮现

本节主要内容来自潘涌教授《语文新课程与教学的解放》一书第一章第三节，这里且从各阶段教育者预想给学生语文教学内容的角度进行概括。

1. 从"他的经史"到"你的知识"(1904 年至"五四")

语文教育开始从"僵死"的与当时已有隔膜的经史中分离出来，注重教给学生有用的知识。1904 年，张之洞等人"博考外国，参酌变通，择其宜者用之"的《奏定学堂章程》颁布，提出"其中文学一科……并宜随时试课论说文字，及教浅显书信记事文法，以资宦科实用……"这之后到"五四"之前，语文学科已初步体现西方科学精神和民主思想，语文"学科意识"开始觉醒，国文教学科书充溢着鲜活的时代气息。陈启天首提国文教学主、副目的：说普通语言、看现代应用文……做现代应用文；启发思想、锻炼心力，了解和应付人生与自然。

2. 从"你的知识"到"你的人"("五四"至 1949 年)

知识传授的同时开始关注学生"人的发展"。国文教学的关注点从"教法"转向"学法"，使学生从消极的教学受体转向主动的学习主体。小学、初中《课程纲要》以国语素养、情意要素为基本目标，强调培养学生语文的能力、习惯和兴趣，重点在现代语体文及口语，但也不偏废文言文，叶圣陶等编《开明新编国文读本》、《新编开明高级国文读本》，突出充满新时代生命气息的语体文，使之尽可能与学生的现实生活融为一体；教学方法上，倡导学生学习的自动性和自立性。胡适提出"教员在讲堂上，除了补充和讨论以外，实在没有讲解的必要"，吴研倡导"自然教学法"，叶圣陶提出"心灵的发展"，陶行知主张

"教学做合一"。——这个阶段的语文教育深受杜威实验主义教育哲学影响。

3. 从"你的人"回退到"你的思想、知识"（1949年至20世纪末）

1966年以前是全面"苏化"时期，提出"以老解放区教育经验为基础，吸收旧教育有用经验，借助苏联经验，建议新民主主义教育"。凯洛夫教育学说对中国影响巨大，形成课堂、教师、教科书"三中心"课程实施模式，以所谓确凿无疑的义理和语文知识系列为中心，使学生奴化为语修逻文和字词句篇的被动接受者。"文革"十年走向反教育反语文之极端。改革开放后，语文教育有改进有发展，重新确定"以教师为主导，以学生为主体"教学理念，诸多教学流派崛起；但在应试教育背景下，依然弊端重重。1997年11号《北京文学》发表王丽等作者的审视语文教育专题文章，引发语文教育界深刻反思。

王尚文先生对此有过精辟论述："……从古至今语文教学史其实就是演绎了这样一种过程，即从封建时代的'训诲——驯化型'模式到现代'传授——训练型'模式，其价值取向则从'义理中心'转为'知识中心'……两者共同之缺陷在于忽视了'人'，忽视了教师与学生的存在与发展。"

4. "我"艰难浮现

进入21世纪，随着第八次课程改革强力推进，语文教育空前关注"学生"这个"人"，——甚至，已经开始关注"每一个人"，注重他们"个性"、"特长"发展，"已经颁布的《国家中长期教育改革和发展规划纲要（2010—2020年）》在论及更新人才培养观念时，强调指出'尊重个人选择，鼓励个性发展'、'发展每一个学生的优势潜能'等等，教学关注'个人'，育人必重'个性'——唯如是，方得乎真教育之精髓"。——"我"的面目，在语文教育百年曲折发展之后，在一群群"人"之中，终于慢慢浮现，渐渐清晰。

（二）当代语文环境中"我"呼之欲出

1. 学习内容因"我"而极大丰富

语文学习内容从来没有像今天这样丰富，所谓的"知识渊博"很可能已经成为历史名词，现在谁的知识不"渊博"？谁的知识有百度"渊博"？——只要"我"愿意去搜索和知道。另一方面，无数网民之"我"已经成为语文学习内容的创造者，各种各样网络词汇层出不穷，"给力"已上《人民日报》，"美眉"人见人爱，"屌丝"正在"逆袭"，"小三"试图"上位"……各种各样"时事说法"无穷无尽，"我爸是李刚"，"元芳你怎么看？"……各种各样汉语新用法不断被尝试，不断在流行，如简省说法"何弃疗"、"我伙呆"，如故意用谐音代替的"酱紫"、"绳命"，如充满娱乐精神的"以迅雷不及掩耳盗铃儿响叮当之势"、"你若安好,便是晴天霹雳",——它们正悄悄地、深刻地改变着汉语学习内容。钱理群先生谈及蒋方舟时说:"一个12岁的孩子掌握这么广泛的词语……提醒我们注意电视文化、网络文化等流行文化对孩子的巨大影响,在某种程度上是超过了学校教育的影响的。"

2. "我"的学习方式得到推崇

基于"我喜欢"的学习方式越来越流行。我曾有三年多的网络教学经历,学生在不知哪里的电脑的另一端,点击开你的视频,听你的课,也可以与你作语音或视频的在线交流;你的课让人喜欢,听的人就多,否则,有可能一个人也没有。更不用说网络上越来越丰富的优质教学内容,只要"我喜欢",动动鼠标就可以学习;规模一大,就是现在非常流行的慕课(MOOC),或谓"翻转课堂"。在崇尚"我"的当代,这种学习方式的发展前景不可限量。另一方面,"我的语文学习"已经"高浓度"地融入我们的网上生活,博客、QQ、微博、微信等网络交流平台,已经成为人们交流的无限宽广的世界,每位网民包括在校学生,他们都可以自由地表达"我",发表"我"的观点,"全民创作"时代早已到来——"自媒体"也就是"我媒体"早已不是新名词。

3. 教学理念与"我"息息相关

联合国教科文组织编著的《学会生存》指出:"在历史上第一次为一个尚未存在的社会培养新人。这就为教育体系提出了一项崭新的任务。"当我们的孩子步入社会,他们在校所学的知识还能充分发挥作用吗?至少,他们必须面对许多在学校里没有学过的"新东西",——这就是当下教育强调培养学生学习能力,着力培养学生"个性特长"的原因。《普通高中语文课程标准》在"实施建议"大力倡导"自主、合作、探究"学习方式。《浙江省教育厅关于深化普通高中课程改革的通知》强调指出:"增加普通高中教育的选择性,建立在共同基础上学生自主选择学习的育人模式,是为每个学生提供适合教育,推进普通高中多样化和特色化发展的必然要求。"在《浙江省深化普通高中课程改革方案》中进一步说明:"扩大学校教育、教师教学和学生学习的自主权,引导学生自主选择、自主学习、自主发展,实现学生全面而且有个性的发展。"——"我"已经是当下语文教育不可回避的内容。

(三)将来"我"与"语文"结合的可能

1. 学生之"我化"

提个也许不恰当但颇为形象的说法:19、20世纪之交,尼采说"上帝死了",于是"人"站了起来;100多年后的今天,在"人"早已站起来之后,一个个面目鲜活的"我"开始从"人"的群体中分离出来。如果说工业革命大大激发了"人"的创造力，那么信息时代则是无数个"我"在创造着时代。我做过十几年高中班主任，对比今昔，最大的感慨就是学生的变化，从教初期的孩子比较"听话"，集体意识特别强，很少有学生"搞特殊"；现在的学生会"理直气壮"地与你论辩，自我意识、民主意识非常强。一句话，学生越来越像"我"。——对充满人文气息的语文学科来说，我们应认真面对越来越"我化"的学生。

2. 教师之"我化"

与"我化"学生对应，有个性的语文教师越来越受学生欢迎，相信这是所有一线老师的共同感知——当然，或者，语文教师的个性从来就是非常重要。王尚文先生谈及"白马湖现象"，钦佩地说："春晖的语文教师无不是具有人格魅力和深厚学养的一时之选……"同篇文章中又说："……语文教师的个性，我以为是语文教育之必需，语文教师自身的语文水平、语文品质、语文个性在语文教育中的地位、作用、影响，怎么估计都不会过分。""我始终认为语文教师所能教给学生的只有教师自我。"——这与当下流行理念"把更多的课程开发权交给教师"、"课程不是专家的，而是大家的"息息相通。在当前及之后"风起云涌"的选修课甚至必修课教学中，"我"确实已经"光明正大"地登上了高中语文讲台。

3. 内容之"我化"

时代对语文内容的影响，想必不用论证。清末饱受外敌欺侮，于是才有迫不得已的"博考外国"的《奏定学堂章程》；"五四"之后，民主、科学意识高涨，才会有关注"人"的语文教育；新中国成立初期，"全盘接受"老大哥苏联的教育思想顺理成章；"文革"期间的语文，当然不可能有"语文味"……化用"一代有一代之文学"，或者也可以说"一代有一代之语文"。如果把语文按其学习内容命名，或者可称之为"义理语文"、"知识语文"、"政治语文"等，当"义理"淡化、"政治"退隐、"知识"不再受到"厚待"，当下及之后的语文需要能反映时代生活的全新内容——"我"——来充实，称之为"我语文"，或许不是全无道理。

"我语文"用来称呼高中语文另有恰切之处，对破除当下高中语文教学困境也有特别的意义。

二、从"无我"反思当下高中语文的"失魂落魄"

(一)"我"不在场的尴尬

1. 语文"没意思"

教师间流行一个戏谑说法——"高中语文是大老婆",即语文在各学科中"排名"第一,却没人喜欢。学生也不愿意在上面多花时间,以为相比数理化,语文"分时比"过低。小学、初中语文相对受重视得多,因为那时还有比较明确的语文学习内容来吸引年纪尚幼的一个个"我"。如果不高考,愿意学高中语文的孩子不会很多。高考"十八选六"考试,一个年级段约七百人,选语文的也就一二十位;有些理科学生即使选做政史地也不选语文——当代高中生多数以旁观者的姿态看着语文教师、语文学科。

2. 写作"瞎扯淡"

写作无疑是其中最受诟病的教学内容。长期以来,教师基本无计可施,学生基本比较痛苦。褚树荣老师对此曾有比较全面精到的概括,共"十种不良倾向":重方法、轻生活,技术至上;重传道、轻真情,"伪道"盛行……胡勤老师这样表述高中生对写作的"累觉不爱":"……也许经过3年或6年之后,他们觉得自己小学时叙述单纯,初中时思想幼稚,但是到了高中又没有教给他们新的言语方式,只能在原有的写作圈子里徘徊迷茫……"他们写作时多不愿意认真思考,仔细推敲,常常是心不在焉,敷衍了事。——你相信手中的文章是那个真正的"我"的作品吗?

3. 阅读"随你说"

让高一新生自学课文,学生会有多大难度?遇到难字、难词、难句,学生完全可以通过自学解决。对比初、高中课文,会更清楚地看到两者在理解"难度"上的差距并不大,它们都曾先后入选过初、高中教材:《安妮日记》、《孔乙己》、《邹忌讽齐王纳谏》、《范进中举》、《杨修之死》、《智取生辰纲》、《威尼斯商人》……甚至有不少课文同时入选现行的初、高中课本:《行路难》(八下,《古代诗歌散文欣赏》)、《老王》(八上,必修三)、《祖国呵,我亲爱的祖国》(九下,必修三)等。学生对阅读课基本上"爱理不理",他未必赞同教师的分析,但就是懒得与你理论。——我们分明感到,高中阅读教学,我们确实难能以打动学生;学生在场,但他们的"我"却不知在哪里飘荡。

(二)"我"在哪里的追问

1."我"在独立

郑和钧先生把高中生心理特点概括为"六个性",简单转述如下:"自主性,……自我意识的明显加强……热衷于显示自己的力量和才能;前瞻性,……它引发高中生迫切地追求自我实现;进取性,……富于进取,颇具'初生牛犊不怕虎'的劲头;闭锁性,……他们的内心世界变得更加丰富多彩,但又不轻易表露出来……;社会性,……对社会活动的参与日益活跃……他们思考问题已远远超出学校的范围……"——更何况在信息时代的当下,他们的"我"意识已经觉醒。高中语文教学要想"打动"学生,必须要把心理上"在独立中"的学生"我"拉进来语文课堂。

2."我"在思考

高中生"在独立"是思维发展到一定程度的体现。"里马特(Rimat)的主要结论是,真正的概念形成……只能从青春期起方才开始……只有在12岁左右才显示快速增长……"《高中生心理学》对高中生的认知特点有专门论述:"高中生认知结构的完整体系基本形成……认知的核心成分——思维能力更加成熟……思维的目的性、方向性更明确……思维的敏捷性、灵活性、深刻性、独创性和批判性明显增强……高中生的辩证逻辑思维的发展水平与初中生相比,已有质的区别。"——何况在多元、包容的当下,我们应该尊重课堂上那一个个已经开始基于自己判断、分析而展开思考的"我"们。

3."我"在迷惘

我曾对高一新生作过题为"高中语文学什么"的调查,除了知道"要高考"外,大多数学生对语文学习意义认识模糊。学生们反映课文基本上都读得懂,"那还学什么?"对写作倒是一片"谦虚",多数认为"不知该怎么写"——而且,学生发现,随着学习的进程的日益深入,越来越搞不清高中语文的学习内容。王荣生先生在《听王荣生教授评课》一书自序里开头一句话就是:"研究表明,我国语文教学的问题和困难,主要出在教学内容上……"高中语文教学内容是什么,不要说学生,我们老师说得清楚吗?学生"我"和老师"我"其实一样迷惘——你让高中语文教学如何不尴尬?

(三)"我"和"语文"融合的困难

1.高中语文建构乏力

摸清高中语文的起点,并不意味着与当代高中生相适应的教学内容就能清晰呈现，至少这方面的努力不算及时也缺乏力度。当下高中语文教学内容一是"面目模糊"，《课程标准》上的"纲领"性意见或者"表述清楚"，但实际上我们一直没有弄明白，相比小学、初中，高中语文到底"高"在哪里？二是"身材干瘪"，在众所周知的高考压力下，高中语文已经一定程度异化为机械的、功利的"高考语文复习"，其中艺术的、智慧的内容已慢慢地被驱逐出语文花园。面对充满"我"气息的当代高中生，高中语文并没有建构起与之相"配套"的高中"语文"——"我语文"必须拥有富于专业特性、时代特色的新内涵。

2. 教师"我"准备不够

教师是能够促使"语文"和学生"我"融合的主体力量，但目前整体上讲，我们还需要一段时间去"调整"角色。首先，我们对学生"我"的认识还不到位。他们已经难能忍受我们"居高临下"的"传授"，他们渴望"我"去学习，并要求教师做出改变。我们之前"拿着当饭吃"的所谓"专业知识"已经慢慢丧失用以维持自身学科地位的力量。其次，教师"我化"成色不足。能够符合学生"我"需求，引发学生"我"共鸣，很可能不再是"经师"而是"我师"，即有个性、有特长的语文教师；与"把更多的课程选择权交给学生"相适应的，必然是"把更多的课程研发权交给教师"，"语文教师的使命，要比数理化和英语教师艰巨得多，也光荣得多。数理化英语教师的解释，往往是现成的，全世界公认的，而语文教师，却需要用自己的生命去作独特的领悟、探索和发现"。——实践"我语文"应努力向"白马湖畔"的前辈们学习。

3. 教学环境限制颇多

教学环境正在快速改变，但离"我语文"的理想尚有不少距离。比如近几年"以学生为主体"的理念被大力提倡，也被越来越多的老师认同，但实际课堂上并不能很好实施。教师只有一个"主体"，学生有许多"主体"，当众多"主体"受到尊重时，课堂难免陷入"喧闹"，虽然也有"先小组讨论，再小组代表发言，最后老师补正"的方式，实际上课堂上很多"我"主体并没有参与其中，讨论宽泛却多流于表面，发言踊跃却只限于少数学生。比如所谓的"分层教学"想法很好，但实际上受限于现在的班级授课制组织形式，首先我们很难给学生分层，其次我们很难"管理"，何况学生学习状况并非一成不变；关键还在于，它与"我语文"的尊重每一个"我"的理念较难相符。比如选修课种类尚不齐备，还存在不少被动选课现象，等等。

当然，新时期高考变革已经启动，新意频出，其中不少想法对高中语文教学都是利好消息。浙江省已经有少数学校开始"必修课走班"实验，教学环境方面的诸多限制有望进一步得以解除。

三、"我语文"课程内容之"三我合一"

"我语文"要想"与时代对话",其课程内容必须要与"当代高中生"身心发展及其语文基础相适应,与当代语文教育理念相符合。概括地说,"我语文"课程应做到"三我合一":"我"是学习主体,"我"是学习内容,"我"是学习目标。

(一)让"我"来读:从理解性阅读走向研究性阅读

1. 阅读主体"我"需强化

面对课文,高中生首先要培养的是阅读的自信和勇气,要慢慢养成"文我对话"的意识。教师要做的就是让学生去读,并鼓励学生提出质疑。

当学生"愤怒"地赏析鲁迅"一棵是枣树,还有一棵也是枣树",说"名家的'病句'都有'深刻含义',而我这样写就是叉叉"时,我们应该认可"我"的真实阅读感受。当学生在高中课堂上用初中的解释来分析杨绛先生《老王》中结尾的"愧怍"时,我们就必须追问:你真的是这么想的吗?当学生对必修二课文中的句子"非正义的战争每天都在毁灭生命,毁灭财富"提出异议:"……但正义的战争又何尝不是如此呢?只要是战争,就会让很多人丧失生命,损失财富……所以应该把'非正义的'这四个字删去。"我们应该加以褒奖。要让学生慢慢懂得:"我们不应该迷信权威,而是应该善于质疑,并及时解决自己提出的问题,这样才有可能有质的飞跃。"

2. 阅读内容"我"来催生

阅读主体"我"如果足够强大,那么就会有源源不断的"阅读内容"由"我"而生,我们的阅读教学就会变得非常生动有趣。也就是说,既然学生理解课文字面意思已经不是问题,我们自然要把学生的注意力引到"字句背后",即所谓"于无字句处读书"。"教材……只有在师生的自由阅读中才能逐步实现,只有在师生的创造性阅读中才能获得现实的存在和生命。……对教材的阅读理解,只有在学生的主动参与下才有价值,才能完成。"

3. 阅读目标提升"自我"

当高中生能进行"文我对话",张开"我"思想的臂膀拥抱一篇又一篇课文时,就能如黑塞在《获得教养的途径》中所说的那样:"对思想家或作家的每一部杰作的深入理解,都会使你感到满足和幸福——不是因为获得了僵死的知识,而是有了鲜活的意识和理解。……帮助我们将自己的人生变得越来越充实、高尚,越来越有意义。"

(二)为"我"而写:从训练性写作走向创作性写作

1."真可以为我而写吗?"

多年来,学生的写作在较大程度上是教师、教育主流价值观的"传声筒",是成人写作意愿的傀儡。我们要"顺应"当代高中生厌倦"被人操控"的心理要求,帮助学生改掉"学生腔"、"作文调",让学生逐渐做到"为自己写一回"、"我的文章我做主"。

我研发的选修课程"为我而写"第一堂课"跟帖生活",要求学生模仿网上"跟帖",像在微博、QQ上一样,真实地表达自己的思想。就当堂写作来看,比我们平时看到的作文活泼得多,有生气得多。之后学生们越来越有兴趣写。在课程结束的反馈问卷调查中,绝大多数学生反映这种写法"改变了写作观念"、"好写"、"有趣"。

2."我可以写什么?"

多少年来,学生被教导着造句、描写景物、记人写事,"小花小草小物件小感想";高中还写这些内容吗? 答案当然是否定的。我们应该"顺水推舟"——让学生写"我"。经过一个阶段的适应,学生一定会喜欢这种写作内容。

"写我"大致可分为三方面:表述"我"的生活,侧重于叙述,记录"我"眼中的学习、生活;表达"我"的观点,侧重于议论,满足学生发表意见的意愿;表现"我"的才能,指让学生表现自己的文学才能,尝试"创作"。

3."我为什么而写?"

对刚刚睁开"我"的双眼看世界的高中生来说,写作具有在与自己对话、与外界碰撞中慢慢构筑自我精神世界的特殊功能。"写作的功用……超越了实用的和应用的,指向人类文化、文明的承传和自我实现的人生。……塑造了辉煌、不朽的生命,使短暂的人生获得了永恒的价值……"当我们赋予写作这样的定义时,学生还会觉得那是"瞎扯淡"吗? ——应试,是"为我而写"顺带就能完成的。

"当自我觉醒时,我们急欲赋生命以意义,……我很愿意成为思想的表达者,就算思考的产物本身不属于自己。思考也不能使生命有意义,生命的意义也不只是思考……人既要有丰富的精神生活,又要从柴米油盐中找寻切实的人生。"(学生鲍双伟)——这样的文字不已经给出写作对于高中阶段"我"成长的意义了吗?

(三)选"我"乐学：从封闭性内容走向选择性内容

如果说"让我来读"、"为我而写"是必修课程阅读、写作教学内容的"我化"和提升，"选我乐学"自然指向选修课程。这是当下高中课程改革热点，也是"我语文"对语文老师的全新考验。

1. 有"我"喜欢的课程吗？

《课程标准》选修课有五个系列：诗歌与散文、小说与戏剧、新闻与传记、语言文字应用、文化论著研读。其后再举"唐诗选读"等12例课程。《课程标准》体现国家教育意志，为"最高指示"，但很明显，它只是纲领性文件，不能为情况各异的地区、学校提供"普适"的课程。《浙江省深化普通高中课程改革方案》提出："……推进普通高中多样化和特色化发展，为每个学生提供适合的教育，以满足不同学生的发展需要。"

如果说必修课程教学内容是"统一基础"，那么选修课程就应该指向学生"个性特长"。对所有学生而言，课程数量必须丰富多彩；对选择该门课程的学生而言，又应该有一定的学科深度。"我们更大限度地让教师和学生发出他们自己的课程声音，改变过去单由他人来规范和解释课程的状况，也让课程参与者用自己的语言和愿景来解释自己的创造。"在政策允许范围内，在语文专业范畴里，为学生提供每个不同的"我"喜欢的课程内容已经成为当下老师们开设课程时的重要考虑，——实际上，学生已经用"我喜欢"的选择权来"指导"我们的课程研发。

2. 有"我"乐意的学习方式吗？

选修课程有别于必修课程，除了内容上要让学生"喜闻乐见"，还要追求学习方式的变革。《浙江省深化普通高中课程改革方案》要求："鼓励学生个性化学习……加强选课走班管理，允许学生跨班级、跨年级选课……探索必修课程的选课走班，让学生选教师、选课程进度、选修习年级。……鼓励学校和教师进行教学方式改革的探索，形成个性化的教学风格和特色。"

苏教版高中语文必修教材中已经提出与传统颇为不同的"文本研习"、"问题探讨"、"活动体验"三种方式。鼓励积极参与，关注学习过程，注重实践、体验。其中特别引人注目的就是"深化课改"背景下"研究性学习"的变化：由"独立"于各学科外到"渗透"于各学科内，由学习方式"提升"为知识拓展类选修课的一种；这对已经有着比较扎实语文素养的普通高中学生来说，很可能是学习方式上的一次解放。

3."我"学习语文的目标是什么？

"我"在阅读中不断与"高尚者"、"博学者"交谈，不断主动地构建"我"的知识体系；"我"在"为我而写"中不断与自我对话，在反思中不断提升自己思想境界；"我"慢慢地用"语文"手段规划自己的成长方向，塑造自己的气质特点。同时，"我语文"的学习必然走向精细、有个性的方向，"我"学习个性慢慢形成，"我"语文学习能力渐渐升级。"我"知道自己需要什么学习内容，"我"知道该怎么学习语文，"我"懂得如何用比较专业的眼光来看待语文现象。

当"人文之我"与"工具之我"终于相融于"我语文"时，它必然可以获得自觉的成长、自足的能力，从而实现"我语文"终极目标：培养具有高尚精神境界、高深语文素养的"我"。

语文·悟文·焐文
——新课改视阈下的"悦语文"

颜军岳
（浙派高中语文名师班学员）

新课改，课改新，改新课。教育正以一种极其艰难的形式在传统和现代的演进之路上跋涉。教育离生命本身，离幸福和诗意，还是有点远。这样的教育，仍然需要改造。如王小波所言：一个人只拥有此生此世是不够的，他还应该拥有诗意的世界。

课改的关键在于改课。尽管我们也在不断地阅读并艳羡别人的成功经验，但我们更需要的，是立足在自己这块土地上，不断呈现自己和反思自己，并努力实践。

静下心来育人，潜下心来育人。让自己"以情育人，热爱学生；以言导行，诲人不倦；以才育人，亲切关心；以身示范，尊重信任"，在日复一日的工作中做到在传统中创新、在坚持中开拓，开创出属于我们自己的"幸福语文诗意心"的后花园。

一、语文就是悟文，就是用"吾"之赏识之"心"打动学生的心灵

课堂教学上勇于改革，大胆创新，注重学法培养和体验认知，即"授之以鱼，不如授之以渔；授之以渔，不如授之以渔场"。为了每一位学生的发展，给学生一个自我探索、自我评价、自我调控，即自主学习的空间应该成为我们的共识。

鱼·渔·渔场

教语文要用一颗赏识的心去教，以便达到教学相长、心领神会的境界。本着"扬学生之长，越扬越长；避学生之短，越避越短"的教育理念，我们要通过"赏识教育"来鼓励学生争做学习的主人。教学上"授之以鱼，不如授之以渔"固然重要，但我却说"授之以渔，不如授之以渔场"。不仅重视手把手地示范传授怎样捕鱼的方法，而且更应当重视创造一个宽广辽阔、有风有浪的渔场，让学生在实践中学会怎样捕鱼。平时在教学实践中精心设计和创设一个

让学生得以主动学习和发展的"渔场"，并通过其主体活动来探索发现，获取知识，培养能力，发展智力，做学习的主人。

以学生姓名命名的方程式、公式。《高中语文课程标准》中强调，要让学生注重个性化阅读，充分调动其生活经验、知识经验和知识积累。尊重每一个学生，倡导"思维无禁区"，积极鼓励学生勇做语文学科探究的发现者。因为只有深入教材才能发现问题，才能挖掘出教材的内涵。在文本研读中，对极有价值的发现，经我认定后可以以学生的姓名进行命名，从而体味发现的快乐，更好地提高学生自主学习的探究能力。

譬如，在如何理解闻一多《死水》中"也许铜的要绿成翡翠，铁罐上绣出几瓣桃花"这一诗句时，一位叫周浩魁的学生就用"化学方程式"对此作出了别样注释：

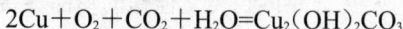

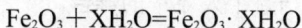

$$2Cu+O_2+CO_2+H_2O=Cu_2(OH)_2CO_3$$
$$4Fe+3O_2=2Fe_2O_3$$
$$Fe_2O_3+XH_2O=Fe_2O_3 \cdot XH_2O$$

原来诗中所提到的"绿成翡翠"就是俗称中的"铜绿"[$Cu_2(OH)_2CO_3$]，"几瓣桃花"就是俗称中的"铁锈"（ $Fe_2O_3 \cdot XH_2O$）。该方程式已由省化学特级教师史定海鉴定为完全正确，于是我将它命名为"周浩魁方程式"。

又譬如，我在任教鲁迅先生的《阿Q正传》（节选）时，曾就文中开头出现的"三更四点"，与学生一起展开讨论、研究。"旧时夜间计时用更点，一夜分五更，一更分五点，每更两小时，每点24分，晚上19时起更，那'三更四点'究竟是什么时候呢？"我要求学生能据此原创出一个公式，将"更"和"点"直接代入即可算出具体的现代时间。后来，学生钟翔和楼钢锋共同演绎的更点换算公式颇具实用操作价值，于是我就将此合并命名为"钟楼公式"。公式为$T=2m+17+n$，其中T为具体的现代时间，m为更数，n为点数。演算结果中"整数"为现代时间中的点数，"小数点"要乘以60即为分钟数。按此公式，将"三"更"四"点代入其中，最终算得其应为24点36分，凌晨零点36分。

这样的探究研讨发现还在不断延续……

二、语文就是焐文，就是用"吾"之激情之"火"点燃学生的兴趣

不把学生当容器，只因学生不是待装的瓶，而是待燃的火。人总是要有点精神的。本着以100%的激情去解决学生1%的问题的为师心态，我们平时在教学中要以激发学生学习语文的兴趣为己任，让学生在"随风潜入夜，润物细无声"中感受快乐。

讲台·平台·舞台

周末大赢家,效测你我他。构成学习的,不是未知的知识,而是已知的知识。于是周末语文课都要进行本周课堂学习内容的效果检测,或默写、或背诵、或小组竞技联赛等。平时为了更好地激发学生背书的积极性,周末我就与学生进行"一对一"的PK式背诵挑战赛,这样大大激发了学生想征服教师的强大学习动力。对于背不出来的学生,我也会请他们唱首歌给大家听,美其名曰"美丽的惩罚"。

给每一个学生一个没有天花板的空间。小世界,大舞台。驰骋在三尺讲台边,飞扬于四方斗室中。从高一时的"励志论坛"到高二时的"图评天下"再到高三时的"江南早茶",即从名人励志的故事促动自我学习语文的内驱力到以图片纵评天下的人文景观再到美文佳作的精品鉴赏,学生通过PPT的精心演绎增强了语言表达能力,彰显着自信心。真正实现把语文课堂的讲台变成展现自我个性的平台,凸显个人才华的舞台。

自编"出书":我的空间我是我。为了更好地激发学生对写作的兴趣,在每学期末,我都会要求学生将一学期以来的习作汇编成册,让他们也感受一下"出书"的成就感。还有不少学生更是邀请任课教师为自己的"书"作序,既增进了师生间的感情,也让学生感受到了教师的温情与支持。

学生周墉在他的自序中这样写道:

没想到将几次作文订在一起就成了这第一期《晴天》集,从这册子"动工"到"竣工"虽耗本人不少时间,但因第一次自己"出书",感觉颇佳,自己也挺高兴,觉得挺爽的。此次出过"书"后,感到出书挺爽的,一本书全由自己亲手完成,主要的就在于这成就感,我自己想想也有点挺不可思议的。小学时,我对作文、文艺作品等恨之入骨,如今却又慢慢地爱上了,自己也第一次试着出了册子——《晴天》。

自编"出书"的方式更好地撩拨起了学生学习语文的兴趣,他们发现原来"出书"可以这么简单,语文学习变得生动有趣起来。也许这就是教育的艺术之灵魂所在——你要做世上的盐,不做世上的光。

三、语文还是语文,就是用"吾"之独到之"言"激活 学生的思维

实现有效课堂,不应增加教学的长度,而应该增加教学的宽度和深度。我心目中的"有效"是学生"知识的有效增长"、"情感的有效释放"、"能力的有

效提高"。要深入钻研教材,进入与作者对话,与文本对话的境界,使自己对每一篇课文都有独特的感悟,以求上课时达到与学生心灵交流的效果。好小品能让一句话一个词在人群中广传,一堂好课也要能让一个片断精彩,给学生留下深刻印象。

本色·特色·亮色

教学中除了保持严谨的本色,还需要有教学的特色,并在这一特色中呈现亮色,与学生共同成长,力求做到人无我有,人有我优,人优我特。譬如我在任教完志贺直哉的《清兵卫与葫芦》一文时,曾为学生现场朗诵了一首原创诗歌《只为心中永远的美丽——致清兵卫》：

柱子上的葫芦碎得太彻底,或许你早已,将它们从前的样子忘记,但心底一定会记起,它们曾在你手心里,翩然舞起,排列成梦想的记忆。相信你,童真的心里,深藏了热衷的秘密,只为心中那份永远的美丽……

通过这样的原创诗歌,进一步增强学生对文本的理解,同时激发他们自我灵感创作的热情。学生钱丽敏就为乐府诗《孔雀东南飞》创作了一首歌曲《戚戚离人泪》：

戚戚离人泪,泪荡千行被遣归,三步一停四步一回,无望何时归,归来的时候,真心期待再相会,此情绵绵无绝期。思如东流水,戚戚离人泪。泪如连珠泣如水,君当磐石妾作蒲苇,誓天绝无违。寂寞的时候,思念侵入我心扉,多情自古伤离别。只恨空悲余,天下有情人,舍卿还有谁。在天比翼在地连理栖栖双双飞,我愿举案齐眉,有心人成双成对。

由此可见,语文就是悟文,用"吾"之"心"感召灵魂！语文就是焐文,用"吾"之"火"照亮他人！语文还是语文,用"吾"之"言"忠诚自己！希望我们的语文教师都能保持对教育现实的一种敏感,对生命存在的一种感怀,在保持独立之精神和自由之思想的同时,努力在教育真实的生活细节中探索和表达意义,努力寻求、发现和推介具有建设意义的教育实践经验和策略。

为者常成,行者常至。精心备课,诗意教学,收获的将是"悦语文"的幸福课堂。

浙派语文:为学生打开"自由精神"之门

成旭梅

（浙派高中语文名师班学员）

一、教育的哲学之维:认识你自己,成为你自己 到做最好的自己

中国现代教育追求,走过了一条从"渊深学养,个性学术"到"艺术课堂"到而今"开发课程"的长路,这条路上,似乎教育与哲学是风马牛不相及的两个维度,但从"为人生"这个立场来说,它们的根柢是归一的。一个哲学意义的人,是一个精神状态的人,是灵魂的人。但是今天,这个本质性的要求却正在教育行为中渐渐淡漠:我们的教育,正在渐渐成为走在人生边上的"围城"。

什么是当代中学生最缺乏的?"他们有知识,却没有是非判断力;他们有技术,却没有良知",他们患有"人类文明缺乏症,人文素养缺乏症,公民素养缺乏症",马小平的话犹言在耳。的确,一个"坏人是怎样教育出来的?!"我们曾经和正在强调着生命教育,强调教育要为学生的人生基奠幸福。而我们的学生却在形而上的知识的攀爬中走向了生命的荒疏。肖川说:"我们的教育无助于学生生命尊严的提升,却有愧于学生生命尊严的失落。"我们今天的教育,更多的是让学生学会了消灭生命知觉。甚至于,生命在学习的路途间滑向空洞,丧失了其本应有的冲动、激情、力量、跋扈和深度。

我们的教育甚至不得不面对当代文化灵魂的集体失语这样一个思想文化的普泛的尴尬。当下教育,正在丢失"人"的核心,这是教育的哲学迷失,也是教育走向违背人文旨归而给人带来的局限。

如果从哲学的角度去追溯教育存在的意义,教育行为影响力的两个阶段,就是"了解你自己"、"成为你自己"。"认识自己"是对自己内在的灵魂的一种拷问与熟知,是为了能更好地发现存在的真理,来完善自身的德性。而"成为你自己"则从内在法则上激励人们的生命创造力。

今天,我们很欣慰地看到,现代公民教育正走向对这种哲学价值取向的应和。诚然,完美个体人生,促进个性健康发展,本应就是教育的期待甚至旨归。这些期待所凸显的意义在于它们清晰地指示了"成就一个'人'的教育"的"成人教育"是一个远比"晋身于世"的功利教育更清洁更高远更宏伟更符合人的本源需求的教育目标。这是一个生命价值观的颠覆。在今天这个价

值多元时代,仅信赖于法律这个外部命令是不足以使人成为完善的人的,内省力才是根本内驱力。

相比较之下,美国的公民教育从一开始就是与具体的个人的生命及生活密切联系在一起的。爱国从爱自己开始,认识国家的意义也是从认识自己入手的。公民教育的最大好处就是把国家的前途与个人的命运具体地联系起来,使个人的生存意义与集体存在意志之间达到了发自内心的平衡,从而使"无为而治"的人本管理这一终极目标有了实现的可能。现代公民教育,从认识你自己,到成为你自己,从内在精神上走向教育的成功,这是"和谐"教育之本。

在认识我自己、成为我自己之后,我们有否进一步有余力去想过,我们对自己的人生的定位是什么——是为自己,还是能够在做好自己之后还能想及他人、有余力借手于他人?

其实,最能示现一个人的视界、修为、内涵的字眼,也是普遍存在的人生命题之一,便是人的"价值"。康德说:"人具有一种要使自己社会化的倾向;因为他要在这样的一种状态里才会感到自己不止于是人而已,也就是说才会感到他的自然秉赋得到了发展。"他指出,生无所息是人生的常态,人必要通过这种向道德完善的最高境界的努力过程,从而达到一种理性自知,进而达到 "世界公民状态"。从这个意义上说,每个人做事,既是为自己做的,也是为他人做的,利己的同时其实也在利他。当然,这其中有一个至关重要的价值前提,就是你所做的每件事都必须符合"道德的善"这个标准。

二、精神语文之路:大学之道,审美人生

正是从这样的意义上,我们终将谦卑于我的教育身份——英奇匡国,作圣启蒙,是一个了不起的宏愿,我可以做的,只是在为学生打开一扇通往自由精神、独立人格之门,一扇面对生命此在意义与未来意义之门。所以,我们坚持"精神语文"之路,坚持以反思的姿态面对教育。记得王栋生老师在《不跪着教书》序言里有这样一句话:"想要学生成为站直了的人,教师就不能跪着教书。……我们中国首先得有铁骨教师,教育的辞典中才配有'铸造'这样的词条。"

(一)精神语文:大学之道

我一直坚守这样的信念:语文课堂生态是思想存在的方式、精神生命存在的方式,而非仅是文字活着的方式。因而始终坚持人格完善与母语教育兼

修,精神自在与文学审美并俱的课堂实践与实验,坚定"课堂实践形式首先是美感人生的实践形式,应让学生感受并基奠人生最初的审美快乐"的课堂教学理念。

基于以上理念,我致力于构建"精神语文"课堂生存方式:直抵人心的文化灵魂,牵领学生超越困境,审美生命存在的意义。即把语文教学视作精神渊薮,从两个层面诠释语文教育行为:从精神资源(文本)出发,作用于学生精神的提升与充盈。我希望借此在语文与世俗生活之间构架一座生动丰厚、美丽温暖的桥梁,让学生在文本中感受作家笔下的世俗生活情绪与空间。我希望这面向世俗生活的精神语文,是"用",是"器",是热爱,是超越,是行走在功利与唯美之间的人生必修课程。

由此,我的语文课堂倡导"课堂开放品质的基本要素在于教学内容的开放、教学形式的开放与课堂思维的开放,尤应以课堂思维的开放为根本,以学生人格与灵魂的饱满为目标"的语文开放教学理念。允许学生在课堂上跳跃思想、张扬激情,维护人性生长的原生态,让学生摆脱镣铐而舞蹈。

(二)阅读与作文:审美人生的形式

拙以为,语文教学是学生的生命体验和成长过程,因而将阅读与写作作为学生实践人生的精神形式。顾羡季先生说得好,"一切文学的创作皆是'心的探讨'。吾国多只注意事情的演进而不注意办事之人心的探讨,故没有心的表演。其次,中国文学中缺少'生的色彩'。'生'可分为生命和生活二者。吾国文学缺少活的表面、力的表现"。顾老所言极是,但我还要再加一句,不独中国文学传统里缺少"心的探讨",我们教育里更是因缺少"心的探讨"和"心的表演"而在技术层面苟且喘息行之不远。

"精神语文",作用在"文心",发展在"人心",所以,一方面,引导学生与他人作品平等对话,以感受历史更徙中人性的诗化和鸣;另一方面,又引导学生与自我作品(写作)对话,与自己的荡漾浮沉或洗或练于文本历史中的生命对话,在对话中掘进自我存在的价值,从而获得一种依托于历史的丰厚思想的灵魂的自由和系于精神之舟的生命的尊严。

基于这样的想法,我把文学类文本的教学视作是一场又一场的人文对话,重新思考文学类文本的教学意义与相应的教学策略,破解现行高中语文新教材中深具理性精神与人文品质的中外优秀及现当代文本遭遇教育"匠概念"条分缕析肆意肢解的阅读困境。从教学论、文艺学论、评价论三个维度,由表及里,从技术操作到本质体认,形成了基于"精神语文"认识的较为圆合的文学类文本解读及教学内容确定的教学论：即教学基点的确立对于语文教学科学规范的重要性与必要性。

比如重建"基于内部逻辑的现当代小说微观阅读"观，吁请现当代小说教学的"人"学之质、深度体验、虚构品质中精神的真实在场及真切体验时代审美情趣；又如提出基于微观阅读的小说鉴赏方法，首先应从"人"的创作起步，更应以"人"的认识为旨归，其次应走进作家创作的内动力，还原作品的情感真实与内心真实，并进一步提出现代小说文本教学的展开的关键在于界限、融通、再生，等等。

教学是技术，然教学要走向精进，却不能只是技术，而是应有学术的高度与渊深，从而得以窥及全貌与本质。从文艺学论角度，去探寻文学类作品教学内容确定的本质，正是出于对文学类作品教学走向规范、有效的一个深度考虑。

正是基于这样的想法，我努力构建"新文化读书态"，寻求一种真实的阅读。课程所关注的，不仅是教程，更应是学程。真实的阅读，应是指向人生的阅读，大致可分三个层面：一是生活阅读，包括公民阅读；二是知识阅读与审美阅读；三是知识分子阅读。

有了这样的指向人的精神改塑的阅读，那么，写作，也便成为精神践行的方式。我反对学生作文成为美丽无稽的"神话"，反对虚空高蹈的"伪圣化"，倡导真诚写作，"文""质"兼美；亦反对因人文学养的累积不足而产生文本人文底蕴的缺失、因缺乏历史时空的纵深验证而显文字苍白无力的"野蛮化"。

面对基础教育阶段作文训练长期忽略个体思维能力的培养，从而导致实际写作更多流向了先验性写作的"伪思考"状态，我提出了"真思考"对于真文品的塑立与真人格塑造中的重要意义。写作"真思考"的内核为：是独立的立场，不是附庸大众的声音；是对现实的真切关注，不是空洞的宏大与故作姿态的庄严；是个性独在的表达，不是华丽的堆砌与重复；是来自内心的思考，不是浮泛的现象陈述，亦非个体情绪的泛滥与宣泄。

此外，我还提出了高中写作该怎样践行真实精神的路途。其一，写作观：遵从内心秩序的创生；其二，写作生成：时空情绪体验的结果；其三，写作品格：文化响应的内在积淀。

在这样的努力下，相当部分的学生内在创作冲动被较好激发，爱上语文生态，并乐于以写作来演绎自己。他们的阅读广泛涉猎，他们的习作充溢思想。"激情、思想"，"很注重学生能力的培养"，"作文评语精妙且直击要害"，这是学生们对我写作教学的评价。

语文相伴，幸福成长

蒋雅云
（浙派高中语文名师班学员，特级教师）

近20年的中学教师生涯带给我人们常说的辛苦和劳累，但作为一名语文教师，我更多的体会是成长的幸福。

"教育是对成长迷恋的事业"，其核心价值就是帮助和促进学生成长。语文课最大的意义在于教会学生读书写作，引领学生精神成长。在阅读中"见识经典"，结交伟大的灵魂；在写作中表达自我，找到心灵的栖息地；在生活中保持初心，守护精神的家园。这是语文的使命，也是语文的幸福所在。

而实现这一切的前提是教师自身的成长。王尚文非常推崇海德格尔的观点"教师必须能够比他的学生更可教"；孔子也说，"学而不厌，诲人不倦"。须知"诲人不倦"的前提是"学而不厌"，语文教师首先应该是一个善于自我教育和完善的人，实现自我的不断成长，才能保证课堂上的"落差"，才能担当学生成长的领路人。由此，我对自己的期待是：浸润于文本的字里行间，感受汉语之美、精神之美、思想之美；耕耘在三尺讲台，发现创造之美、对话之美、成长之美；行走于人生四季，品味自然之美、艺术之美、生活之美。或许，很多时候这不能说是教育事业的高远追求，而应该是语文教学基本的职业要求。

读苏霍姆林斯基《给教师的建议》，印象最深的是这样一件事：一位有30年教龄的历史教师上了一节公开课，课上得非常出色。课后，当一位同行问他花了多少时间备这节课时，那位历史教师这样回答："对这节课，我准备了一辈子。而且，总的来说，对每一节课，我都是用终生的时间来备课的。不过，对这个课题的直接准备，或者说现场准备，只用了大约15分钟。"苏霍姆林斯基对这类教师的教学作风和工作特点作出这样的概括："他们从来不抱怨没有空闲时间，他们中间的每一个人，谈到自己的每一节课，都会说是终生都在备这节课的。"

用一生的时间来备课，真能如此吗？谁能如此呢？人生短暂，工作只是生活的一部分，何以要倾尽一生的时间呢？可是，一名教师，往讲台上一站，所展示和呈现的就是他整个的生命体，形象气质、思想精神、学养才情等的全部。那么说来，用一生的时间来备课，本就是教师工作的一种真实状态，谁都不能例外。用一生的时间来备课，是一种工作的态度，是一种学习的姿态，是一种生活的方式，更是我对语文的承诺。"一个人一辈子一件事"，在长长的一生时间里，爱自己栽培自己。语文相伴，幸福成长。

坚定地走生命化深度言语实践之路

朱于新

（浙派高中语文名师班学员）

传统的语文教学把语文学习看作是一种获取"知识"的过程，而不是一种习得"能力"的过程。教师主要扮演着语文知识传授者的角色，学生则成为被动的语言知识的接受者。这种单向传导式的，以注重语文知识传授而忽视语文综合能力、态度情感培养为特征的语文课堂教学，是语文教学效率低下的主要原因。如果用学科性质规定学科的教学内容，就会把学科教学引向片面、僵化的歧路。语文教学应该从"工具论"、"人文性"的无谓争论中解脱出来，恢复它固有的言语实践地位。

语文是实践性很强的课程，教师应该着重培养学生的语文实践能力，引领学生主动进行言语实践活动，让学生在实践中积累语言，感悟语言，内化语言，运用语言，逐渐培养语文能力，提高语文综合素养。简单地说，语文教学就要坚守语文本真，加强并优化言语实践活动，让言语实践成为课堂教学的主旋律。

语言与精神、思维紧密结合在一起。学习语言的过程也是人的生命、心灵、精神律动的过程，是人实现自我成长的过程，是激发人创造力与生命力的过程。语文教育的核心目标在于提高学生的语言能力。这个目标分为显性目标（即听说读写思等的语言能力的提高）和隐性目标（即生命的成长、文化的涵养、心灵世界的丰富、精神境界的美好等）。如果语文教育忽视奠基个体精神基础的隐性目标的话，那么，外在显性的所谓语言能力的提升也很难达成。精神成长与言语提高并驾齐驱，可以有效培养学生热爱语文的思想感情，指导学生正确地理解和运用语言文字，丰富语言积累，形成语感，发展思维，提高阅读能力、写作能力和口语交际能力，进而在言语实践活动中促进德、智、体、美的和谐发展，提升学生的品德修养与审美情趣，逐步形成良好的个性与健全的人格。

可见，一堂好的语文课应该取意于精神、落脚于语言。无论教学理论怎样的眼花缭乱，语文课堂如何变化多样，语文教学必须按照语言文字的特点和规律来开展。语文教学的起点和核心应该是咬文嚼字，学生在教师指导下，完成对语言文字的理解、体验、感悟、品评和运用。重视言语实践活动是语文教学的康庄大道，也是提高学生语文素养的不二法门。

　　高中语文教学区别于初中语文教学的一个显著特点是深刻性。提倡深度教学旨在矫治当前高中语文教学中的"肤浅"与"表面化"的通病,呼唤语文教学回归到对教材和课程的深度理解上。因此,理解课程之深、剖析文本之透、把握课堂之精是深度语文的内在要求。这就要求我们妥善处理好教师、文本和学生三者之间的关系:(1)根据学生的"最近发展区"确定深度解读的"度",不能"曲解"或"强解";(2)立足语文教学的基础,适当开掘"深度";(3)改变课堂中单一的对话模式,综合运用多种教学方式,体现"存在的深度"!

　　所谓生命化深度语文,指的是高中语文以言语实践为载体,通过多维对话的过程,深入建构学习内容的意义,完成自我理解,使生命个体在教与学的过程中感受智慧的碰撞、情感的升华、心灵的启迪,从而使师生双方都能得到自我发展、自我完善、自我实现。它强调语文教学的终极关怀,要求教师和学生的生命在场,灵魂受到触动,把人的创造力诱导出来,将生命感、价值感唤醒,从理性生活、道德生活、审美生活等方面重建教师和学生的精神生活!它的主要特征是:整体性、体验性、深刻性、活动性、自主性、生成性、超越性和幸福性。

　　生命化深度阅读教学是一个由"言"到"意"、由"意"到"言"的多次循环转换的过程。教师应该通过多种教学途径,立足于言语形式的培养,通过语言文字符号,触发和激活阅读感受,培养学生语言形式能力,使学生正确理解作品的内容,能真正体会言语魅力,并激发审美感受和审美情感。王尚文教授指出:"关注言语形式的新颖性、独特性,这是语文阅读教学的最佳切入点,最佳生长点。"因此,生命化深度阅读教学要细读文本,让学生"得意"、"得言",进而"得法"。注重发现"语用"的秘密,取舍有度,把培养学生的"语用"能力进行到底。

　　生命化深度阅读教学首先应体现一个"慢"字:不为盲目预设的太多目标而疲于奔命,不为蜻蜓点水的教学流程所一味牵引,而是慢嚼细咽,品出味道,品出深度。

　　生命化深度阅读教学其次要体现一个"实"字:课堂自然得如同生活一样,没有矫饰,没有做作,平等对话,如话家常。

　　生命化深度阅读教学最后还要体现一个"美"字:充分挖掘作品的审美因素,引导学生涵咏、体味、联想、想象……获得审美的愉悦和理性的启迪……通过诗性的教化来培育人性的诗意,由"思"抵达"诗"。

　　当然,阅读本身不是终极目标,学生还要从接受走向创造,从阅读走向写作。生命化深度写作教学应该让学生展现真实的自我，抒发真实情感，这是写作教学的理想状态。教师应该适应学生生命个体成长的特点，善于让学生把内部语言愉快地转化为外部语言，让每个学生乐于写作文，写出好作文。同时指导学生按照一定的规范自改作文，不断增强自我完善的意识。教师自己也应该成为热情而自觉的写作者，以此促进学生的写作。

我的"简趣"语文观
——以《边城》教学为例

周康平
（浙派高中语文名师班学员）

一、从培训说起

我有幸参加首届"浙派名师培养对象"培训，与其他学员、导师、大学教授进行零距离的思想交流，内容涉及教学的各个层面，每有收获。在会上，"语感论"创造者王尚文老师回顾了民国时代白马湖畔的浙江教育"春晖时期"，引起了我们很大的共鸣；省教研员胡勤老师则是针对"深化课改背景下教师的可作为"话题说出了大家藏在心里的梦想。我们不缺理想和努力，缺少的是使命和表达。

二、语文教学遇到了什么？

语文人一直相信语文课堂最不寂寞，但我常常想，真能在少年汹涌的青春里对抗寂寞的课堂，又该是怎样的课堂？语文应该教些什么？语文老师应该如何呈现我们的教学？在"浙派语文"逐渐形成的教育潮流中，我们的使命和责任又是什么？

语文应该成为一种生命内在的需要，而不单是考试的工具。在今天，这已经是一种共识，但在现实中，这种怀抱天真之爱并没有真的开花结果，传统课堂教学的弊病由来已久。我回忆自己20多年前的语文学习，似乎对语文总有一股饱满的激情，而这股激情说到底是源于自己对语文学习的兴趣，这让我意识到了学生是学习的主体的科学性，得出语文老师的主要精力应该花在调动学生学习主动性上的结论，除此之外的任何教学手段，我觉得都是舍本逐末，难有成效。

三、我的"简趣"语文观

基于这种思考，我在实际教学中积极研究和探索，想在教学和学生之间找到一条较适合的路。我总结了自己的教学经验，提出了"简趣"语文教学观："化繁为简——用较简单的方式教授文本的核心价值；巧思妙引——用较巧妙的方式激发学生的学习兴趣"。

在"化繁为简"中有两个概念：一是教学的"核心价值"，二是"较简单的方式"。"核心价值"是针对"文本的教学内容"处理而言。我一直认为高中语文教学，其教学内容的选择可以见仁见智，但作为一个独立的文本，在特定教材、特定章节、特定需要的地方出现，一定是有它特殊的意义。作为"定篇"就是在所有的内容解读中选出最有价值的"教学内容"，这个经过筛选并综合考虑了学情等因素后得到的教学内容就是核心内容。文本核心价值的选择如果不太正确的话，就会使教师在教学源头上就产生错误。

"巧思妙想"涉及两个问题，一是"学生的兴趣"，关于这一点，毋需多言；二是如何提高学生兴趣的教学设计，这是我们教师应该关注的点。虑及于此，我提出了"巧思妙想"的概念。在上课前，注重设计一个问题；在课中，注重设计一个环节；在整堂课，注重产生一个亮点。目的只有一个：可以触动学生心灵，可以激发学生学习的兴趣。

提倡这种观点，是针对在平常的上课中，很多人为上课而"上课"的问题，也针对很多人在公开课中展现了千姿百态的引导艺术，但实际上教学效果很低的状况而生发。下文中，我将以《边城》的教学为例进一步阐述我所提倡的观点。

四、常见的低效教学

我们先来看一节比较常见的《边城》（以下所提到的《边城》课均指苏教版必修二的《边城》节选）设计，我们试从"文本解读深度"、"学生分析归纳能力的培养"的角度来进行分析，如下表：

教学流程	分析角度一			分析角度二		
	了解文本	一般解读	深度解读	分析能力	归纳能力	能力等级
一、《边城》说了什么?(10分钟)	▲				▲	初级
二、本文主要写了哪些情节?(3分钟)	▲				▲	初级
三、分析翠翠、祖父和傩送的人物形象。(10分钟)		▲		▲		初级
四、你最喜欢谁? 并说一说喜欢的理由。(10分钟)		▲		▲		初级中级

续表

教学流程	分析角度一			分析角度二		
	了解文本	一般解读	深度解读	分析能力	归纳能力	能力等级
五、你怎么看待《边城》所展现出来的美?(7分钟)			▲			初级中级高级

　　分析表格中的罗列,大家可以发现:本堂课的核心在于第三、四两个步骤,第一、二个步骤是为"引子",第五个则是"课堂的深化"。教学内容的确定基本上比较常规,至于存在的问题,我们可以通过两个角度去看:

(一)导语引入

　　教师用了10来分钟介绍《边城》说了什么,这固然是要交代的,但教师完全可以更优化。教师可以把此环节移到预习的环节中,也可以简化些,以留出更多时间来完成第三、四、五步的内容,使课堂更加高效。

(二)内容选择

　　第三、四、五步的内容固然是要教的,但要考虑的是,哪个才是文本的核心价值?教师的理解、教案的设计都比较普遍性,或者换一种方式来说,这样的课堂设计无论出现在哪一种教材的版本中都是一样的,实际上体现不出不同教材之间的区别。选了《边城》(节选)的教材有人教版、苏教版和鲁教版。众所周知,不同的教材版本有不同的教材价值。在这节课中,我们并没有看到这种不同编排所带来的个性差别。对照苏教版的教学重点提要来看,甚至它也未能展示苏教版对本课"风景美、风俗美、人情美"的教学建议与要求。

(三)未考虑学情

　　大家可以看到,第四步的内容是教师带领学生进行课文解读,能力等级属于初或中级,用时10分钟。而第五步是对课文的深度解读,可以说是该文本的核心价值,但从表格的时间分配来看,教师却只用了7分钟,可见还是点缀的性质比较浓,是属于课堂的拓展内容,不是课堂的主要教学内容。此外,该7分钟的成效在很大程度上取决于教师的引导功力,只有引导得好,才有可能培养学生的高级能力,对于学生自主研究、探索的学习力则开发不足。

　　针对上述问题,下面我将结合自己的"简趣"语文观来阐述《边城》的处理，以供大家思考，引发讨论。

五、"简趣"语文的实践运用

（一）"简"

"简"先要说清两个概念，一是"核心价值"是什么？它是怎么判断出来的？二是"较简单的方式"是什么？它如何选择？如果具体到《边城》上，那就是《边城》的核心价值是什么？如何教授方是简单高效的？

1.核心价值的得出

文本一般有三个价值，那就是"原始价值"、"教材价值"、"教师价值"（有时候还要加上学生的认知价值）。我们所说的核心价值指的是融合三者关系的文本价值。我们分析一下《边成》所要体现的这三个价值：

（1）文本的原始价值——《边城》的原始价值。展现了一个远离世俗社会的人间"情"的天堂，"美"的世界。在这里，我们可以看到三美：风景美、风俗美、人性美。从创作的角度来看，沈从文提出了"本于自然，归于自然"的创作原则，"健康、优美、自然"是他的全部创作要负载的内容。

（2）文本的教材价值——《边城》的教材价值。专题的要求是"永远新的旧故事"，围绕专题的要求，《学科指导意见》列出了教学目标："从自然、社会和风俗习惯等方面鉴赏小说《边城》的美感"，"体会沈从文对边城的风景美、风俗美与人情美所作的理想化的表现"。

（3）文本的教师价值——《边城》的教师解读。《边城》的"美感"在于一种"隐喻之美"。这种"隐喻之美"表现在"风俗美""人情美"中，沈从文正是有了这种"隐喻之美"的运用，才使《边城》有了"流芳百世"的可能。为了更好地传达这种"隐喻之美"，作者刻意选取了"端午节"来安排男女主人公见面。

核心价值的形成——《边城》的核心价值的确定。我们简化一下，三者分别是：

原始价值：风景美、风俗美、人性美；创作原则。

教材价值：小说如何展现"三美"；体会理想化的表现。

教师解读：隐喻之美。

就一般的原则来说，核心价值要尽可能找出这三者的共同处来进行确定。因为只有这样，这个核心价值的形成才能既兼顾各个方面，又具有个性化处理的特点，可能更加符合文本的解读。按照这样的做法，我们可以得出

《边城》的核心价值就是：小说如何展现"隐喻之美"。这个定位兼顾了原始、教材价值和教师的解读。

2. 较简单的方式是什么？

我们试着来比较一下三个《边城》的课例。这里我把课例二作为"较简单的方式"的标准来说明我的观点。

课例	程序			时间（分）	课例相比分析
课例一	边城故事简介			10	引导过长
	课文熟悉			5	
	课文分析	人物形象分析		7	
		小说主题分析		8	
	小说技巧分析			10	
课例二	课前预习《边城》的内容				标准
	小故事引入			2	
	课文分析	人物形象分析		14	
		小说主题分析		14	
	小说技巧分析			10	
课例三	课前预习《边城》的内容				
	小故事引入			2	
	课文分析	人物形象分析	写好人物形象都要注意什么问题？都有哪些人物给你留下了深刻的印象？	6	枝丫太盛
			本文中哪一个人物塑造得最成功？	8	
		小说主题分析	小说的主题是什么？	8	
			这个主题你想到了什么？	6	拓展过长
	小说技巧分析			10	

所展示的三个课例流程基本上是相近的，这里把课例二作为较简单方式直达核心价值的标准，并借此来比较课例一和课例三。通过比较我们可以发现课例一和课例三尽管在核心价值确定上没有问题，但这种教授的流程安排还是对课堂内容教学更集中、有效地进行产生了伤害。我一直认为，我们的课堂时间不多，教师必须要集中时间，把最需要的时间集中到课堂的核心内容教学上。

当然,这也有一个问题,"较简单的方式"往往意味着"直白"和"枯燥",这样的课堂不一定会受欢迎。所以我又提出另一个字——"趣",两者相辅相成,共同构成我们的课堂。

(二)"趣"

说"趣"是基于学情的考虑。"趣"并不是课堂的调剂品,而是为有效课堂服务的,它有价值取向,能为对文本的突破和学生的学习兴趣找到一个最佳的结合点,并且在这个结合点上形成的问题是能贯穿全堂课的教学实施的。

对于"趣",涉及两个问题:一是这篇文章的兴趣点在哪里,二是兴趣点如何和核心价值内容的教学找到结合点。

以《边城》为例,我们先分析一下,文本可能有哪些兴趣点:

1.《边城》故事简介,爱情故事能打动人。

2. 课文中插图用木刻画而让人物"丑陋"化(实际上更加契合人物形象)的分析所产生的效果。

3. 翠翠与傩送的对话。不着天,不着地的少男少女对话所展现出来的美好画面。

4. 朦胧的不知所措的爱恋萌芽描写。

我们要对兴趣点进行分析,因为并不是所有的兴趣点都是适合教学要求的,比如"兴趣一"就是前面所举的课例一中的导言,已经被我们否定。我在备课时发现学生最感兴趣的是朦胧的爱情描写。我想能不能在这个点上做些文章呢?后来我在文章的注解中看到对《边城》主要内容介绍中有一个词"情窦初开",我突然想到,可以利用这个词来形成课堂的主问题,引导学生思考"情窦初开"一般要跟什么有关系,进而总结提炼出"要在合适的年龄、合适的地方、合适的时间,碰见合适的人"。

这样一来,我们得到了全堂课贯穿到底的主问题。"合适的地方"分析边城的"风景美","合适的时间"分析"风俗美","合适的人"分析"人性美"。通过学生感兴趣的问题把文本的核心内容串连起来,达到了很好的教学效果。

雅语文,很浙江

周晓天
(浙派高中语文名师班学员,特级教师)

今天上午听了前辈、专家的讲话,感觉自己想的跟他们是不谋而合,所以我很高兴,希望我自己的课堂里面能够去培养学生的这种雅趣、雅思、雅行,培养我们学生的一种文雅之气。那么刚才听了郑逸农老师的讲话呢,我有一些触动,有一些忧患,觉得现在提这个雅要求可能是不是高了。刚才听了褚淑荣老师的讲话呢,又给了我信心,让我方向更加明确一些。我希望我自己的课堂以后还能雅下去,我会努力让我自己变得更儒雅,更博雅。

浙江是文化、教育大省,自古文人辈出,文化发达。古代有兰亭雅集,近代有西泠雅社,现代每每以风雅著称,"风雅钱塘"、"风雅古婺"等等,"风雅"成为浙江的符号。

教育就是为了培养道德高、文化素质好的现代公民——具有嘉德雅行的公民。语文教育更应担此重任,通过经典(雅文)培养学生的雅趣、雅量、雅思、雅行。师生在教学过程中共同发展,让男教师变得儒雅,女教师变得优雅,学生变得文雅。

浙江省近几年语文高考命题特色鲜明,命题者有意识彰显浙江文化大省的气质和内涵,作文题力求文雅。

雅是传承,雅是风度,雅是追求。雅语文,很浙江。

谢谢大家。

聆听一位老者的教诲：回归原点，着眼未来
——有感林炜彤老师的语文教育思想

周 凌
（浙派高中语文名师班学员）

2013年12月20日，我和"浙派名师培养对象高中语文班"的黄华伟、成旭梅和蒋雅云老师一起，专程拜访了"浙派语文"前辈林炜彤老先生，聆听了老先生对"浙派语文"、对语文教育教学思想的阐述，深受启发。

刚见面，林老就热情地向我们介绍他语文教学生涯中最为重要的3件事：出版了《林炜彤语文教育论著与研究》；主持了"浙江省语文教学研修班"和"林炜彤语文教育学术讨论会"的召开。

林老非常在意他出版的那本《林炜彤语文教育论著与研究》，特地强调，这本书中所有的内容都是经过自己的语文实践而来的，是经过语文实践证明的。他十分明确地指出，语文教学就是实践，没有实践就没有语文教学。由此而想到，浙派语文，首先应该是实践者的语文。我们浙江的语文前辈，均是这样做的。于是，我们记住了林老执教的《猫》，蒋传一老师执教的《林黛玉进贾府》，冯中杰老师执教的《项链》，唐承彬老师的作文教学等等；只有在语文的实践当中，浙派语文，才会强大，才会彰显出独特魅力，而这一切是我们浙江语文界的老师已经做和正在做的。

林老在谈到67岁主持的那个浙江省第一个省级语文研讨班时，特意介绍了它的时代背景。那时，邵宗杰主任找到他，希望林老能够把他的一些东西留下，于是在每个地区找2个人，当时浙江共9个地区，共招了18个人，加上其他省市有几个，共26人。当时招收学员的要求也不高，只要2年教龄就行了。目的是，希望通过一段时间的学习，能够有所得，然后像种子那样播撒在全省，带动全省的语文教学上一个台阶。他感到欣慰的是，在这个班里出了6名特级教师、10位重点中学校长、一位杭州市副市长、一位大报记者。他说，当时以自己名义邀请多名学者和全国优秀教师给学生授课，并带着学员们几乎听遍了江浙一带所有特级教师的课。羊刚老师就曾多次谈起他们游学江浙的经历，认为这是当时最大的收获之一，见多了也就识广了，有了这样的经历，对林老提出的"实与活"的语文教学主张体验理解就更深了，同时也吸收了那些优秀教师宝贵的教学经验。应该说，这些长我一代的老师已经由当初的"种子"成为大树，成为栋梁，引领着我们浙江各地的语文教学。由此，

我们是不是可以这样说,浙派语文,是"立足根本,兼容并包",是一种开放的动态的不断成长的语文。

在我们拜访林老时,他主动谈起了有关"浙派语文"这一名号的历史由来。大约在1980年之际,林老应教育部邀请参加全国性会议,当时他被分在华东组。华师大一位姓杨的老师在谈起语文教学时,说"海派"语文教学的特点是"活而实",如钱梦龙老师。那么浙派的语文教学是怎样的?林老坦言说,当时并没有浙派语文这一说法,但浙江语文教学有一个特点,那就是"实而活",如果教学灵活性还不够的话,至少还留下实实在在的东西教给学生。在场的徐维铮等老师听了后大为感叹,认为这非常好,不像上海的老师,华而不实。这就是"浙派语文""实而活"的来历。

林老说,当时提出"实而活"也是根据自己的语文教学实践而来,希望老师们在教学中能做到"有得、有趣、有用"。 后来,浙江大学中文系王维贤教授在"林炜彤语文教学研讨会"上发表观点,认为林老师在教学中一贯重视提高素质,做到"有得、有趣、有用",对改变"重负担、轻实效"的流弊有很大作用。关注"实效"、关注"有用"这种理念一直是我们浙江文化重要因子,远的不说,北宋时候湖学提出的"明体达用"和南宋时的浙东学派陈亮提出"经世致用"的主张,就看今天,我们浙江省提出的当代浙江人共同价值观,它的第一点就是"务实"。关注"有效"关注"务实",是浙派语文的非常重要价值追求。蔡伟教授在《试论当代浙派语文的五大特征》一文中将"求实"作为第一特征提出来的。

张志公先生曾称赞林老有"三长":在教学第一线的时间长,对中学语文教学进行改革的时间长,从事语文教育科研并发表论著的时间长;邵宗杰主任赞扬林老是"经师"更是"人师"。这些都是"浙派语文"人所应具有的品质。语文教育是在不断进步、不断发展的,习总书记不是提出中国梦吗?有梦就有希望,就能前进。浙江的语文教学也应该有自己的梦。浙派语文,不应该只是一种语文教学的理念,她还更应该包含着浙派语文人的品质。唯有追求这样人格品质的语文人方能壮大浙派语文,方能彰显出浙派语文的价值与意义。

我最关注的一个语文问题：文道结合

周 伟

（浙派高中语文名师班学员）

过去的语文教学讲究的是"文以载道"，对"道"的理解，困扰了许多语文教师。我刚入行的时候，听得最多的就是这句话。或许大多数教师对"道"的理解都是正确的，但通过教材一显现，味道就变了，"道"成了一定要剖析的、一成不变的主题思想（更多的是政治思想），而且无论这种主题思想与现实生活，与人的本性是否相违，它都是正确的。不可否认的是，"文"与"道"的关系跟我国文化传统及社会政治联系确实比较密切，也是语文教学中最受人们关注的问题，但讨论得最多，也往往容易陷入误区。对这个问题，叶圣陶先生一直认为，在语文教育中，"道"与"文"是相互依存、不可分割的。"语言是思想的直接现实"，就一篇文章说，思想内容和语言形式是不可分割的。

叶圣陶先生一贯十分重视语文教育中的"道"，他把"立诚最为贵"作为听说读写的原则，指出："此语自'修建立其诚'来，无非'言之有物''言之由衷'之意。而品德修养，实际锻炼，亦复包蕴在内。""话与文都不是可以'做作'的，有几分品德知识能力只能说几分的话，写几分的文……所以说或似技能而非技能，实际是其人的表现。""文当然要作的，但是要紧的在乎做人。"这里需要注意的是，他所说的"道"，不仅是指政治思想，而且包含了道德修养、学会做人的丰富内容。而这些又自然是同"文"、同人们的听说读写实践联系在一起的。这是对我国优秀文化教育传统的继承和发扬。

新课程为我们的语文教学提供了新的契机，使我们的语文教学回归到本源上，同时也让广大语文教师面临新的挑战。新课程要求我们在课程实施的过程中，充分发挥师生的自主性、能动性和创造性，更要求语文教师具备较强的课程设计能力，因为语文教师不仅是课程的实施者，更是课程的设计者。语文教师应正确处理传承与发展的关系，注重吸纳体现时代精神的思想观念。虽然文化传统在新教材中有所回归，我们不能理解为重复过去，重复传统。我们的任务是在新的环境下重拾传统，让文化传统与时代精神紧密结合，与时俱进。以开放的态度，积极地吸收人类社会的一切进步文化。

当然，重拾文化传统，并不意味着"独尊文化传统"。我们应把文化传统放置到世界先进文化中去，让我们的文化融入世界，也让世界认同我们的文化。这样才能让我们培养的学生带着中国文化独特的气质，走向世界。

我把逻辑思维能力的培养排在高中语文教学首位

陈 欢

（浙派高中语文名师班学员,特级教师）

我的教学观要向在座各位求证,并希望能得到在座各位的支持。

我对语文的理解就是一句话:理性和感性同存,工具与人文并重。但是要补充一句:语文的工具性主要是在语文的课堂教学中实现,语文的人文性我认为主要是通过像倪江老师在杭州外国语学校实施的课外阅读中去实现。这是我首先要补充的一点。

第二呢,是我个人的一个教学追求。我是这样子去分配的:为学生的未来打好三个基础。排在第一位的,是思维基础,而这个思维基础主要是指逻辑思维基础。还不一定是形象思维。排在第二位的是文字基础;排在第三位的是给学生的未来打好一个精神的预设。

我想如果有时间和空间可以跟老师、同学们讨论的话,很想知道如果我把逻辑思维的培养放在语文课的首要位置,对不对? 因为有很多人都这样说,语文课是培养人的形象思维的,但我总不这么认为,我觉得我要培养的是一种逻辑思维。因为我们中国人好像特别缺这一块。

以上是我想说的,谢谢。

有关"语文"的性质、教学内容及教学追求

毛刚飞
（浙派高中语文名师班学员）

卡西尔在《人论》中曾经精辟地说过这样一段话："所有哲学家都是彻底的经验主义者：他们总是告诉我们事实而且仅仅限于事实。但是他们对经验证据的解释却从一开始就包含着一个武断的假定——并且当这种理论进一步呈现出一副更加精致和深奥的样子来时，这种武断性就变得越来越明显。"对语文的定义也可作如是观。很多人对语文都有自己的独特认识，并且最终想以他所认识的语文来贯通一切，我以为也许会有某种武断性的感觉。语文课程标准没有对语文作出明确的定义，而是作了这样的描述："语文是最重要的交际工具，是人类文化的重要组成部分；工具性和人文性的统一，是语文课程的基本特点。"我认为这是一种明智的选择，因为有些概念是一个定义所不能概括的。有关"语文是什么"其实也不是新的问题，但是后来大家慢慢意识到"语文"是很难用一个准确的定义加以科学概括的。因为"语言和文字"、"语言和文章"、"语言和文学"乃至"语言和文化"都不能概括语文的性质，谁也不能说他的定义就是接近了真理。

从世界语文发展历程来看，单纯的重视语言实际运用的语文教学的价值取向固然不行，但是只重视文学熏陶、经典阅读而不重视培养学生语言实际运用能力的语文教学也同样走不通。因此，如何处理好文学熏陶和语言实际运用之间的关系，已经成了各国语文教学中的一个带有普遍性的问题。

现在，大家都重视文学作品在语文教学中的重要作用。确实教育的终极目标在于培养人的世界观，培养精神上充分发展的有理想有信念的人，而文学作品的阅读显然是达到这一个终极目标的最好的途径。但是在强调文学作品的同时，不能把科技类的作品完全排除在门外。既然语文学习的外延是生活本身，那么在今天的科技信息时代，语文学习中没有科技文章那显然是不符合教材有时代特征这个最基本的要求。文学作品的特点是模糊性和多维性，有助于培养学生的形象思维；科技作品的特点是科学性和严谨性，有助于培养学生一种严密的逻辑思维。这两种思维其实就像鸟的两翼一样，只有充分地把这两翼展开来，鸟才能够自由飞翔，人的智慧和潜力才能发挥极致。教学的终极目标是培养有持续发展能力的人，这种人当然得有科学理念、科学精神。其实科学也有人文精神所需要的元素。艺术和科学是现代人

精神的双亲,假如艺术更多的是呈现母性的阴柔、细腻、精致、浪漫的一面的话,那么科学是不乏父亲的伟岸的精神,它的广博、抽象、严密、深沉是任何一个坚实的灵魂生长不可或缺的钙源。正如钱理群先生所说:"要读名著,就是因为每一个民族、每一个时代的精神的精华都凝聚于其中,人类最美好的创造都汇集于其中,人类精神文明的成果就是通过各类学科(不只是文学还有其他人文科学、社会科学、自然科学)的名作、经典的阅读,而世世代代相传的。"

海德格尔说:"语言是存在的家园。"语文教师有必要通过语言引导学生到达作者和作品的内在的家园,语文教学要紧紧抓住语言这个缰绳。语言应该是有温度的,语言也应该是有深度的。有温度的语言要求我们在课堂上去感受作品的丰富的情感,引导学生去跟作品感悟共鸣;有深度的语言要求我们去感受文化的力量,在阅读中提升学生的思想认识。因此语文课说到底就是借助语言这个平台进行学生、教师、文本多极的互动对话。语文教师应该把学生当作一个生命的个体而不是机器来对待,尊重和理解学生,有激情和诗意,有一种对事物的感动,有一种理想主义的追求。应该尽可能地在他的课堂教学中有那样的一种人文关怀,尽可能地让学生觉得坐在课堂上也有欢乐,有青春的印记,有智慧的飞扬,也能使他们在这一过程中得到心灵的解放和自我的发展。

当然,在如今的高考制度下,语文教师还有一个重要的任务就是带领学生成功穿越高考的封锁线。因此,高中的三年语文教学,应该是学生精神成长的三年,也是学生应试能力不断成长的三年。在具体的教学中,高一、二年级教师应该创设氛围让学生多阅读多写作,高三教学则应该在应试方面有所侧重。当然这两者并不矛盾,只要真正让学生的精神有所成长,学生的应试能力自然也会真正提高。

与社会对话让语文更具张力

章惠西

（浙派高中语文名师班学员）

学生学习的过程，就是一个不断与文本、与老师、与同学、与自我、与社会对话的过程。学生就是在这不断的对话中实现自我建构、自我成长的。语文学习也不例外。在语文教学实践中，我们不能忽视学校的语文教学具有社会性这一特点，这决定了语文教学不能只围着书本转、围着考试转。

在网络新媒体特别发达的当代社会，学校的语文教学更应是面向社会、面向语文应用实际的"社会语文"，重视与社会对话，而不拘泥于学生、教师和文本之间。只有这样，我们的语文教学才会充满生活气息和时代色彩，才更具有学科张力。

语文教学离不开读写听说。读（包括听）可以让人更好地认识社会、认识生活并教会人怎样去适应社会，怎样去做一个生活中的人。写（包括说）则是运用语文反映生活，向社会表明自己的存在，传达自己的心声，表达自己的情感与思想。但我们不能仅停留于这一认识，王尚文先生在《语感论》中曾这样表述："学生在生活中本来也在读写听说，甚至可以说他们是在读写听说中生活的。语文教学就要帮助他们更好地读写听说。"如何更好地帮助学生进行读写听说，就是我们一线语文教师需要认真思考仔细研究的。我想其中至少要做到一点，就是语文教学应引导学生切入社会、切入生活，让学生在与社会对话，在时下的生活中汲取营养并服务于社会。

如当下流行的网络语言，毫无疑问，已在不同程度上影响了我们的生活，有的甚至已成为日常交际用语。虽然它大多时候是在特定环境下使用的，但从某种程度上讲，也是对汉语的丰富和发展。在语文教学中，该如何面对信息社会带来的这种"丰富"以及丰富背后隐含的"冲击"？如何吸收这些养料帮助学生更好地读写听说？是否需要将微博、微信等引入课堂，使之成为学生阅读和写作的一部分？凡此种种，时代呼唤着语文教学要贴近社会走进社会，在与社会对话中，让同是作为人的生活形式的读写听说介入学生的生命活动、心灵活动。

文本是教与学的主要媒介，而孙犁曾说："读书是一种文化活动，文化活动总是带有时代特点，青年读书，总是顺应时代思想的潮流的。"我们的语文教材要不要紧跟时代的步伐不断前进？如果说教材有其特殊的稳定性要求，那么,我们教师在通过课堂的拓展让教材多一份活力外,能不能再寻求其他途径扩大对话的方式方法? 毫无疑问,语文教师有必要针对相对封闭化和凝固化的教材,加强课程建设,再辟一片天地,选择那些适应学生心理特点,反映现实生活,体现时代精神的文本来充实我们的语文教学。对话因与生活相契而更加丰富,语文也因充盈拓展而更有张力。有张力的语文教学才是厚实而灵动,丰富而多彩的。

语文教师的责任

杨建华
（浙派高中语文名师班学员）

　　语文教师最大的责任，是让正常的学生得到正常的学习、生活、发展；同时，尽可能让不够正常的学生逐步走向正常。什么样的人是今后生活中的正常人？简单说，就是能体谅他人的人。当代社会，真正能从人心、人性的角度去关心他人的人实在太少了，而我们语文教师的责任就是扩大这样的群体。

　　语文教师对学生最主要的责任就是扩大其视野胸襟、提升其人生境界。教师一职不同于其他职业之处在于：其他职业多半教人趋利、获利，而教师职业却是教人在获得一定经济基础之后，远利，弃利。如果语文教师没有"远利""弃利"的胆识、胸襟、境界，又如何要求、劝诫、指引他人远利近义，弃利求义？因此，我们一方面要求社会、政府给予语文教师以必需的维持尊严工作、生活的经济条件；另一方面，也呼吁语文教师自己不断给自己的道德、思想、精神扩容，使自身的专业素质、思想境界都能符合语文教师职业的要求。这是语文教师对自己负责，也是对学生负责，更是对社会负责。

　　作为"浙派语文名师培训班学员"，作为构建"浙派语文"的一分子，我们至少需要在两个方面有所提高，一是技术层面的教学水平、教研水平，二是思想层面的专业素养、道德素养。个人认为，后者的提升更为重要，甚至可以说，后者的提升速度、高度决定着前者的提升速度、高度。只有"进乎技"，才能"得乎道"。

　　语文教师的专业素养、道德素养的核心是什么？

　　是责任。

　　语文教师最大的责任是什么？

　　是让正常的学生得到正常的阅读、学习、生活、发展；让不够正常的学生逐步走向正常。

　　北京大学中文系主任程郁缀教授曾经这样教诲学生："想着别人乃是第一等学问！"一向以学问为最高标杆的北大，能够这样明诏大号"想着别人"的重要，恰好说明其对社会、对学生责任未泯和不灭；也恰好说明了语文教师的责任所在。

　　对教育而言，语文教师有一种责任叫"知其不可而为"。时下，中学教育一线弥漫着一种悲观情绪。教育改革（当然包含语文教育改革）进行了多轮，我们的教育现状却无明显改观，甚至没有任何改观，说得刻薄一点，则是退步多于进步。我们一线语文教师还能对改变教育现状做点什么？我们做的一切究竟有无价值和意义？我们是否应该放弃参与教改的主动性和积极性？

据研究，1996—1997年间，调研机构罗列出的中小学语文教育的弊病包括：培养方式与学生成长规律不合，德育失效，课程繁、难、偏、旧，课程结构单一、封闭，学生负担（经济负担、课业负担、心理负担）重，教学评价方式偏重于考试……而到了2013年，这些弊病依旧"完好存在"，基本未变。面对这样的现实，我们该怎么办？——"知其不可而为之"，坚信"只要有心，就有办法"，坚信遇到的任何问题只能在运行中解决。

在任何时候，批评者、抱怨者都要多于建设者，但是，我们要将自己定位为建设者，多一点脚踏实地的工作，少一点抱怨。温儒敏教授曾说："对课改，我们要补台，不要拆台。"现在，在很多情境中，不少人把课改和高考对立起来，以社会、领导、家长、学生需要高考成绩为理由，拒绝真心投入课改。我们应该明确，课改与高考并非冰炭不容。两者是相生相克、共同成长的。课改，要求我们不仅要帮助学生考好语文，也要帮助学生学好、学活语文；要求我们找到语文考试和语文学习的最佳平衡点。面对这样的现状，我们只能做一个坚毅的行动者，只要这对孩子的成长有利，对学科的发展有益，即使我们的行动会遇到很大的挫折。因为，这本是我们的责任。

听到过很多对语文教学的批评，但是我觉得，语文教学不死，因为语文教师良心未泯。听到过很多对教育的抨击，但是我觉得，教育不死，因为我们教育工作者的责任不灭。

我始终追求的是语文的实在

黄　洁
（浙派高中语文名师班学员）

　　在语文课堂实践当中，我始终追求的是语文的实在，这个实在首先表现在教学的目标上。现在的教学目标太复杂，动不动就是"三维"，实际上三维目标是课程目标设计的总思路。我认为只有在"三维"的指导下综合考虑学段目标、课程资源的特点以及学生的具体情况来确定教学目标，才是实在的、有效的。

　　第二个表现在教学实施当中。我个人认为教学过程活动化是教学最好的组织形式。现在我们课堂上看到很多的是没有潜心阅读文本，预设过死，不是听说读写相结合，而是设计不合理的活动。我想只有以文本为依托、有益学生自我建构、针对性比较强、均衡性的教学活动才是有效的、实在的教学活动。这个活动可以设计三个维度，比如知识的理解、方法的掌握以及心理平衡的发展等。

　　第三个表现在教学评价上。教学目标是教学实施的关键，而教学实施应该是教学评价最重要的关注点，而是否重视教学评价又直接关系到教学实施的效果如何。我们课堂上看到很多是没有教学评价的，或者是教学评价太随意，只是对结果的一种肯定。我认为只有与教学目标相匹配的，贯穿于整个学习活动过程中的评价才是实在的、有效的评价。

真而作文,诚而做人

项 琪

(浙派高中语文名师班学员)

古人云,言为心声。作文理应是生命的呼喊和心灵的放歌。它必须是与真心相通、和真情相连的一种心灵的自我感受,必须是以学生个性情感体验为核心的一种审美活动。从这个意义上说,学生作文应当注重个体生命原生态的展示,既没有多少扭曲和约束,也无须任何遮掩和伪装,做到真情表达,实话实说,这便是作文的最本质的含义。

但是,翻开现在中学生的作文:形式上,开头排比点题显示气势;中间罗列名人慷慨激昂;结尾总结拔高完美呼应。内容上,为了表现自己做出"心灵的选择",轻易地让父母在自己的笔下"离婚";为了体现自己"战胜脆弱",不惜让双亲在自己的笔下"丧生"。现在,更多的一种现象是,不管作文题如何变幻,我只管请古人"代言"。于是,屈原、李白、文天祥等,皆奔忙于各类作文题中……

这些作文,看似行文流畅、辞藻华丽,排比对偶引用无所不用,却总感觉缺少一种东西,不能真正打动人心。因为在这些作文中,很难看到学生的真情实感,反倒让人从这些为得高分而编造的事例、堆砌的辞藻中,看出学生心灵的荒芜和人格的虚弱。

语文是一门给学生打好精神底子的人文学科,作为每一个负责任的语文老师,我们应该让学生明白:真而作文,诚而做人!

一、鼓励学生"我手写我心",闪烁个性光芒

屠格涅夫说:"弹旧调不管弹得多么热情,总有一点学生练习本的味道。即使愚笨也好,但必须是你自己的!要有自己的气息,自己固有的气息,这一点最重要!"这段话说明自己的东西才是独特的,才具有他人不可匹敌的思想性。叶圣陶先生在《作文论》中说:"我们作文要写出诚实的自我的话。"作文教学中,引导学生写出自己真实的生活体验才是根本。"我手写我心",就是要求学生有自己的感受,写自己的真情实感。

其实,作文无需太多雕琢的成分,"清水出芙蓉"有时会具有更强的说服力和震撼力,因为它可以让人读到真实的生活原态,感觉就像是发生在自己

身边的事情，更有一种感染力。同时，提倡学生写自己的真实经历，不仅便于他们驾驭文章的脉络，更便于他们表情达意，张扬自己的个性，在作文中展现自己真实的内心世界。

例如，在一次考场作文中，学生写命题作文《遇见》，一些学生就费力地编写故事、策划场景，或是拉出李白、屈原等古人来"遇见"，这样的文章不仅让人觉得缺少真诚，更有漏洞百出和套作的嫌疑。

写作文贵在真情，有了真情就能感人。有一位学生就写了自己和自己的歌星偶像——super junior的"遇见"：

我已经记不得那天的情景，记不得是在怎样的情境下让我遇见了你们。即使你们在我之前的生命中从未出现，但你们就像流星，以一种极其绚丽的方式降落在我的心中，从此扎根。

我真真切切地爱了你们三年，我很庆幸老天让我遇见了你们。

……是你们教会了我音乐可以歌唱生活，让人体会到生活的滋味。

……是你们教会了我每一个成功者都要付出无数的努力和艰辛。

……是你们教会了我要学会感恩，就算是面对爱自己的粉丝们。

我在那天不小心瞥见的少年们啊，你们是我最美好的遇见。

这篇文章的取材来源于作者真实的生活体验，因为真心地喜欢这个明星组合，所以才有话可说，写来行云流水，生动感人。《语文课程标准》强调：写作要感情真挚，力求表达自己对自然、社会、人生的独特感受和真切体验。这里的"真挚"、"独特"、"真切"都在强调"真文章"闪烁着的个性的光芒。

二、引导学生"心入生活"，展现本色自我

形成作文造假之风日盛的原因很多。作文从生活中来，也要回到生活中去。只有这样才能真正堵住作文的造假漏洞。于漪老师曾说："从事写作教学，要引导学生读无字书——身入生活，心入生活。"

有一个学生这样写自己替父亲洗脚的场景：

记得我昨天晚上帮您洗脚时的情景了吗？您要把脚伸入水盆中时，我立马坐在您面前，把您的脚按住，那两只脚起初像活蹦乱跳的小鲤鱼一样不停地闪躲，后来那两脚乖巧得像只小绵羊一样，我这才看清楚它，脚背上都是裂纹，脚底布满了老茧。我摸着那双粗糙的大脚，默默流下泪来。

这几行文字暴露出作者可能并未有替父亲洗脚的经历，而且我们相信，对这篇作文的作者、读者来说，写和读这些文字都不是愉快的经历。

下面这些文字来自"牵动内心的声音"话题作文中的一篇高分作文：

打蛋声，在记忆里打开了橙色的涟漪，一圈圈荡开，思绪也飘开。小时候，听到打蛋声，就知道午饭时那碗看上去不怎么丰盛的面下一定铺着金黄的蛋皮，有时候没有——那是因为错拿了妈妈那碗面。考试前备战的夜晚，在题海里挣扎的我，也会听到这熟悉的打蛋声，然后，就一定会有一碗热乎乎、甜滋滋的糖水蛋在我面前。这打蛋声仿佛是为我加油的号角声。

……

而离家的我，终于发现——有这样一种声音，如果它在某一时刻某一处地点某一段心绪里响起，请相信，它绝不是偶然，它一定是你生命里的沉淀，它一定在你的耳朵停留过很久，它一定美妙，一定奇特。

牵动内心的声音有很多。作者选取了大家熟知却可能忽视的"妈妈的打蛋声"。透过妈妈的打蛋声，让我们感受到了浓郁深厚的爱。这爱中，有母亲对女儿的拳拳爱意，有女儿对母亲的眷眷思恋。

叶圣陶先生曾说，"作文这件事离不开生活，生活充实到什么程度，才会做成什么样的文字。文章必须从真实生活里产生出来。把真实生活里所不曾经验过的事勉强拉到笔底下来，那是必然失败的勾当……"可见，一旦远离生活、远离思考，或是一味地复制历史，拷贝他人，必然会落入闭门造车的狭小境地，文章也枯燥乏味得很。只有热爱生活，"身入生活"，并且学会深思多悟，"心入生活"，用思维的触角触摸到事物的某些本质，从而形成对生活的某一方面的独特认识，那么，写出的文字才会充分地展现一个个本本色色、可亲可爱的"自我"，才会有真情的流淌和思想的闪光。

三、启发学生"以情动人"，抒写真切体验

有人说，今天的中学生过的是三点一线的枯燥生活，哪有写作的生活素材？其实不然。就算身在校园，其间的酸甜苦辣不也是生活？更何况，大到学校，小到班级，趣闻轶事并不少见。对于真正关注生活的学生来说，可写之人，可叙之事，可抒之情，可发之论，不在少数！余秋雨说过："感性体验与理性思辨完美的结合，是散文写作的最高境界。"我们学生面对的常常就是有体验但不感性，过于理性而不思索。他们不会在简单平实的人与事、人与物之间的关系中挖掘出细微的感情。

写作，就是用"我"的观察和体味，讲述你的亲情故事、校园故事、生活故事，就是把最真实的自己展现在笔端，把最真切的情感诉诸笔端。如果都能

这样,那么中学生作文中也就不会有那么多"为赋新词强说愁"的矫揉造作,更不会出现小小年纪就历经沧桑的虚假。

下面这几句诗是班里一位从北方转学到我们学校的女生写的:

请你/请你不要在深沉的夜里独自哭泣/如果目光可以穿透屋脊/辰星会告诉你/你日夜思念的家乡近得/就在你心里

请你/请你不要孤单地沉浸在回忆里/在回忆中逝去的光阴呵/已如落地的清水/再多的痛楚/也无法将它拾起

请你/请你不要一直躲在自卑的阴影里/仰起头看45度角的天空/在心里告诉自己/我真的可以/让自己活得精彩美丽

请你/请你不要再去乞求友谊/如果有缘/命运会将一对朋友绑在一起/距离与时间/只会增添友谊的浓度与生机

请你/请你快乐/如果你真的无力将快乐触及/也至少请你淡泊、宁静/请你坚持做你自己

虽然从诗歌语言的精炼和韵律等角度来看,这首诗算不上精品。但当我看到这首诗,我还是被深深地打动了。因为我知道现实中的这个女孩的内心就是如此自尊而又敏感,她思念千里之外的家乡,她渴望新的友情,诗中的字字句句都是她内心真实的反映。这首诗后来发表了,这也恰好说明:"凡是成功的、令人喜爱的好文章,都自然地融汇了作者特有的人生经历、生活体验,表现着作者独特的思维方法和对事物的真知灼见,闪烁着作者独有的气质、才情与智慧之光,体现着作者自身的态度、愿望、目的、要求等"。所以,我们的作文教学应以"展现个性和培养创造性"为核心,鼓励学生"力求表达自己的独特感受和真切体验"。

海德格尔说:"语言是存在的家,在它的住处住着人。"如果作文教学不关注"人",那么语言这个"存在的家"就会颓败荒芜。远离内心,不动真情,生"做"文章,只能写出无病呻吟、不痛不痒之文,见风使舵、人云亦云之文,甚而是追名逐利、自我标榜之文。因此,写作教学中我们要关注学生的心灵成长和人格养育,鼓励学生细腻地表现人情冷暖,真诚地抒写人生情怀,大胆地展现人性美丑,真而作文,诚而做人!

实与活
——关于语文教学的一种理解

韦玲珍
（浙派高中语文名师班学员）

语文是什么？身为语文教师，总想能有一个最简单明了的回答，但却常常内心惶惑。哲人说，语言即存在。于是就想，语文作为众多"语言"中的一种，该是我与学生认知感受世界的方式，也是我们学习与世界相处的一种方式。就此而言，语文该是一种眼光，一种存在方式。

林炜彤先生曾将其语文教学概括为"实而活"，那不妨来次"经典注我"，说说我的理解。实就是踏实、实在，贴近语文本真，追求学有所得。语文教学应是咬文嚼字的过程，师生共同走进文本，品出文本词句的真味，领略布局谋篇的匠心和运招用技的深意。语文教师与学生一起学习文本，是一次游览也是一次演出，循语言之径品花赏草，然后闻香而歌，当风而舞，舞台则要由作者愿意与文本表现来奠基。语文教师要激发学生的学习兴趣，引导他们认真研读文本，关注关键性的语段和词语，联系生活经历和阅读经验，寻求语文学习的明确路径。让学生学会面对文本时，能就文本的内容、情感，文本的精彩处、疑惑处，或是写作方法、思想启迪有所思、有所想。而所有的学习过程，最终日的当然要学有所得。要帮助学生有意识地积累一些精彩词语、语文知识和语言表达，养成独立阅读、独立思考、勤做摘录、勤写批注等良好阅读习惯，并形成适合自己的阅读方法和技巧。

语文是生命的一种形态，走进文字，是为了安顿心灵，澄明思想，丰富内心生活，透亮内心世界。语文的知识来源于生活，学生又都是活生生的人，完全可以在老师指导下饶有兴趣地自主活学，学活语文知识并深刻理解和把握。语文教学内容可以是理性的、抽象的、固定的，但教学方式教学手段却应是生命自身成长的形态，自由而有个性。

求"活"首先是追求教学手段的生命化，要按照生命本来的成长方式还原其生动、有趣和个性化。学生的语文课堂生活应该是教师引领下学生主体的自由生长，是一种人性化的个性活动过程，需遵循生命自身的成长规律。"活"的另一个层面，则可理解为教师教学风格的多样化，不同的教师个体、不同的教师群体理应形成各自的风格追求。总之，借助语文这一种"语言"，我们走向了丰富、生动，充满情味的世界，构建自我的生命存在。语文课堂教学有灵活多变的教学手段、个性鲜明的教学风格，但最终是百川到东海，万道通罗马，走向"语文"这一根本。

语文课应体现语文的核心价值和人文情怀

邹碧艳

（浙派高中语文名师班学员）

回顾十几年的高中教学生涯，感觉自己经历了一番"众里寻他千百度，蓦然回首那人却在灯火阑珊处"的苦痛与惊喜。许是黑暗中更能感受光亮的可贵，在新课改的这几年里，我有身心蜕变之感。我每天都要问自己三个问题：一堂语文课该上成什么样？我该教给学生什么？我又给了他们什么？我想这三个问题想通了，我这个语文老师才算是当得基本合格。

在参加华东师范大学举办的市学科带头人培训时，我对"学习权"概念有了新的认识。早在1985年，法国就有一个《学习权宣言》："每个人天生都有阅读和写作的权利，提问和深思的权利，想象和创造的权利，读懂自身世界、书写历史的权利，活用教育资源的权利，发展个人及集体力量的权利。"保障学习权，意味着我们面对的每一个学生，不仅是学习的主体，而且是学习的主权者。尽管这个思想起点很高，却是"教育民主"的具体体现，应该作为社会主义国家国民权教育制度建设应当秉持的基本底线。

身在语文一线，我们经常可以看到学生这样的状态：每天趴在课桌上做题的身影，面对语文考试成绩垂头沮丧的样子，课堂上死气沉沉畏言畏语的气氛的神情，弥漫着不少厌恶和漠视语文的情绪……是的，用钟启泉教授的话说："现在的高中生真的还不如班房里的囚徒，连读本课外书都得偷偷摸摸。"难以想象，这些现状竟真的发生在我们身边。我也自我反思过，这里除了有高考指挥棒的因素作用以外，更重要的是很多和我一样的一线教师不身体力行，没有从实践的层面上去落实新课改的理念。某种角度上来说，钟启泉教授指斥一线教师"不合作、不研究、不读书"没有错。

如果我们能从思想的逻辑起点上认识到了新课改的重要性，认识到学校教育不是通往上流社会的阶梯，而是通向智慧的道路，那么我们就可以理解作为教师，我们的使命不仅是传道、授业、解惑，更是成为学生与未来之间的桥梁，是静态课程向动态体验课程转化的设计和实施主体。我们应该尊重学生的学习权，把语文课堂变成学的课堂，而不是教的课堂。

佐藤学《学校的挑战》有一个很好的名词"学习共同体"，即学校是每位学生、每位教师和每位家长成长的天地。世界文明在发展，先进的理念在发展，我们教育理念自然也要发展。如果从这个逻辑的起点来说，那么作为语文教师，就应该把语文的学习权交给学生。语文的课堂就应该是学习的课堂，不是灌输的课堂；是学生主动的课堂，不是被动接受的课堂；是激发兴趣的课堂，不是毁人不倦的课堂。

我经常问自己的第二个问题，其实也就是语文课该上什么的问题。虽说新课标对语文的性质做了清楚说明——"工具性和人文性的统一"，但作为一线教师，仍有很多吃不准的地方。比如语文课如何体现工具性和人文性？语文具有人文性，难道其他课程就没有人文性了吗？语文的工具性的具体内容又是哪些？知识技能有没有序列性？苏教版明明采用了侧重人文性的编排体例，那又该如何体现工具性呢？语文和其他课程的区别点究竟在哪里？……所以每次使用教材研读文本，语文教师都会纠结很长时间。

我曾读到过一本《听郑桂华老师上课》的书，发现我的很多观点和做法都与郑桂华教授不谋而合，心下不禁将郑老师引为知己。一般人是很难理解我的心情，教育教学上的实践工作，其实非常需要交流和支持，假如你的想法能有人呼应，你的做法有人也在做，这是怎样的一种温暖和开心。许是因为她特殊的经历，使她横跨课程理论研究与教学实践两大领域，既有理论素养，又有实践反思，所以对我来说，尤其希望和郑老师交流。果不其然，与郑老师的交流，给了我很大信心。最重要的是她对于语文课上什么的观点，与我非常契合。

所以我仍然相信这一点：语文是人文性和工具性的结合。语文的人文性体现于语文的课堂是教师与学生共同的生命体验，体现于语文文本所富含的真善美的内涵，体现于语文文本的作者所要表达的思想、智慧与情感，体现于语文总比其他课程更能激发学生对人生的目的、意义和价值的思考。人文，这可能是很多学生在成长以后想起语文课所能想到的东西，留在他们心里最永恒的东西，这是语文相比较其他课程所最突出的特征，也是语文的教育使命之一。

而语文的工具性，是由语文的学科性质决定的。没错，语文课不是思想政治课，无须把思想性情感性放第一位；语文课也不是解剖课，无须把一篇课文弄得支离破碎。语文就是汉语言的文学，从语言入手体会语言艺术的魅力，从形象入手体会文学艺术的魅力。一篇课文在有很多教学价值点的情况下，教学设计应该重点挖掘课文隐含的语文学习价值，重点训练学生对语言的感受能力和表达能力，重点完成语文课应该完成的教学目标，而适当弱化语文课文中可能隐含的其他教育价值，比如科学普及价值、社会生活认知价值、思想品德养成价值、生活能力指导价值等。

而作为一线语文教师,恐怕更要着力于做好国家课程的校本研究,应该考虑如何从现在苏教版的高中语文文本中挖掘提炼出适合的语文核心价值教学目标,并且考虑哪些语文价值是必须要学的? 能否构成一个序列,最好能把一年甚至几年里要学的课文统一起来观照、考察,否则这些价值点的挖掘只能是随意、零散、甚至是遗漏的、混乱的。这些事对于中学老师来说,也许显得有些无奈,但改变不了现实的情况下,学会接受和担当,我觉得很有意义。

那么第三个问题就是我们的语文课,究竟给了学生什么? 也就是什么样的语文课堂教学才是有效的。曾有一位教授说过一句话我印象深刻:"有个观点你记住了,就会一通百通,那就是从学生出发。"从学生出发去设计学习目标,从学生出发去设计问题,从学生出发去设计教学活动,从学生出发去开展课堂教学,从学生出发去检验教学结果,只有这样的教学才是有效的。

在我的脑海里,一直有一个关于"茶杯、鼠标、话筒"的画面。记得当时那位教授在课上指出很多时候学生答非所问,不是学生的错,而是师生之间思维水平和理解能力的不一致。她顺手拿起桌上的物件开始打比方:老师的思维水平是茶杯,儿童的思维水平是鼠标,能理解老师的意思的只有话筒,话筒就是那些聪明的小大人,绝大多数的孩子都是鼠标,老师们总期待着鼠标靠拢,那就大错特错。新的课程观要求老师向鼠标靠拢,你要去理解孩子的思维水平,也就是说所有的设问都应从言上之意去设计,而不是言下之意。这个例子很能说明什么是基于学生经验的教学设计。想起平常时候总听老师们埋怨那些学生刚讲过又犯错讲了N遍还是犯错,其实真正的错误根源不在学生,而在于老师。茶杯和鼠标之间有表达方式的误解、个人经验的局限、前备知识的局限、已有学习经验的迁移、概念与知识理解的片面性、师生课程互动过程的深度与质量、背景知识的差异,还有思维水平或方式的差异。如果能从学生出发去观照我们的语文教学,我们就会知道我们还有太多有意义的工作需要去做。从来没有一种方法可以放之四海而皆准,从学生实际出发,才是所有教育工具论的起点,才能一通百通。

世界变化如此之快,我们面对的已经是一个我们都不再熟悉的世界,而孩子们正在面对的一个他们越来越占优势的世界。如果我们的教育理念和教育方式不跟上时代特点,如果我们再不把自己的语文课堂与生活接轨,再不开放我们的语文课堂,再不真正从学生出发去理解课堂,那么最终被淘汰,该下课的就是我们自己了。

　　将语文课上成真正的"语文课"，抓住语文的核心价值和人文情怀，从学生的实际出发，从问题和场景入手，让学生在与文本的充分对话中张开情感的触角，在对文字的反复追问中凝聚思维的力量，生成阅读和表达的深度，培养起独有的语文学科思维，获得涵养与能力的提升。这就是我理想中的高中语文课。

关于"派"的絮语

谢 澹
（浙派高中语文名师班学员）

唯美食与文字不可辜负。

周五晚上，照例等待《舌尖上的中国》，与其说美食动人，不如说美文撩人。这期的主题是"脚步"，食物与文字都没有让人失望，我在流转的食物中看到了地域赋予食物的不同光彩：山东的煎饼大有"鲁派"之风，其内容物主要为大葱，看似简单，入口回甘，细想来与孔子的《论语》竟有异曲同工之妙，寥寥几字，传承至今；而广州的春卷则是"粤派"风情，绿豆畔、葱头白、虾干鱼露，海洋文化所孕育的食物在这个小小的饼子里显山露水。于是想到同一种食物因为地域、文化、历史的不同，便呈现出如此鲜明的派系特征：取于当地的食材，源于文化的形态，承于历史的口味。

说到"派"，和食物一样鲜明的大概算是武功。金庸笔下的武功不仅变化莫测，而且风格鲜明。五岳剑派虽然同气连枝但各有特色，绝不混同。少林武当虽然渊源紧密，但各怀绝技，同领风骚。甚至风格即人，陈家洛的"百花错拳"，令狐冲的"独孤九剑"，段誉的"凌波微步"堪称他们各自的人生名片。因而可以说"派"就是历史，就是特色，就是标举于世的旗帜。

"派"的第一个关键词是"人无我有"的唯一性。这种唯一性当然可能源于地域，比如虾干之于山东，大概不是说有就有的；也可能源于历史，比如大葱之于粤地，在今天不是不能培植，可是要拥有一张能吃大葱爱吃大葱善吃大葱的嘴却并不是那么容易的。江南之地虽然也有春卷，但与广州春卷也大不相同。即使同是广州春卷，也有很多区别，不是此中人士恐怕难以区别，厦门人舒婷写过《春卷》一文，就曾曲尽其中的奥妙。

"派"的第二个关键词是"人有我优"的独创性。能以一门武功而笑傲江湖毕竟少数，武林高手总是在机缘巧合中杂取了各家精华，"百花错拳"之高妙全在一个"错"字，每一招均和各派祖传正宗手法似是而非，融通百家，独辟蹊径，终成大师。

"派"的第三个关键词是"众望所归"的公认度。无论菜系还是武功，前者讲求色香俱全、见之倾心；后者在于强身健体、保家卫国。如舍此，菜不过是"概念菜"，虽可引领时尚，但无法进入寻常百姓的餐桌；而武功也不过是"花拳绣腿"，只可远观，不可一较高下，即使自创门派，自封名号，也毕竟只是自娱自乐、昙花一现而已。

综上，要形成"派"，必钩其历史，考其文化，尊重规律，创新求变，立足本土，面向未来，以实力亮出"派"的风格，显示"派"的特点。由此来看"浙派语文"，我觉得，方向虽已定，追寻在路上。我们可以做的是探究浙江语文的历史，考究浙江语文的文化，以自己的创造性实践探寻语文教学的一般规律，不断丰富浙江语文。

因而我以为，我们只能在"求派"的道路上开宗立派，因为一代宗师尚在远方。我们首先要面对的还是眼前的这些食材，首先要练就的还是自己的这门武功。

这样的语文课：缺失的只是"三次落日"吗？

余洋洲
（衢州教研室）

　　不久前，我去某学校调研，听了一位年轻老师的课，课题是《西地平线上》，其中有一个"解题"环节，是对文章标题的理解。师问：本文原名"西地平线上的三次落日"，后改为"西地平线上"，为什么要改名？经过学生一番讨论后，教师小结："西地平线上的三次落日"给人的印象就是写落日，很直接，而改成"西地平线上"后，给人广阔的想象空间，在西面的地平线上，你可以看到落日，还可以看到别的，想到别的。

　　其实像这样的"解题"，在当前中国的语文课堂上，并不鲜见。但我听了之后，总觉得不是滋味儿。为什么"西地平线上的三次落日"给人的印象就是写落日？为什么改成"西地平线上"后，就会给人广阔的想象空间？这真的是作者写作意图的体现么？为此，我特意翻看了江苏教育出版社出版的《普通高中课程标准实验教科书 语文（必修一）教学参考书》119页，不想却看到了另一个令人啼笑皆非的答案——文章在最初发表的时候，题为"西地平线上的三次落日"因本套教科书在必修教程中另有一篇选文以"落日"为题，为避免重复，故入选时将题目的后半部分删去。

　　很多时候，我们所以为的正确答案，其实却已"失之毫厘谬以千里"，而我们的教材、教参、教师，却将错误的、抑或说有失偏颇的答案奉若标准，传递给学生。《西地平线上》缺失的只是"三次落日"吗？我们的语文课堂究竟缺失了什么？

　　首先，缺失的是尊重。标题的缺失，一方面，是因为对原作品作家的不尊重，是一种"强奸式"的行为。语文教学应该尊重作者，尊重文章的原创价值。对原文章标题的删改（包括文章内容的删改），要体现编写的意图，但更要体现文章的整体性和作者所要表达的情感。另一方面，是对学生的不尊重，是一种极不负责的表现，作为教材的编写者，不该如此草菅"文"命。

　　其次，缺失的是内涵。标题的缺失，造成文章的内容与标题之间的内容上的联系产生了极大的距离，内容不切题或者说文不对题、题不对文。以《西地平线上的三次落日》为例，学习这篇文章，就是要跟随作者的笔触，走进西部"雄伟"的风景，感受西部"落日"这般"世间大美"。 这篇文章的文眼就是

"在所有的雄伟的风景中，落日大约是最令我震撼的"。所以，文章标题怎么能少了"三次落日"呢？

再次，缺失的是严谨。作为课堂教学的组织者，在具体阐释个人看法的时候，不仅需要个性的思考，更应该有一种在占有资料的基础上的严谨的治学态度，个性解读不是唯"个性"是听。当然，从文本研读的角度，"三次落日"更是关键，在此不作赘述。

总之，无论是从对作者的尊重、对文章原创意义的肯定还是从对文本研习的角度，中学语文课堂都应该秉承更严谨、求实的治学态度，不要让文本的本来面目在课堂中遗失。当然，作为语文教师，我们在大声质疑国家的新课程的改革力度的时候，也不妨多些自问，自己缺失了点什么。

语文教育:请给中华文化留一脉余绪

洪方煜

（台州中学）

文化是一个民族的血脉。

遗憾的是,我们这个自称文化之邦的国度,文化却营养不良,步履蹒跚。

就历史而言,一部中国通史,不异于一部文化与精神的"阉割"史。焚书坑儒,五胡乱华,存天理、灭人欲,清廷毁书,列强侵略……直到"五四"对传统的"矫枉过正"式的抛弃,"文革"的"洗面革心"对文化的"格式化"的清理,再加上历代统治者砍头、车裂、凌迟、剥皮、诛九族等残暴的高压,我们华夏民族的繁荣——大汉的浩瀚雄风、大唐的雄浑开阔、大宋的国富民昌——都湮没在了历史的荒烟蔓草中。

就社会而言,文化,只是经济的辅助,或为招商引资,或为开发旅游。我们这一代,接触的已经不是原汁原味的文化,文化在变异,人文在消退。

就文化交流而言,"五四"的那场"新文化",西方那强大的自然科学掩盖了它在文科上的落后,我们盲目地采用西方文科教学原则,又让我们远离了文科教学的核心本质。教育的本质简单地被异化为把人变成一种战胜自然的工具,在很大程度上覆盖和消弭了传统文化的人文美。就这样,我们与人文愈行愈远。

就教育而言,应试教育成为了教育的最大堡垒,"针插不进、水泼不进"。教育中普遍存在着重眼前,轻长远;重知识,轻做人;重理论,轻实践;重静态,轻动态;重意识形态,轻公民素质的倾向。学生较严重地存在着缺少持续发展能力、科学发展能力的问题。

就这样,我们的学生中,更多的是内向、迷惘、冷漠、自私,缺少亲情、慈爱、谦和,他们不崇高、不认真,做事功利,缺少责任感、使命感,更缺少一种"人"味。他们活在浑沌、麻木里,他们没了理想,有的是乱思乱想,闲思暇想,奇思怪想。

作为人文大省、文化之邦,浙江省的情况稍好些,但在网络、影视、物质大潮的冲击下,这种情况仍然有不同程度的存在,不少地方人文缺失严重。浙江自古人文渊薮,近代教育更是大家辈出,成为近代中国的教育圣地,理应走在全国的前列,开某种风气之先。"浙派"名师应将"崇文"落到实处,让教育真正起到"立人"的作用，为学生的发展打下坚实的底子。在这方面，我觉得，我们语文教师至少还可以做两方面的工作：

一、构建文化的思想基础

1988年，80多位诺贝尔奖获得者联名呼吁，人类要想在21世纪很好的生存，必须从2500年前的孔子那里吸取智慧。季羡林则预言21世纪将是中国的世纪；中华民族要想复兴，首先从文化下手。确实，孔子的《论语》是值得我们学习一生的大书，不管遇到怎样的难题，我们都可以在论语中找到启发。早在宋代，赵普就有"半部论语治天下"之说，甚至有一书生说：天不长仲尼，万古如长夜。

确实，孔子是伟大的。他以礼乐教化治国，使天下百姓安居乐业，处处闻弦歌之声。教育学生上，他平主，宽松，让学生畅所欲言；他有教无类，他因材施教，他诲人不倦，他注重启发。政治上，他执著但不固执，"用之则行，舍之则藏"，"道不行，乘桴浮于海"；他懂得变通，肯定管仲的大节大信，让知上能做到知权达变。人格上，面对"凤鸟不至，河不出图"的社会，他坚持自己的理想，哪怕是自己四处漂泊，如"丧家之犬"，受到了自己最忠心的弟子的质疑，他仍然知其不可而为之，坚信自己的事业合于仁道，即使生前不能实现，也要给后人树立一个典范。礼仪上，他文质彬彬，出门如见大宾，使民如承大祭；他进退有度，行为有礼。辞气上，他追求"辞达"，主张"言必有中"，反对巧言令色，避免"失人""失言"，避免"躁""隐""瞽"……

孔子以自己的博大精深，构建了一整套"修身、齐家、治国、平天下"的行为准则与思想体系，并一直影响至今。不管处在怎样的社会，我们都需要以孔子的《论语》构建自己文化的思想基础，让自己身上流淌着中华民族特有的文化血液。

二、树立文化的道德标杆

我们的民族如果再缺少那么一点洞察历史、心怀黎民苍生、民族前途的具有悲天悯人情怀的道德崇高者，缺少那一缕文化血脉，缺少社会良知，我们的社会再怎么发展，也是畸形的。以牺牲资源、环境、文化、历史为代价的民族，是没有前途的。我们不缺少埋怨牢骚，缺少的是自醒自觉。愚以为，当务之急，树立一个正确的道德标杆、形成良好的社会文化氛围是解决问题的关键。这方面，前些年，世界各地建立了数百所孔子学院，全中国数地同时进行了声势浩大的祭孔大典,都是很好的做法。当然,标杆不能局限于孔子。

若论文人的典范,苏轼是千古第一人,是当之无愧的。综观苏轼一生,历仁、神、哲、徽四帝,先后任杭州通判,知密州、徐州、湖州、杭州、颍州、定州等地,曾被贬黄、惠、琼州,终卒于常州,可谓辗转一生,坎坷多磨。尤其是"新旧之争"、"乌台诗案"等政治事件,如幽灵般伴随其左右,更加深了心灵的痛楚和人生的负荷。苏轼一生虽饱经风霜,但始终固守着一个正直文人的人生信念和社会理想,坚持着一个善良知识分子和传统儒士应有的修养观念,贬而不悔。"莫嫌荦确坡头路,自爱铿然曳杖声"写出了他的开朗乐观,意气昂扬;"归去,也无风雨也无晴"写出了他荣辱得失又何足挂齿的放旷豁达。确实,他不管遇到多大困难,受到多大委屈,依然尽自己最大的努力,兴修水利,大兴文教,以自己高尚的人格践行了为官一任、造福一方的宗旨。"千古文章苏东坡"不单指他的文才,更应该指他的道德文章。这种人文合一的境界,铸造了中华民族"不可无一,难能有二"的光芒,是屹立于历史长空的一座道德丰碑。

说起典范,更绕不开大师云集的民国时期。不妨先来看一则轶事:林语堂赴美留学期间,经费遇到困难,无奈向古道热肠的胡适拍了份电报,让他向北大预支 1000 美元。不久,他就收到了 1000 美元。后来,林语堂再赴德国攻读博士,又遇到了困难,还是胡适以预支的方式从北大给他寄了 1000 美元。学成回国的林语堂依约向北大报到,向北大偿还这 2000 美元,但后勤部的人告诉林语堂,北大从无这样的惯例。林语堂这才知道,那两笔"巨款",是胡适节衣缩食自掏腰包,或东挪西借的!这是一则让人感到温暖的轶事,它以朴素的道理让人明白了什么才是真正的朋友。在民国,我们还可以看到蔡元培对小同乡鲁迅的无私帮助,看到联大教授吴宓对快餐馆取名"潇湘馆"的震怒,看到吴稚晖对蒋介石的痛骂与对戴笠的追打;看到朱自清宁可饿死也不吃美国救济粮的高风……这些轶事,让我们懂得了什么才是真正的学人之风骨。

联系到我们浙江,近代白马湖畔,以校长经亨颐为首,以夏丏尊、朱自清、丰子恺、朱光潜、刘叔琴、刘薰宇、匡互先为核心,周围聚集了叶圣陶、俞平伯、刘大白等一大批名家,他们的学识功底、道德文章,堪称现代教育史上的典范,更应成为我们浙江的文化标杆。

我想,如果我们多多亲近这样的道德标杆,潜移默化,春温秋肃间,我们的文化之流将会逐渐复苏,并汇成一条条小流,最终形成长江大河,连接着亘古的历史,奔向浩瀚的未来,替中华奏出一曲曲激奋之歌。

下编

浙派语文的渊源

闲话钱玄同：兼谈我对"浙派名师"的一个认识

周维强

（浙派高中语文名师班任课教师，浙江教育报刊总社总编办主任、编审）

一、话题的缘起

"浙派名师"是2005年，我在主编《教师周刊》时，和浙江教育出版社的同仁们一起推广的概念。2005年教师节，我发起并和浙江教育出版社一起组织了"浙派名师与浙江教育文化的"研讨会，之后，我们还在《教师周刊》上开出了"浙派名师"专栏。又过了六七年，2012年11月，浙江省教育厅发文启动"浙派名师名校长培养工程"，以期为造就一批新时期教育家型的卓越教师与校长奠定坚实基础。

那么，"浙派名师"这个概念能不能成立呢？

只要有地域存在，只要有地域文化存在，只要有不同的历史文化背景存在，地域性的文化教育学派也肯定会存在。如果有合适的条件和机遇，这样的学派就会浮出水面。从历史的视角看，为什么近代转型时期，在文化教育和学术活动里，风起云涌的文化先锋人物中，浙江出来的人会有这么多？从当代基础教育教学实践看，虽然新课程理念和实践正式大规模推行是进入21世纪以后的事。但在浙江教育，这样的课程和教育教学理念，早在上个世纪八九十年代就已开始探索和践行了。

这恐怕不能以"巧合"来作解说，这背后肯定有浙江人的一种文化品质或精神。

浙江自古有人文之邦的美誉，当代浙江的基础教育探索也走在全国前列。没有教师群体作支撑，浙江的基础教育怎么可能高水平持续运转呢？而名师是这个群体的代表。名师的教育教学实践和理念，是教师群体的标识。当一个区域的教育文化发展到一定水平时，应该可以提出"流派"的概念了，这恐怕也该是一种文化的自觉意识，一种历史的自觉意识。浙江的基础教育应该可以有流派，应该可以有"浙派"，应该可以有"浙派名师"的概念。研究"浙派名师"，不是顾影自怜，而是承前启后，为浙江的教师文化和教育文化增添新的容量。

二、从钱玄同的故事兼谈"浙派名师"的品质

(一)新旧文化兼蓄的书香世家和教育

钱玄同出生于1887年。在近代史上,钱家世居湖州南门外鲍山,世代书香门第。钱玄同的父亲钱振常是清代同治年间的举人,伯父钱振伦也很有名。钱玄同的哥哥钱恂是清末外交家,其夫人单士厘则是近代中国最早的一批迈出闺门、走向世界的知识女性。可以说,钱玄同小时候生活在一个旧文化新文化兼有的文化环境里。

钱玄同4岁那年秋天,正式开始上学,启蒙老师就是他66岁的老父亲。钱振常遵循传统,教钱玄同诵记《尔雅》,训练钱玄同做一个博雅君子。钱玄同在父亲的严格管教下,4岁发蒙,5岁开始读《诗经》,8岁读《说文解字》,到11岁时,已熟读《史记》、《汉书》,到15岁时,他已基本接受完毕中国传统的古典教育。

钱振常去世之后,钱恂承担起了对钱玄同的教育之职责,钱恂赴日之前,给钱玄同聘请了老师,钱玄同得以继续在家塾念书 。钱玄同16岁时,他的母亲周氏病逝,因为"丁忧",为母丧"守制",钱玄同放弃参加科举考试,但这也因此使钱玄同的人生和思想出现转机,进入了"新学"的新天地。19岁时,钱玄同进入新式学校南洋中学堂读书。1906年,钱玄同赴日本早稻田大学留学日语和教育学。

这样的一个文化世家,这样的一段大学之前的家庭和学校教育,我们可以想见钱玄同耳濡目染所受到的新旧文化的影响。他的一生的文化教育实践和他的人生故事,已经证明他所具有的国际的文化理解力,对新旧文化的包容力,对新旧文化的鉴赏力,以及建立在厚实的文化修养根基上的学术和文化的创造力。

(二)不居所成和不护己见的文化品格

我们先来盘点一下我们现在正在享用着的"五四"新文化运动一代人奋斗出来而给我们留下来的成果——白话文,新式标点符号,"赛先生"和"德先生",新文学……

钱玄同正是"五四"一代的杰出代表,是现代中国的文化英雄,也是对中国传统语言学造诣很深的语言学家。他力倡白话文;力主新式标点符号和汉语出版物汉字改竖排为左行横排;改革文字,使汉字化繁难为简易;鼓动新文学,催生鲁迅的小说名篇《狂人日记》;呼唤"德先生"和"赛先生";编写新式国

民教育教材；引发中国古史学界的地震，在他的推动下，以顾颉刚等为主要学术力量的"古史辨"派，改写了中国的上古史。

在钱玄同身上，体现了一种伟大的文化创造的精神：不居所成，勇于开新。在中国社会和文化的现代化转型过程中，正是靠了这股精神，才打拼出了中国新文化的全新空间，打拼出了中国新文化的通衢大道，使近代以来处于衰落中的中国文明有了延续和复兴的可能。

关于钱玄同的不居所成，是有不少故事可以佐证的。这儿且先说一个。

钱玄同这样一位成就很高的学者，他对自己的著作仍然是不断修改。钱玄同1917年时，就已在北京大学开设音韵学这门课。当时，北京大学文字学课，分别由朱宗莱和钱玄同两位学者主讲，朱宗莱讲授的是文字学的形义部分，钱玄同讲授的是文字学的音韵部分。1918年，钱玄同把教这门课的讲义在北京大学油印了出来，即《音韵学讲义》。不久，钱玄同又将这两大册节编作《文字学音篇》。这是我国高等院校汉语音韵学课程的最早的一部教材。钱玄同当年对这部教材并不满意，说它是"百孔千疮"，不愿公开出版。但它的影响实在太大，不仅北大校内，校外也有很多人来买，所以也由不得钱玄同自己，一版再版。这部讲义在1921年重印时，钱玄同的《再版序》里就给自己这部书举出了具体的六条不足。

钱玄同这部讲稿本已有这样大的影响力，但钱玄同还在不断修改，因为他的学术思想在不断变化和修改之中。因为不居所成，所以他不断在校正自己的著作和思想。而这是因为他能够不护己见，吾日三省吾身，能够不断地反思自己。

钱玄同身上的这两个文化品格，我想是我们所应宝爱的——

"不居所成，勇于开新"，顽强锻造新文化、新事物；

"不护己见，三省吾身"，则有助于新文化、新事物在长大以后，兼容并蓄，"有容乃大"。

一个学者，有了这样的不居所成、不护己见的文化品格，假如他从事教育工作，那么，这样的品格也必会体现于他的教育实践而形成一种宽容宽厚的教育精神。而钱玄同的教育工作确实是体现了这样的精神。

（三）宽容宽厚、温和人道的教育精神

曾经在北京高等师范学校英文部念过书的周谷城老先生讲过一个故事：1919年"五四"学生运动爆发的当天，没有大学教授参加学生的游行，但表示同情，始终陪着学生一起行走的也有，当时在北京高等师范学校国文部任教

的钱玄同即是一位!

钱玄同默默地陪着学生一起行走,这是他对学生表示同情,也是因为他不放心学生的游行。他对学生的一片呵护之情可鉴。

鲁迅的第一篇白话小说《狂人日记》,是当时攻击吃人的礼教的第一炮。很多人不知道,这是鲁迅在钱玄同的说动下写的。钱玄同和鲁迅,两个人性格各不相同,一个是浙江湖州人,浙西人,一个是浙江绍兴人,浙东人,但他们共同地深切体会到了中国传统礼教的非人性。因为他们都曾经生活于其中。

一个从旧礼教的专制的家庭里出生和成长起来的人,他或者自己也成为一个专制的人;或者从这里体验到专制的残酷,而叛逆"礼教",成为一个温和的人道主义者。钱玄同后来常引谭嗣同《仁学序》的话:"少遭纲伦之厄"。钱玄同生于变革时代,风云际会,他冲破了旧礼教的壁垒,成为一个温和的人道主义者。

在钱玄同去世后的数十年里,不断有他所教过的学生撰文怀念钱玄同。这里面,有当年北师大的学生,也有当年北大的学生,他们后来各自都成为了某一个领域的杰出人物。从他们的文章里可见出,钱玄同先生教大学,思想开明,学问既精,待人又好,真是君子之风,厚德载物,全无一丝顺我者昌、逆我者亡的学阀学霸的作派。

顾学颉是1934年考入北师大国文系的。他后来是人民文学出版社的高级编辑,于中国古典文学和文献学造诣颇深。顾学颉1982年5月写过一篇关于钱玄同的长文,有一节专门写了钱玄同的教育教学工作,其中讲道:

他(按:即指钱玄同)待学生十分热情诚恳,有问必答,有求必应。我学习音韵学时,曾对《广韵》和陈澧的《切韵考外编》下过一些工夫,发现后者本身矛盾混乱之处颇多,曾归纳了几点向先生请教。他说:这几点归纳得不错;等韵学搞了许多格子框框,有时就是不能自圆其说,同时,又指出了它的一些优点。……迄后,我在母校任教时,撰写说文古声纽通转关系一稿,以及后来对元曲词语的诠释研究和撰写的工作中,都是秉承先生的教诲和治学精神而写成的。

钱玄同的教育教学工作,也流传下来一些不循规蹈矩的"特行"。曾服务于人民教育出版社的张中行在他的文章里说及钱玄同在北大教书期考而不阅卷的故事,他曾议论曰:

考而不阅卷,同样是认真负责的一种表现,因为钱先生治学,一向是求实求高,课堂所学是入门,考和评分只是应付功令,与学术了不相干,则认真反而是浪费,不如处理他堆在手头的其他事情。

钱玄同在对学生考试等方面的"特行"，能够在北师大和北大通行无阻，实在也是因为这两校的校风、制度等方面的大气候。钱玄同在燕京大学兼课，还是不批学生考卷，就行不通了。他考卷不看，交与学校。学校退回，他仍是不看，也退回。于是校方要依照学校的制度制裁，说如不判考卷，将扣发薪金云云。钱玄同又一次表现了他的"特行"：钱玄同作复，并附钞票一包，云：薪金全数奉还，判卷恕不能从命。——你们的制度我固然会遵守，而我的原则也同样是不能动摇的。真是一派大气磅礴。

三、一个小结

钱玄同以及钱玄同那一代的教育家，是我们今日"浙派名师"在近代史上的一个精神上的源头，文化上的源头。

在这个近世的精神和文化的源头上，站立着诸多眼界开阔、学贯中西的教育家。曾在浙江教育界工作过的蔡元培先生，做过浙江省教育厅厅长的蒋梦麟先生，在杭高前身的浙江一师以及春晖中学教过书的李叔同、经亨颐等等，在浙江一师念过书，后来和潘天寿等一起创办了今天浙江大学附属中学前身的明远中学的丰子恺等等。在这些教育家的身上，无不具有这些高贵的品质。这些近世中国文化史上的"浙派名师"的先辈，都是学贯中西古今、通今博古，如蔡元培、丰子恺、蒋梦麟、经亨颐、钱玄同等。他们都秉承着开明、开放、兼容并蓄、崇尚自由讨论的价值取向。如蔡元培主掌北京大学，就提出"兼容并包"的思想。他们的性和气质，都焕发着浓郁的书卷气书香气，或者说文人气，而同时又兼具务实精干的品质——譬如钱玄同，他是一个大牌教授，却务实而能干，通达明理。周作人和钱玄同等一起参与孔德学校的校务，周作人说，和钱玄同商量学校的事情，他总能最得要领，理解其中的曲折，寻出一条解决的途径。他们在文化教育工作上，或者说在专业的领域里，大都不居所成，开新创造，教育史学者的研究表明，中国近代教育史上大量的"第一"都是由浙江名师提出的。这些，或许可以代表近世"浙派名师"或浙籍教育家的文化特征吧。

一方水土养一方人。浙江名师或"浙派名师"成长的土壤首先是来自地理区域特征的影响。譬如浙江北部平原如嘉兴等临近近代中国最早大规模受西洋风气影响的上海等条件，使得浙江人接受西方的思想较早。其次是文化的传统，譬如"闲情逸致"的南宋遗风，恐怕也为教师的发展提供了好的"文化环境"。若要学问真正做得好，也是需要有"闲情逸致"的"陶冶"的，没有

"闲情逸致"的滋养润泽,没有为知识而知识的精神,急功近利,恐怕也不太能够做出教育和文化的精品大著。

"浙派名师"这个流派如果可以成立,如果可以建立起来,这个流派在精神或风格上如果有一些共同的特质,这些特质,我的理解是,可以追溯到钱玄同那一代身处古今中外文化大碰撞大交流大会通时代里,所形成的品质,譬如上面所述的开明开放,海纳百川,兼收并蓄,不居所成等品质。浙江本有浙东浙西两大文化系统,浙东即上八府,钱塘江上游;浙西即下三府,钱塘江下游。浙东文化经世致用,讲事功之学;浙西文化崇文尚德,重博雅会通。两大文化体系的平衡,可以促成浙江文化的一个发展。

我们今天提出和推广"浙派名师"这个概念,并上溯近世中国的文化精英,梳理他们创辟的传统,是想以这些好的传统为今天的我们的参照坐标。博学多思,敏于实践,重温历史传统,开阔思想视野,厚实文化根基,反省今日教育,立足于各自的岗位,在自己能做的时候和能做的地方,做出一些有价值的工作。

从"语文教育研究的浙江学派"到"浙派语文"

方龙云
（浙江教学月刊社）

"浙派语文"自被有意识地提出以来，一直是一个颇具争议的话题。到目前为止，争论多集中在到底存不存在"浙派语文"，"浙派语文"具有（或应具有）怎样的特点等问题上，而对于"浙派语文"这一概念是怎样提出的、有哪些与之夹杂不清的概念需要厘清等问题，尚缺乏深入的研究。作为《教学月刊·中学版》的编辑，我多年来一直在关注"浙派语文"的发展，也在杂志中做过相关的专题。综观各种关于"浙派语文"的讨论，我以为，当前我们很有必要对"浙派语文"及与之既有联系又有区别的一些概念作一番梳理，以免在讨论这一话题时出现对话的困难。

一、不得不说的"语文教育研究的浙江学派"

从我能收集到的资料来看，在语文教学领域，最早有意识、有理据地提出"浙派"概念的，当属李海林先生。在浙江省高师语文教学论研究会2004年年会上，浙江师范大学的王尚文先生提请浙江的中学语文教师酝酿打造语文教学的"浙江学派"，当时就职于浙江师范大学的李海林先生作了题为"开创语文教育研究的浙江学派"的学术报告。在报告中，李海林认为，浙江有着深厚而独特的语文教育文化传统，在中国现代语文教育史上，浙江一直是语文教育实践和研究的一方重要力量，并在长期的实践中形成了以下三种传统：在继承传统的同时，致力于语文教育实践和理论的创新，敢于开风气之先；对时代、社会向语文教育提出的新要求、新影响保持积极的响应态度；重视在理论与实践两个层面同时推进，尤其重视语文教材建设在语文教育研究和实践中的重要意义。同时，李海林又指出，浙江有着广泛的语文教育研究基础和雄厚的研究力量。他组织力量对《中学语文教学》、《语文学习》、《语文教学通讯》、《语文建设》、《中学语文教学参考》等5本杂志所发的各类文章作了统计，发现来自浙江的稿子占了很大一部分，而且质量普遍比较高。当时浙江的语文教育界，不仅有王尚文、王荣生、李海林等全国知名的学者，而且还有一大批包括特级教师、高级教师、教研员在内的后起之秀。他们在继承前人的研究传统和研究特色的基础上，形成了新的特色：多元共存的价值取向（不是一个声音);鲜明的问题意识(对语文教育中存在的问题非常敏感,敢于批评和自我批评);课程论的立场(不管是专家的研究还是教师的研究,都有这种明显的课程研究的意识和努力);专业化、学术化追求(将自己的探索和研究的重点放在学术上,重在专业学术建设)。基于这样的分析,李海林进一步提出了浙派语文教育研究的发展目标、研究重点及今后一段时间的工作重点和思路。[1]

可以说,这是到目前为止,关于语文"浙派"的最有学理的阐释。需要指出的是,作为一位治学严谨的学者,李海林并没有使用"浙派语文"的概念,而是审慎地用"语文教育研究的浙江学派"这一提法对所谓"浙派"进行了限制,即限定在"语文教育研究"领域,强调其学术性。而事实上,学术性本就包含于"学派"概念之中。关于"学派",有学者在考察了中外众多著述的解释后,将之定义为:"一门学问中,由于师承关系组成的基本观点相同的科学家共同体。"[2]这一定义跟《辞海》的解释"一门学问中由于学说师承不同而形成的派别"一脉相承。另有学者认为,这里所说的"学派"是指"师承性学派",而"因某一国家、地域、民族、社会,或某一文明、问题为研究对象而形成具有特色的学术传统的一些学术群体,同样可称为'学派'。根据划分的标准不同,又可分为'地域性学派'(包括院校性学派)或'问题性学派'等"[3]。以此观之,"语文教育研究的浙江学派"可算是一种"地域性学派",而既然是一种学派,学术性便是其题中应有之义。

二、"浙派名师"语境中的"浙派语文"

伴随着浙江省各种名师培养工程的实施,"浙派名师"的称呼以一种并不学术的方式被广泛地采用。2005年6月,浙江教育出版社出版了《浙派名师新课程课例精编》一书(分初中卷和小学卷两册),正式提出"浙派名师"的概念,然而书中并未对"浙派名师"的内涵、特征等进行阐述,只是选用了浙江部分优秀教师的课例而已。同年9月10日,浙江教育出版社联合浙江教育报刊总社主办了"'浙派名师'与浙江教育文化"研讨会,旨在凝练"浙派名师"的概念,梳理"浙派名师"的内涵、特征,总结浙江名师成长的教育文化、地域文化等方面的原因,为浙江教师的群体发展提供经验。[4]与此同时,与"浙派名师"相关的实践也相应展开,杭州师范大学继续教育学院在杭州教师教育网上开辟了"浙派名师"栏目,邀请了浙江省200多位特级教师加盟,并注册了"浙派名师"的设计徽标,每年举办几届"浙派名师"的经典课堂教学展示活动,录制"浙派名师"教学光盘,将"浙派名师"的成果推向全国。2012年,浙江省教育厅发布《浙江省教育厅办公室关于组织实施"十二五"中小学浙派名师名校长培养工程的通知》（以下简称《通知》），旨在"培养一批具有高尚师德修养、先进教育理念、宽阔国际视野、精湛专业素养、独特教育教学或学校管理策略与风格、较强研究与创新能力的中小学教师和校长，引领和促进全省中小学教师和校长队伍建设"。至此，"浙派名师"的打造成为一项政府工程。因为中小学名师的打造是以学科为单位进行的，这样自然就有了"浙派语文名师"，便也有了"浙派语文"。

如果从"学派"的角度来考察，"浙派名师"无论从理论探讨还是从实践探索来看，都存在着先天的不足。"浙派名师"的诞生就伴随着一丝商业的味道（配合图书的发行、商标的注册、相关的有偿培训），虽也有专家学者、特级教师对其涵义、特征等进行解读，但众说纷纭，焦点不够集中，且缺乏持续深入探讨的热情，难以取得理想的效果。而从浙江省教育厅的《通知》看，"浙派名师"的培养目标是"高尚师德修养、先进教育理念、宽阔国际视野、精湛专业素养、独特教育教学策略与风格、较强研究与创新能力的中小学教师"，从中看不出有多少"浙派"的意味，只能说是对一般名师的普遍要求。由此，我们可以说，所谓"浙派名师"其实质就是"浙江的名师"。在这样的语境中，所谓"浙派语文"可大致地相当于浙江的语文教师在教的具有自身特色的语文，它不可避免地需要教育教学理论的指引，但相对而言更注重实践性。

三、发展中的"浙派语文"

在"浙派名师"的打造过程中，名师来自于语文、数学、英语等义务教育阶段各个学科的教师，但是至今并没有出现"浙派数学"、"浙派英语"之类的论述，而唯独"浙派语文"，无论是相关的论文还是研讨会等都广有涉及。如浙江师范大学的蔡伟等曾在《试论当代浙派语文的五大特征》一文中专门论述："当代浙派语文呈现以浙江精神为核心，以设计论、创新论、语感论、体验论、发展论为理论基础的五大教学主体特征，即'求实''造新''用情''施艺''唯效'。"[5] 又如，浙江大学教师教育培训中心于2013年12月专门举办了"首届浙派语文论坛"，邀请了浙江省各地高中语文界的代表人物、各地市高中语文教研员和省内外高校语文教育专业的知名学者等，对浙派语文的传承与创新、浙派语文的主张与使命等问题进行了广泛讨论。

之所以出现这样的现象，一是得益于浙江语文教育界对"开创语文教育研究的浙江学派"的呼吁。二是浙江的语文课堂教学也确实有自己的特色。浙江省教育厅教研室的语文教研员、特级教师胡勤先生在"首届浙派语文论坛"上,曾对此有所介绍,他的话大意如下:浙江的语文老师去参加全国性的课堂教学展示活动,外省的同行听了课之后,往往会说"就是这样的味道"。

虽然我们现在还很难对"浙派语文"下个定义,但毋庸置疑的是,人们在现实中使用的"浙派语文"或人们理想中的"浙派语文",绝不仅仅是"浙派名师"语境中的"浙派语文"概念。那么,就当前的实际情况看,我们应该怎样来认识"浙派语文"呢?

从前述分析看,高校学者提出的"语文教育研究的浙江学派",指向明确,逻辑严密,从呼吁学派发展的角度看,不会产生任何疑义。但是,也正因其定位在"学派"上,自然更侧重"学术性",所以无法涵盖现实中人们使用的"浙派语文"的全部。鉴于此,我以为,从实际出发,我们不必纠结于"浙派语文"是不是一个学派概念,不必非得从学派的角度来认识"浙派语文"或以学派的要求来框定"浙派语文"。因为这样做吃力不讨好,也没有必要。当然,这不是说,我们无须对什么是"浙派语文"进行深入的研究。我以为,所谓"浙派语文",至少应该具有彼此相连的两方面的基本特征:一是基于浙江语文教育研究的传统和浙江语文教师的教学实践,形成语文教育研究上的浙江特色(特长);二是有意识地运用语文教育研究的成果使浙江语文教师的课堂教学具有更加鲜明的"浙江味"。

从这样的要求来说,所谓"浙派语文"在当前还处于正在形成的阶段,或者说最多也只是略具雏形而已。它的发展还有很多工作要做,比如开展关于"浙派名师"的基础性研究以进一步明确"浙派语文"内涵、特征等,打破小学、初中、高中语文教学与研究的隔阂,形成浙江语文教育特色鲜明的整体风格,等等。

参考文献:

[1]李海林.开创语文教育研究的浙江学派[J].教学月刊•中学版,2007(4下):25-26.

[2]倪波,纪红.论学派[J].南京社会科学,1995(11):3-9.

[3]陈吉生.试论中国民族学的八桂学派(一)[J].广西社会科学,2008(7):17-20.

[4]蒋亦丰,徐凯伦,王东.寻找名师的地域个性和力量[N].中国教育报,2005-9-29(012).

[5]蔡伟,沈春佳,黄飞燕.试论当代浙派语文的五大特征[J].教学月刊•中学版,2007(4下):28-30.

唇枪舌剑 说文论语

编者按：2013 年 8 月 11—16 日浙派高中语文名师班学员集训期间，围绕"浙派语文"相关话题展开热烈讨论。集训结束后，大家意犹未尽，在 QQ 群内继续探讨，节选如下，从一个侧面反映名师班学员培训期间的学习状态。

毛刚飞 2013/8/28 16:35:02

卡西尔在《人论》中曾经精辟地说过这样的一段话："每一个思想家都给予我们他自己关于人类本性的描述。所有这些哲学家都是彻底的经验主义者：他们总是告诉我们事实而且仅仅限于事实。但是他们对经验证据的解释却从一开始就包含着一个武断的假定——并且当这种理论进一步呈现出一副更加精致和深奥的样子来时，这种武断性就变得越来越明显。"

我们自然不是思想家，但是我们想用几句话表达自己对语文的认识，最终也只能是瞎子摸象，最后也只能是更为主观武断的假定，因此，我对"某"语文始终持悲观的态度。

今天写好了听课感想，本打算写 200 左右的有关对语文的认识的文字，突然有了这样真实或许不被认同的感触。

朱于新 2013/8/28 18:54:22

只有敢于提，才能闯出一条路来。以前的特级教师能够引领一个省（至少是一个地区）的教学，而现在呢？底层教师对当前特级教师的含金量和评比名额等议论纷纷，或许能够从中找到一些原因吧。因此，从这个意义上，我认为郑逸农老师的非指示性教学（本质是启发性教学，尤其是建构主义教学在中国语文的本土化改造和实践），尽管许多课上得不尽人意，但是大约在 8 年前（高中课程改革前）左右提出，还是具有领先意义的。尽管不少人不赞成，但是在当代浙派语文教育界郑逸农老师还是应该有其一席之地的。信不信，让历史来证明吧！褚树荣的《教室的革命》关于语文综合性学习，也应该值得专题论述的。任何事情非要等成熟或者被别人认可后才提，是否晚了？有个好想法、好思路和好名词，你不发表，以后别人想到发表了，只有叹气惋惜的份。许多同学难道没有这样的体会：关于某节课的创意和构思，由于忙于其他而耽搁了写作和发表，过个一两年，类似的创意和构思别人已经发表出来。啰嗦了这么多,我想我的意思应该基本表达清楚了。

彭玉华 2013/8/28 20:13:45

提什么语文尽管提,但要人无我有,人有我优,既有理论建构,又可实践操作,何其难也。

朱于新 2013/8/28 20:55:15

有道理!但是我个人建议还是集中全体学员智慧,争取提一个。实在提不出,就笼统模糊一些也没有关系,比如"魅力语文""五自语文"等。

章惠西 2013/8/30 16:30:15

生态语文。

彭玉华 2013/8/30 16:33:44

你是蔡明啊,人家早就提了哈!

黄华伟 2013/8/30 19:59:55

好吧,我提。

刘福根老师提出,我们这个班要对浙派语文"有所担当",要打出我们这个班的旗号,扩大我们这个班的影响力和辐射效应。

刘老师的这个要求无疑很有价值。有时候,真的是"产品好不如广告做得好","王老吉"在那争得头破血流,不就是一个"名号"吗?这糖水那糖水真是一样的。——否则我们20个人一起两年,最后还是"20个人",未免可惜了这难得机缘。

"我语文"或值得考虑。

如果我们能看到彭玉华同学所说的200多个"×语文",我们可能会有更好的"取名"参照。彭玉华同学所说的"语文就是语文",当然没错,只是当然是什么也没说。

我们都知道,语文随时代发展而内涵发生变化:从"语文"出现前的"四书五经"教育到它的出现;从政治工具到"八字宪法"的知识体系载体;因"误尽天下苍生是语文"而"人文"崛起;再到无可奈何的"工具性和人文性的统一"——这种提法本身就不合逻辑,按倪文锦先生的说法,与"人文"相对的应是"天文"(自然),与"工具性"相对的应是"思想性",这里不说。

时至今日,我们的时代,也就是所谓"语文的外延是生活"的那个"生活"与20年前甚至与10年前已经发生了广泛而深刻的变化,大家只要想想电脑、手机的发展速度就明白。中国社会大踏步地追赶世界"主流文明"(先这么说),"科学"、"民主"、"自由"已经成为时代关键词。当代社会日趋民主、开放,价值观日趋多元,英雄、集体主义正慢慢让位于"我","我"的价值越来越受到推崇。——就像刘老师所说的西方人眼中脑里的那个"I"。

网络的高度发展,尤其是web2.0(交互式网络)时代的到来、飞速发展,我们接触到了前所未有的语言材料,我们的"语文学习材料"极大丰富。每个中国人都有了比较自由地表达的机会,所谓的"自媒体"、狂欢式的"全民创作",是这个时代"语文"学习环境发生深刻变化的一个注脚。

90后学生就快要"退出"我们的教学视野,"00后"的孩子很快就要成为高一新生……

如果说真有200多个"×语文",我们自然不屑于"集20人"而成为第201个,所以我们是:周晓天语文、周凌语文、毛刚飞语文、朱于新语文、谢澹语文、项琪语文、韦玲珍语文……

语文教学"以学生发展为中心"肯定没错,但比较笼统;要"促进每个学生的发展",肯定也没错,但培养内容还是不具体。——我们要追问,"每个学生"的语文学习核心内容是什么?——是"我"的成长、成熟吗?这个之所以要对"高中语文"而言,是因为相比小学、初中学生,高中生身心发展的突出特征是"自我意识觉醒"、"理性思维快速发展",他们正在开始成长为"我","我语文"就是要起"促我成长"的作用,——这样才与"我时代"合拍,才与高中生"我"身心发展特点合拍。

语文学科和高中其他学科不同处在于其突出的人文特性,语文学科更有条件关注"人"的发展,在情感、道德、精神等方面的作用是其他学科所难能相比的。——而当代大部分高中生已经具有开展"我学习"的能力,这也是《课程标准》中大力提倡"自主、合作、探究"学习的基础。

苏教版教材以"人与自然"、"人与社会"、"人与自我"构建阅读内容,是非常先进的视角,——"人"不就是一个个具体的"我"吗?

其实我们还应该留心一下我们的"东家"。省教育厅2006年全面推行第八次课程改革,2012年暑假开始,全面提出"深化课程改革",——我们不要轻视"官方意志",它的出台肯定经过了专家的反复论证,决非心血来潮。——我们更不应该轻视专家的理念,他们确实是"高瞻远瞩"的,我们有时以为他们是"砖家",常常是因为我们离他们太远了,够不到。

　　"深化课程改革"力度很大,"东家"也很心急。(写着写着,就激动了哈)甚至不惜要换了已沿用几十年被社会广泛认同的"重点中学"的牌子,要换上一批"特色学校"——什么是"特色"?

　　"把课程设置权交给学校,把课程开发权交给教师,把课程选择权交给学生。"什么意思啊?!——按崔允漷教授的说法,当代的课程,不是"专家的",而是"大家的"。所以是我的你的他的,是每一个"我"的。——我又想到了张文军博士的"后现代"学校能做什么?设置"我的课程"。我们能教什么?教"我的课程"。学生要学什么?学"我的课程"。想起了王尚文先生很感性的一句话:语文老师,所能教的只有你自己。看起来我好像是在推销自己的"×语文",实际上就是。

　　当然,以上对"我语文"的说法,还流于"感性",学理的依据并不充分、有力。——或者可以把它作为我们班研究的一个主题,让我们一起赋它以"我们的"内涵。——那就是"我们的"语文了。

周晓天(981841629) 2013/8/30 22:02:42
学点西方的得了,我们自以为在创新,人家搞了几十年,够我们学的。
什么模式都是自说自话,热闹一阵就消亡。

彭玉华 2013/8/30 22:12:04
中国现在的课程改革基本上是学习西方的。我的想法是:让语文回归语文,有点类似于黄厚江的本色语文。

周晓天 2013/8/30 22:13:23
现在的语文不是语文?

彭玉华 2013/8/30 22:13:26
其他有好的提法都可以提,但真的要找出能体现语文本体特点符合时代潮流的比较难。
太多的概念使得语文不是语文了 ,生命语文,智慧语文,诗意语文,精致语文,青春语文,生态语文,绿色语文,大语文,本色语文,本真语文,人格语文,主题语文……

周晓天 2013/8/30 22:14:42
只是不同名称而已。

颜军岳 2013/8/30 22:15:26
还有颜军岳的"悦语文",哈哈哈……

彭玉华 2013/8/30 22:16:55
哈哈,也好,是不是来个"悲语文"。我是觉得语文应该回归。

毛刚飞 2013/8/30 22:17:53
对某些扯起大旗的所谓语文我有点持怀疑的态度。

颜军岳 2013/8/30 22:18:48
其实就是"快乐语文"。扯虎皮,拉大旗,还是回归语文吧,语文就是
语文!!!

彭玉华 2013/8/30 22:18:52
晓天兄呢?语文哪里光是快乐的呢?

周晓天 2013/8/30 22:19:06
从某种意义说,我赞同华伟兄的"我语文",教师要有自己的语文,个性
语文。

彭玉华 2013/8/30 22:19:09
从某一个层面来理解都是可以的。

周晓天 2013/8/30 22:19:52
不要在概念上纠缠。

彭玉华 2013/8/30 22:19:59
我语文更多地体现了价值论,突出学生和教师的主体,突出课程中人的
因素,是这个意思吗?

毛刚飞 2013/8/30 22:23:42
其实现在更要淡化教学中的价值论,相反要有更多的课程论。

彭玉华 2013/8/30 22:24:21
但搞一个某语文真的有自己的整套理论架构,也是可以笑傲江湖的。
从课程论来讲,任何一个语文可能都是偏颇的。

毛刚飞 2013/8/30 22:25:11
要想一个某语文来笑傲江湖,有点那种"抓着头发想离开地球"的感觉。

彭玉华 2013/8/30 22:25:33
可以风光一阵子的,窦桂梅的主题语文,她的课堂实践的确不错。黄厚江的本色语文更是抓住了语文的本质。

毛刚飞 2013/8/30 22:26:26
黄厚江的本色语文,是实力派,不是青春剧偶像戏。

彭玉华 2013/8/30 22:26:27
王君的青春语文,课堂确实青春四溢。
哈哈,实力派与偶像派,可以概括目前的语文江湖中一部分名师。

周晓天 2013/8/30 22:27:28
语文犹如存在的佛祖,每一个菩萨眼中看到的不尽相同。

彭玉华 2013/8/30 22:27:48
程红兵的人格语文在工具性流行的年代确有意义,可放到今天人文泛滥的年代,显然就吊不起胃口了。

毛刚飞 2013/8/30 22:28:07
城头变幻大王旗。

彭玉华 2013/8/30 22:28:47
郑逸农先生的非指示教学,其实是国外也有这个提法,但课改初期,学生主体性未充分突出,确实有他的价值,但现在学生主体已经盖过教师主体了,因此也没当初那么火热了。也可以这样理解华伟兄的"我语文",在个性化泛滥的年代,显然这个提法并不能抓人眼球了。

符合语文本体特点,紧扣时代脉搏,这两点很关键。

毛刚飞 2013/8/30 22:32:11

有关非指示教学的流行,其实跟新课程的"预设"和"生成"的两个概念有关。预设与生成其实不是在同一个层面上,预设是在教学设计中,生成是在教学过程中,两个界面的事情放在一起谈,似乎不很有逻辑。

成旭梅 2013/8/31 10:33:20

在一个理念横行而精神枯瘦的时代,在一个概念大于实义的时代,淡化教学中的价值论也罢,提出更多的课程论也罢,都无法改变一个教育的真实:我们的教育,正在渐渐成为走在人生边上的桎梏和"围城"。所以,拙以为当务之急,未若多做一点"实"教育——真实、诚实、踏实,多做一点"和"教育——和谐、兼容、和而不同。城头变幻大王旗,你方唱罢我登场的喧哗,实在是中国特色的热闹,人家日本就敢叫自己无印良品!

毛刚飞 2013/8/31 10:35:43

旭梅于斐然的文采中现高远的见识。

是的,回想起上一个世纪初的问题与主义之争,历史似乎在不断地循环。

成旭梅 2013/8/31 10:39:30

我以为,时代性是很重要,但经典性更为紧要。美国一条水管可用200年,中国时代意义的水管大概只能用2年。

毛刚飞 2013/8/31 10:41:08

塞纳河两岸的石头建筑好几百年了,就是超越时代的经典。

毛刚飞 2013/8/31 10:47:33

从这个意义上来说,我们也可联想,语文课中的选文尽管要考虑到生活的现实性,尽管要考虑到谋生的功利性,但更多的是那些被时代检验的经典作品,用这些定文定篇来浇灌我们下一代人的精神之树,直至花香果硕。

黄华伟 2013/8/31 11:00:51

我接着说。

彭兄说:"也可以这样理解华伟兄的我语文,在个性化泛滥的年代,显然这个提法并不能抓人眼球了"——你是说"我语文"不能抓人眼球了,还是说那200个"×语文"呐?

彭兄又说,"'我语文'更多地体现了价值论";我想,这可能是彭兄"自主引导"了"我语文"的方向;我在叙述里说得非常清楚了,"学校设置我的课程","教师教我的课程","学生学习我的课程",——它基于什么,还不清楚吗?——当然,"成就我"应该是"我语文"应有的价值内涵,但可能不是"更多的体现"。

我于是很佩服阿毛的"要有更多的课程论"。(暑假去了趟宁波,真切地感受到宁波的厉害,人才济济啊!)。

好吧。我先瞎概括一下,从对语文教师的要求看,语文教育的发展是否经历了从"学识渊博"到"课堂艺术"到现在的"课程开发"——当然,虽然说"开发课程"能走到哪里,目前还不很明朗,但对它的探讨却由来已久,大家看下我们的《课程标准》,制订于2003年,已经提出"学分"、"选修课"等课程概念,专家们的研究自然还要早很多,——这种理念应该具有先进性,只是我们"操作层面"上理解艰难,执行艰难。——如果我们要引领风气的话,就应该在课程方面多加思考,多下功夫。——能不能做?如果我们不能做,哪一拨人马可以做?——这就是刘老师所谓的"有担当"吗?呵呵。

我们现在还做"课堂实录"或"课例",——未免有"明日黄花"之感,多少年前多少名师已经做过,现在《通讯》也一期期地在做,我们很可能做不过它们。——好吧,当然,即使不"从某一层面"来说,它自然也是有意义的;如果做得好的话。

对比一下,如果我们是做"课程"呢?——这才是抓住当下"脉搏"。

当然,——又是"当然",我们做完"课例"之后,应该要再做"论文"、"课程"。

我认为彭兄"让语文回归语文"、"语文就是语文"的说法可以休矣,不要再浪费时间了!这个意思我已经表达过,但彭兄可能没仔细看,或者看到了也不屑于搭理。

好吧,打个比方说得清楚些。

我们在讨论"鸡蛋"是怎样的,一个说是圆的,一个说有营养的,一个说里面有蛋白也有蛋黄的,一个说它不如鸭蛋大……你过来说,"鸡蛋就是鸡蛋",

"让鸡蛋回归鸡蛋",——你什么意思?

我们要讨论的就是"让语文回归语文"的"语文"的时代内涵是什么?

所以我怀疑彭兄有没有看完我的内容,你一边说热情鼓励大家"都说说啊""都聊聊啊",然后我认真地说了,然后你看都不怎么看,就开始批评或者赞扬,什么意思啊?

——如果我们都这样讨论,20年都不够时间!

军岳兄说"快乐语文",彭兄马上说"语文哪里光是快乐呢",——这无疑"断章取义"。我倒以为,"快乐"正是针对高中语文当前"很不快乐"来说,老师要快乐、学生要快乐、教学要快乐,怎么就"光是"了呢?——按这种推理,语文哪里光是"智慧"呢?("善良"等不要的吗?)语文哪里光是"诗意"呢?("理性"等不要了吗?)语文哪里光是"青春"呢?("年老"就不能语文了吗?)语文哪里光是"本色"呢?("修饰"等不要了吗?)……

——难道这就是神秘的"从某一个层面来理解"?

彭兄又说,"从课程论来讲,任何一个语文可能都是偏颇的"。

我不知道彭兄"从课程论来讲"会怎么"讲"。我的理解是,正因为"工具"语文千篇一面的僵死,正是因为"人文"语文天马行空的泛化,才促使我们走到了当下"三交给"的课程时代。如果"从课程论来讲",它所要求的可能恰恰正是"任何一个语文"都要"偏颇",很多很多的"偏颇"才可能映出语文的真实"面目","大而全"、"浅而广"的语文应该让它寿终正寝了。

彭兄说,"太多的概念使得语文不是语文"。

如果只是玩弄概念,当然没错。但从彭兄的论说中看,他认为黄厚江、窦桂梅、王君等的"某语文"的概念背后还都是有比较切实内容的,——那为什么会使语文不是语文?恰恰相反,它们会使语文内涵变得丰富、深刻,语文最终越来越像语文。换句话说,如果我们把200个"×语文"或者"658种"都罗列出来,统一考虑,能不能像黑塞在《获得教养的途径》里所说的,"在数千年来不计其数的语言和书籍交织成的斑斓锦缎中,在一些个突然彻悟的瞬间,真正的读者会看见一个极其崇高的超现实的幻象,看见那由千百种矛盾的表情神奇地统一起来的人类的容颜。"——我们最终把语文看得越来越清楚。——进一步遐想,如果每一位老师都上出了"我的语文",他们的总合,就是真"语文"了。

彭兄对"郑逸农的非指示教学"似乎有点肯定,但又说人家"其实是舶来品",但又说"水流花落"去了——复杂啊。

我非常赞赏彭兄的"夫子自道":"……我很不赞成的浮躁、浮夸、浮华的

'三浮'现象……"——彭兄肯定对"三浮"像对待"三陪"一样反感滴,——自然不会是喜欢的……

也很羡慕他教育厅长般的气度、高度:"……不过有一点是应当肯定的,就是大家都想探索追求理想的基础教育的理念与模式,其积极性还是值得鼓励的。"

遇到你们,就是快乐啊;遇到彭兄,快乐就是啊。

——彭兄,一般人我不告诉他的,谢谢我吧。

"我语文"在我脑中"盘旋"已久,但之所以不敢拿出来说,是觉得还没想好。

现在之所以说了,是由于刘福根老师在2013年8月中旬非常炎热的某一天,在浙江大学西溪校区某个大教室里,要我们"有所担当",好像还说要有"历史责任",拿改革开放后浙江语文教育界的"第一班"和"跨世纪班"跟我们相比,于是我瞬间觉得我们的群体形象变得高大起来,也"集中"起来。——刘老师真是"深藏功与名"的高人,他是不是心里已有"准星",然后在"逗我们玩"呢? 呵呵。

彭玉华 2013/9/1 13:20:14

睡醒了再仔细学习华伟兄的宏文,这次复印到了文档上,免得又责怪我"看都没看"。

这里做一点点回应,以免辜负了华伟兄。

首先要说明的是:前晚我说的话是"聊天"式的,没有写到word文档上斟酌,肯定有些随意,更有不妥之处,这里有几个问题和华伟兄商榷。

1. "让语文回归语文"、"语文就是语文",这里面第一句话是我说的,后一句是黄厚江先生说的,其实我这是套用他的话,不管是谁的都是一家之言。

2. 难道这就是神秘的"从某一个层面来理解"? 拿军岳兄的"悦"语文来看,华伟兄说的有道理,但这不正是从一个角度、一个层面来理解吗,其他某语文同理。

3. "我非常赞赏彭兄的'夫子自道':'……我很不赞成的浮躁、浮夸、浮华的"三浮"现象……'——彭兄肯定对'三浮'像对待'三陪'一样反感滴,——自然不会是喜欢的……也很羡慕他教育厅长般的气度、高度:'……不过有一点是应当肯定的,就是大家都想探索追求理想的基础教育的理念与模式,其积极性还是值得鼓励的。'"——关于这一段话,是吕型伟先生的文章《我们究竟在探求什么》中的原话引用,原文发表于《教育发展研究》,温州教育网上有的,华伟兄不妨瞧一瞧,不过,吕老真的当过教育局副局长。因此这些溢美之词小可受之有愧啊!附上网址http://www.wzer.net/view.asp?sID=2597

4.关于做"课堂实录",初衷是觉得这个搞起来方便一些,如果真是"明日黄花",不做也罢,这个同学们可以再讨论,也没有定下来;我个人浅见是,无论从哪一点上讲,课堂实录都不会过时,如果没有课堂,课程与教学、教师与学生、整个教学情境的立足点在哪?这样说有点绝对了,有一天也许真的不用班级授课这样的形式了。当然,质量好坏,取决于实录本身的质量。

5.语文教育的发展是否经历了从"学识渊博"到"课堂艺术"到现在的"课程开发"——真心的说这个概况真的不错,但是如果钻牛角尖的话,"课程开发"真的也算不上什么新鲜事,近的来说,江苏、上海、安徽等省市已经搞了好多年了,"语文"依然故我;远的来看,民国先贤上课都是用自己自编的讲义,这难道不是"课程开发"吗?其实从一定的角度(抱歉我又用这个模糊的词语了),现在所谓的课程开发较之先贤差距太远了。

成旭梅 2013/9/1 14:00:58

现在所谓的课程开发较之先贤差距太远了。严重赞同。

彭玉华 14:54:57

最后想说"三个阶段",华伟兄的三阶段论主要着眼于教师,但教师仅是课程的一个因素而已,用新课程的话来说:教师即课程;实际上现在的课程专注点已经从教程到学程。

暂且打住,开学事情有点多,哈哈,各位看官一笑!

(毛刚飞 整理)

索引

图书在版编目(CIP)数据

浙派语文宣言 / 刘福根主编. —杭州：浙江大学
出版社，2014.11
ISBN 978-7-308-14071-3

Ⅰ.①浙⋯ Ⅱ.①刘⋯ Ⅲ.①中学语文课-教学研究
-高中-文集 Ⅳ.①G633.302-53

中国版本图书馆CIP数据核字(2014)第270060号

浙派语文宣言

刘福根 主编

责任编辑	叶 抒	
封面设计	刘依群	
出版发行	浙江大学出版社	
	（杭州市天目山路148号 邮政编码310007）	
	（网址：http://www.zjupress.com)	
排 版	杭州尚文盛致文化策划有限公司	
印 刷	杭州丰源印刷有限公司	
开 本	710 mm×1000 mm 1/16	
印 张	14.5	
字 数	252千	
版 印 次	2014年11月第1版 2014年11月第1次印刷	
书 号	ISBN 978-7-308-14071-3	
定 价	38.00 元	